소설 경허

우리 곁에 오는 초인 슬플 때마다

정휴 지음

우리출판사

# 슬플 때마다 우리 곁에 오는 초인

정휴 지음

## 차 례

바람은 그냥 지나가지 않는다 • 7

살인 누명 • 26

무애의 바람 • 57

미완(未完)의 초인 • 108

끝없는 만행(萬行) • 157

전도(顚倒)의 즐거움 • 226

춤추는 석녀 • 235

해탈의 거인 • 251

갯마을의 정사(情事) • 287

글을 쓰고 나서 • 335

## 바람은 그냥 지나가지 않는다

경허가 삼수갑산으로 떠난 지 몇 년 후였다.
천장암 뜰에도 봄은 당도해 있었다. 겨울 한 철 안거(安居)를 끝내고 돌아온 납자(衲子)처럼 봄은 와 있었다. 찬란한 햇볕이 모인 곳에는 새싹이 돋고 있었고, 목련이 바람과 통정(通情)하고 있었다. 바람은 그냥 지나가지 않았다. 생명이 있는 곳에는 화신(花信)을 전언(傳言)하고 나뭇가지를 핥고 있었다. 지난 겨울에 느꼈던 칼날 선 바람이 아니었다. 여자의 속살처럼 부드러운 체온을 갖고 있었다.
우수(雨水)가 지나고부터는 계곡 물줄기가 방안까지 되살아 번지는 것 같았다. 그리고 흐르는 물줄기도 비늘 같은 햇볕과 교배하면서 몸을 뒤척이고 멀리 떠나고 있었다. 바람과 햇볕이 머물고 간 자리에는 푸른 잎이 만들어지고 있었다. 봄은 순례의 섭리를 지니고 있다. 그래서 우리는 봄이 왔다고 말하는 것이다. 봄의 섭리가 있어야 새 생명이 잉태된다. 봄은 모든 만물과 내통하고 교배를 하는 속성을 지니고 있었다.
만공은 오랜만에 천장암에 들렀다. 스승 경허와 헤어진 후 처음이었다. 경허가 쓰던 방은 텅 비어 있었다. 무덤 같은 적막이 쌓여 있었고 햇볕이 창틈을 비집고 들어오고 있었다. 누구 한 사람 경허를 기다리는 사람은 없었다. 다만 지나가는 바람소리와 물소리가 방안의 빈 공간을 메우고 있었다.

만공이 오랜만에 방안에 들어섰을 때 적막과 침묵이 유리조각 깨지는 소리를 내는 것 같았다. 적막도 살아있었다. 침묵과 적막이 놀란 몸짓을 했다. 그리고 문 밖으로 빠져나가는 것을 만공은 느낄 수 있었다.

만공은 가부좌를 틀고 아무 소리도 내지 않고 오랫동안 앉아 있었다. 다시 고요가 쌓이기 시작하고 있었다. 문밖으로 빠져나간 침묵과 적막이 마치 외출을 하고 돌아오듯 방안에 자리를 잡고 있었다. 만공은 고요와 침묵의 움직임을 느낄 수 있었다. 그러나 끝내 경허의 모습은 보이지 않았다. 다만 작년에 보았던 햇볕이 법당 한 모퉁이에 고립되어 있었고 목련이 달빛 조각처럼 피고 있었다.

봄은 순례자처럼 기다리지 않아도 와 있었다. 다만 스승 경허만이 소식이 없었고 돌아오지 않았다. 바람의 전언(傳言)도 없었다. 확인할 수 없는 소문만 간혹 들려왔을 뿐이었다. 누군가 삼수갑산에서 보았다는 사람도 있었고, 머리를 기르고 비승비속으로 살고 있다는 소식을 전해 주었지만 믿을 수가 없었다. 어떤 사람은 이름까지 바꾸어서 살고 있다고 전하는가 하면, 완전히 실성한 사람처럼 걸식을 일삼고 있더라고 듣기 거북한 말을 전한 사람도 있었다. 분명히 경허가 강계 등지에서 배회하고 있는 것만은 사실이었다. 왜 삼수갑산으로 갔는지에 대해서는 누구 한 사람 그 이유를 아는 사람이 없었다. 경허의 행색에 대해 소식을 전하는 사람마다 조금씩 달랐다. 마치 미친 사람처럼 변해 있더란 사람도 있고, 술에 취해 동네 사람들과 싸워 뭇매를 맞고 길가에 짐승처럼 신음하고 있는 것을 보았다는 사람도 있었고, 초가집을 짓고 동네 아이들을 가르치고 있더라고 전해주는 사람도 있었다. 그러나 그 가운데 누구의 말도 믿을 수가 없었다.

 만공은 가슴이 답답했다. 소재를 알지 못해 찾아 나설 수도 없었다. 벌써 헤어진 지가 몇 해를 넘고 있었다. 그러나 만공의 가슴에는 경허의 소재를 알아 찾아 나서야겠다는 무서운 결의가 되살아나고 있었다. 한편으로는 스승이 무정하고 비정하다는 생각이 들었다. 그렇다고 특별히 제자들과 인연을 끊을 만한 이유도 없었다. 그리고 자신의 행적을 감추고 은둔할 만한 특별한 사유도 없었다. 다만 영주사미의 살해사건 용의자로 추적당하고 있었지만 만공은 한번도 경허를 살인 용의자로 생각해 본 일이 없었다.

 만공은 경허가 원망스러웠다. 그동안 가슴 속에 담고 있던 그리움과 존경심이 원망으로 변하고 있었다. 은현(隱現) 자재한 경허의 소재는 끝내 파악되지 않았다. 천장암 뜰 앞에 벚꽃이 만개해 있어도 경허는 나타나지 않고 있었다. 벚꽃이 수많은 꽃등으로 피어 길을 밝히고 누군가를 한없이 기다리고 있었다. 바람떼만 놀다가 깊은 산 속으로 사라지고 있었다. 깊은 고요만 한 무더기 남아 있을 뿐이었다. 꽃잎이 져서 구를 때면 발자국 소리가 들리는 듯했다. 마치 누군가 꽃잎을 밟고 오는 것 같아 문을 열어 보아도 그곳에는 사람이 없었다. 기다리는 마음이 지쳐 끝내 한 무더기 어둠이 되어 가슴을 채울 뿐이었다. 아침 저녁으로 종소리가 옛날처럼 울리고 있었지만 산천만이 귀를 열고 듣고 있을 뿐 경허는 돌아오지 않고 있었다.

 착할 때는 부처님 같았고 무서울 때는 호랑이보다 사납던 경허의 모습은 찾을 길이 없었다. 경허만큼 인간의 원초적 천진을 간직한 선사(禪師)도 없었고, 그 천진이 지극할 때는 마치 어린애 같았다. 술에 취해 만행(萬行)을 할 때는 세상의 모든 광기(狂氣)가 그에게 집중되어 있었다. 경허는 세상의 만물에 집착하지 않았다. 깊은 애정이 있어도 한군데 집착함이 없었다. 집착함이 없었기 때문에 걸림없는 무애의 자유를 누릴 수 있었고, 무애를 깊이 체득하고 있었기 때문에 비윤리적 행위는 허물이 되지 않았고 오히려 신화적(神話的) 자유가 되었다.

 경허의 환영이 만공의 뇌리에 수없이 지나가고 있었다. 술에 취한 모습, 문둥병에 걸린 여자와 동침을 하던 모습, 안흥 갯마을에서 그리워하던 여자를 만나 정사(情事)를 하다가 남편에게 들켜 동네 사람들에게 뭇매를 맞고 반은 시체가 되었다가 깨어난 후, 해변에는 물결이 심하고 바람이 거칠더라고 태연하게 말하던 모습……. 그러나 그것은 경허의 분신에 불과했다.

 할미꽃이 피어 고개를 숙이고 지쳐 기다리고 있어도 경허는 돌아오지 않고 있었다. 적막강산에 꽃들은 다시 피고 있었고 새들은 울고 있었다. 그는 만법이 돌아가고 있는 길목에 은신하고 있음이 분명했다. 그래서 그의 모습이 발견되지 않고 소재가 파악되지 않는 것이리라.

바람이 다시 나뭇잎을 흔들며 지나가고 있었다. 바람이 가는 행방을 누가 알랴. 경허는 바람이었고 구름이었다. 문밖에서 발자국 소리가 들렸다. 나뭇잎 구르는 소리가 아니었다. 문이 열렸다. 뜻밖에도 혜월이 서있었다. 만공은 급히 자리에서 일어나 맨발로 뛰어나가 혜월의 손을 잡으며 안부를 물었다.

"형님, 웬일입니까?"

만공의 목소리에 물기가 젖어있었다. 스승 경허를 보는 만큼 반가웠고 울음이 왈칵 쏟아질 것 같았다.

"만공, 자네는 어찌된 일인가?"

혜월은 만공보다 침착하고 여유가 있었다. 감정을 억제하는 힘이 있었다.

"스승이 보고 싶어 왔습니다."

만공은 솔직하게 대답했다. 마치 어린애가 어머니를 기다리는 것같은 지극한 마음을 드러내 보였다.

"그래, 경허스님 소식을 들었는가?"

혜월은 담담하게 말했지만 목소리는 떨리고 있었다. 이상한 예감이 들었다. 혜월의 목소리에는 슬픔이 숨어 있었다. 무엇인가 알고 있는 느낌이 들었다. 그래서 목소리가 떨리고 있었다.

"아직 듣지를 못했습니다."

만공은 솔직하게 대답을 했다. 간혹 들리는 소문이 있었지만 확실하게 믿을 만한 내용이 못 되었다.

"큰스님께서 열반하셨다네."

혜월은 말을 해놓고 눈물을 닦고 있었다. 가슴 속에서 치밀어오르는 슬픔을 참고 있는 모습이었다.
"언제 열반에 드셨답니까?"
"벌써 오래전이야. 우리가 모르고 있었을 뿐이지."
혜월은 다시 눈물을 훔치고 있었다. 가슴 속에서 통곡이 치솟고 있음이 분명했다.
혜월과 만공은 모두 경허의 법제자인 동시에 태허(泰虛)의 제자이다. 태허는 또 경허스님의 친형이다. 이러한 두 사람은 사형사제(師兄師弟) 간이었고 깨침을 인가받았었다. 특히 만공은 경허에게 가장 총애를 많이 받은 제자였고 삼수갑산으로 떠난 때도 행방을 말하지는 않았으나, 이제 멀리 떠나면 다시 볼 수 없을 것이라고 석별의 정까지 나눈 일이 있었다.
혜월도 경허에게 깨침을 인가받은 전법제자였다. 그러나 성격에 차이가 있었다. 오히려 만공은 경허와 닮은 데가 많았지만 혜월은 백치와 같은 천진함을 갖고 있었다. 비록 경허를 통해서 무애의 자유를 배웠고 무소유의 자족을 터득했지만 성격만은 거칠지 않았다. 경허의 성격은 거칠고 야성적이었지만 혜월은 천진스러움에서 우러나오는 자비를 갖고 있었다.
어느 땐가 혜월이 해미(海美) 주막집 주모와 한철 동거를 끝내고 절로 돌아왔을 때, 경허는 자네 밤마다 주모와 무엇을 했느냐고 짖궂은 질문을 한 적이 있었다. 혜월은 한철 동안 그 짓을 했지만 첫날밤 그 맛뿐이더라고 태연스럽게 대답했다. 그때 경허는 혜월의 대답을 듣고 과연 혜월이라고 한바탕 웃은 일도 있었다. 혜월은 여자를 탐닉하고 난 후부터 여자에게서 자유스러워질 수 있었다. 그만큼 혜월은 집착을 거부했다. 그뿐 아니라 혜월은 소유욕이 없었다. 그가 부산 선암사(仙岩寺)에서 논 서 마지기를 개간해 옥답을 만들어 놓자 마을 사람들이 탐을 냈다. 이윽고 혜월이 모든 일에 욕심이 없다는 것을 눈치 챈 마을 사람들이 혜월에게 논을 팔도록 설득했다. 그러나 혜월의 마음이 흔들리지 않자 이번에는 애원을 했다. 혜월은 마을 사람들의 간청에 못 이겨 그 논을 팔아 버렸다. 그러나 제값을 받지 못했다. 논 판 돈을 제자에게 내놓자 제자는 사기를 당했다고 혜월을 책망했고, 논을 산 놈을 그냥 둘 수 없다고 분개했다. 그러나 혜월은 분을 참지 못하고 있는 제자를 향해 '이 놈아 무슨 사기를 당했단 말이냐. 논 서 마지기는 그대로 있고 여기 논 판 돈이 있으니 논이 여섯 마지기가 됐지 않느냐' 라며 태연히 말했다.

　제자는 혜월의 말을 듣고 기가 막혔다. 스승을 더 이상 원망할 수도 없고 책망할 수도 없었다. 사실 혜월은 제 값을 받지 못한 것을 잘 알고 있었다. 일반적 소유개념으로 볼 때 논의 법적 소유권이 달라질 뿐 논은 항상 그 자리에 있다. 그래서 혜월은 논은 그대로 있고 논 판 돈이 새로 생겼으니 갑자기 논이 여섯 마지기가 되었다고 말했던 것이다. 바로 이러한 성격이 혜월이 지닌 백치와 같은 천진함이다. 그는 또 생명에 대해 한없는 사랑과 자비를 갖고 있었다. 선암사 계곡 밑에서 사람들이 미꾸라지를 잡고 있으면 혜월은 물통에 들어있는 미꾸라지를 오랫동안 보고 있다가 '이 미꾸라지를 저에게 파십시오' 라고 간청을 하여 미꾸라지를 사 가지고는 사람들이 보는 앞에서 다시 물 속으로 보내주었다. 이때 사람들은 혜월을 바보 같은 사람이라고 무시했다가 혜월의 방생(放生)이 되풀이되자 더 이상 미꾸라지를 잡지 않았다. 혜월은 말로써 사람을 꾸짖거나 감화시키려고 하지 않았다. 백치와 같은 천진으로 사람들을 감동케 했다.

그가 내원사(內院寺)에 있을 때였다. 그는 누구보다 소를 사랑했고 밭에 나가 일하기를 좋아했다. 그러나 대중들은 일하기를 꺼려했고 소 때문에 날마다 혹사당한다는 생각을 갖고 있었다. 혜월이 소를 사랑하자 원주(院主)스님은 날마다 소를 몰고 밭에 나가 일을 했고 오히려 혜월보다 일하기를 좋아했다. 혜월은 중국 백장(百丈)스님의 청규(淸規)를 몸소 실천했고 일을 통해 정신적 소득을 얻고 있었다. 일일부작 일일불식(一日不作 一日不食), 하루 일하지 않으면 하루 먹지 않는다는 정신이 몸에 배어 있었다. 그러나 혜월은 대중들이 소를 싫어함을 알았다. 대중이 싫어하는 일을 구태여 할 필요가 없었다. 혜월은 장날이 되자 소를 몰고 소시장에 가서 팔아 버렸다. 마침 원주가 외출을 하고 없었다. 소를 판 돈으로 먹을 것을 듬뿍 사서 대중공양을 시켰다. 대중들은 혜월이 소를 팔아 버린 것을 알았지만 굳이 묻지 않았다. 오히려 귀찮은 존재가 없어졌다는 생각을 하고 있었다.

외출을 하고 돌아온 원주는 절 구석구석을 돌아보고 외양간도 둘러 보았다. 소가 보이지 않았다. 논에도 밭에도 소가 보이지 않았다.

대중들에게 물어도 한결같이 묵묵부답이었다. 이상한 예감이 들었다. 혜월의 방 앞에 이르러 큰스님 하고 불렀다. 방안에서는 인기척이 없었다.

"큰스님, 소가 없어졌습니다."

방문을 열었을 때 혜월은 옷을 다 벗어 버리고 음매음매 소 울음소리를 내며 방안을 소처럼 기어다니는 시늉을 했다. 원주는 혜월이 갑자기 소가 된 뜻을 알 수 있었다.

이처럼 혜월은 무소유를 통해 항상 사람들에게 넉넉함을 깨닫게 했고 아무것도 소유하지 않았을 때 풍성하게 존재할 수 있는 도리를 깨닫게 했다.

혜월은 경허가 입적했다는 말을 해 놓고 만공의 손을 잡았다. 만공의 눈빛은 충혈되어 있었고 얼굴은 눈물로 얼룩져 있었다. 두 사람은 무언의 슬픔을 나누고 있었다.

"누구에게 큰스님께서 입적했다는 소문을 들었습니까?"

"며칠 전 김담여(金淡如)의 친척으로부터 들었네."

김담여는 경허와 친교를 맺은 선비였고 술잔을 나누던 우정을 갖고 있었다.

"입적한 곳이 어디입니까?"

만공은 목메인 소리로 울먹이면서 물었다.

"삼수갑산 웅이방이란 마을이라네. 그곳에서 초가 한 칸을 지어 비승비속으로 때로는 술을 마시고 여자와 사랑을 나누기도 하고 아이들을 가르치기도 했다네. 입적 전날은 그토록 좋아하던 술도 마시지 않고 그곳에서 인연을 맺었던 사람들을 찾아다니면서 내일 멀리 떠난다고 인사를 했고 사람들이 아쉬워 어디로 가느냐고 묻자 큰스님은 바람 따라 가겠다는 말을 남겼다는 거야.

그래서 그 뒷날 큰스님께서 진실로 떠나버린 줄 알고 마을 사람들이 찾아갔을 때 문이 잠겨 있어 이상해 문을 부수고 방안으로 들어갔다는군. 근데 큰스님은 가부좌를 틀고 살아있는 사람처럼 앉아 있어 '큰스님' 하고 불러 보았지만 대답이 없길래 몸을 흔들어 보았다는 거야. 그때 큰스님의 육신이 힘없이 쓰러져 버리자 마을 사람들은 입적한 줄 알았지. 결국 동네 사람들이 큰스님 장례를 치렀고 특히 주모와 아이들이 통곡을 했다는 거야."

"왜 여자들이 통곡을 했지요?"

"자네 곁에도 여신도들이 많지 않은가."

혜월은 만공을 힐끔 쳐다보며 말을 했지만 그 말 속에는 뼈가 있었다. 사실 만공의 주위에는 항상 여신도들이 많았다. 그래서 때로는 오해를 받기도 했다.

어느 날 일엽(一葉)스님이 만공에게 '왜 스님 곁에는 여신도가 많이 모입니까?' 하고 질문을 했을 때 만공은 농담삼아 다음과 같이 대답한 일이 있었다.

"내가 삼생(三生) 전에 전주에서 향란이란 기생으로 있었는데 그때 많은 사람들과 연분을 나누어 지금 그때 인연을 나눈 사람들이 나를 찾아오는 거지."

또 어느 날 혜암(惠庵)이 법당에서 '오늘은 부처님 유방이 커 보입니다' 하고 질문을 던지자 만공은 아무 생각 없이 "스님들 양식 걱정은 하지 않아도 되겠다' 하고 말했다.

"무슨 복을 지어야 부처님 젖을 수용할 수 있습니까?"

재차 묻자 만공은 혜암을 쳐다보고는 '자네는 부처만 건드려놓고 끝내 젖을 받아먹지 못하는군' 하고 책망을 했다. 이처럼 혜월과 만공은 법계에 충만해 있는 진리를 필요할 때는 취할 줄도 알았고 때로는 버릴 줄도 아는 지혜를 갖고 있었다.

만공은 다시 혜월을 쳐다보며 '큰스님께서 좌탈입망(坐脫立亡)했네요' 라고 말했다.

만공의 얼굴은 서서히 슬픔에서 벗어나고 있었다. 스승의 열반이 좌탈입망이었다는 말에 어떤 희열을 느끼고 있었다. 좌탈입망은 죽음을 입체적으로 연출한 것을 뜻한다. 보통 사람들의 죽음은 앓다가 숨을 거두기 마련이다. 그러나 깨침을 성취한 선사들의 입적은 수행력에 따라 다르다. 앉아서 열반에 든 조사(祖師)가 있는가 하면 서서 입적한 수행인도 있다. 그리고 중국 은봉(隱峰) 선사는 물구나무를 선 채로 입적하여 많은 사람들을 놀라게 했으며 자신의 죽음을 사람들에게 알리기를 꺼려한 수행인들은 스스로 깊은 산속으로 들어가 목에 율무염주를 걸고 숨을 거두기도 했다. 목에 건 율무염주는 훗날 율무꽃으로 환생하여 이름없는 수행자의 입적지를 알리기도 했다.

"좌탈입망을 한 것은 분명한 것 같아. 그러나 큰스님은 삶과 죽음을 버리고 살았기 때문에 살고 싶으면 살고, 죽고 싶으면 언제라도 죽을 수 있는 살활자재가 있었지. 그래서 승도 속도 버리고 이름까지 버리고 그곳에서 살았다는 거야."

사실 경허는 삶과 죽음에 초탈해 있었다. 삶에 집착하지 않았기 때문에 모든 고통에서 자유롭게 행동할 수 있었고 죽음을 두려워하지 않았다. 때문에 불생불멸의 삶을 살 수 있었다. 뿐만 아니라 이완동물처럼 스스로 허물을 만들었다가 허물을 벗을 줄 아는 지혜를 갖고 있었다.

많은 사람들이 경허를 보고 기인(奇人) 혹은 농세(弄世)의 달인(達人), 무애행을 일삼은 파계승이라고 탄핵했지만 따지고 보면 경허는 기인도, 무애행만 일삼았던 수행인도 아니었다. 다만 보통사람보다 모든 일에 앞서가는 사람이었다. 그가 지닌 해탈적 정서는 일상적 삶에 관심이 없었고 권태를 느꼈다. 그래서 경허는 타락 쪽에 자기 몸을 적시었고 삼악도의 고통을 스스로 체험하기도 했다.

"그동안 무엇을 하시고 살았답니까?"

만공은 스승 경허가 입적했다는 슬픔에서 벗어나 그동안 행적이 궁금해 물었다. 그의 얼굴에는 애도의 슬픔은 이미 사라지고 없었다. 오히려 경허의 입적을 통해 니르바나의 희열을 느끼고 있는 것 같았다. 따지고 보면 니르바나는 슬픔의 대상이 될 수 없다. 고통에서 해방되고 해탈의 자유를 누리는 일이 슬픔이 될 수는 없다. 그러나 열반의 의미를 일반적 죽음으로 해석해 버리면 참으로 참기 어려운 슬픔이 되어 버린다.

"이 사람! 지금 그 행적을 말할 땐가. 빨리 일어나게."

혜월은 신경질적으로 말을 하고 자리에서 일어나 길을 나섰다. 만공도 뒤를 따랐다.

시비에 물들지 않은 사람
난득산 아래 접외가를 그쳤도다

경허도 가고 이 저문 날에
먹지도 못한 저 두견이 솥 적다 우네.
是非不動如如客 難得山止劫外歌
驢馬燒盡是暮日 不食杜鵑恨小鼎

혜월과 만공은 삼수갑산 웅이방이란 마을에서 조금 떨어진 곳에 있는 경허의 무덤 앞에서 끅끅 울음을 토하며 경허를 상기했다. 바람같은 생을 살면서 그리고 구름같이 자유를 누리면서 일생을 산 경허는 한 평 무덤으로 남아있었다.

무덤 주위에는 깊은 적막과 아울러 풀이 한 길이나 자라있었고 먼산에서 소쩍새가 경허의 생전 육성을 흉내내고 있었다. 그래서 만공은 먹지 못한 두견이 솥 적다 울고 있다고 시 한 수를 읊었다. 소쩍새는 수억의 공간을 지나서 쏟아지는 햇살마냥 혜월과 만공을 영접하고 있었다.

혜월과 만공은 준비해 간 삽과 괭이로 무덤을 파헤치고 관을 뜯었다. 장발에 도포를 입은 경허의 모습이 만공의 가슴에 부딪쳐 눈물을 쏟게 했다. 시체는 이미 반쯤은 썩고 부패해 있었다. 흙으로 돌아가 있었다. 그것은 경허의 육체였고 허무의 잔해였다. 지난날 경허를 이루었던 육체는 흙빛으로 돌아가 있었고 앙상한 뼈마디가 가을 나무처럼 누워 있었다.

만공은 신들린 사람처럼 경허가 버리고 간 죽음의 원상(原像)을 하나하나 정리했다. 삶과 죽음의 회귀(回歸)가 합일해 있는 것을 확인하며 아직 덜 썩은 살점도 볼 수 있었다. 앙상한 뼈와 해골이 적막을 안고 소멸되어 가고 있었다. 그것은 소멸한 육체의 처량한 허상이었다.

만공의 가슴에는 죽음이 만들어 낸 슬픔들이 내면 깊숙이 동계(動悸)되어 울먹이게 했다. 입적의 자유를 찾을 수도 없었고 볼 수도 없었다. 그리고 경허의 거친 무애도 남아 있지 않았다. 만공은 끝내 악취를 못 참고 얼굴을 찡그리며 뒤로 물러서 버렸다. 만공은 살과 뼈가 썩는 고약한 악취를 참을 인내가 모자랐다.

만공도 경허에게 견성체험을 인가받은 선사였다. 그러나 만공은 자기 내면에서 죽음의 씨앗이 성장하고 있음을 알면서도 그것이 목전에 이루어진 경허가 만들어 낸 죽음의 의미와 일치하고 있음을 깨닫지 못하고 있는 것 같았다.

혜월은 뒤로 물러선 만공을 힐끔 쳐다보며 고뇌에 침전되어 있는 그의 면전에다 전광석화 같은 일갈을 던졌다. 혜월의 고함은 허공을 찢어버릴 것같은 힘이 있었다. 솥 적다 울어대던 소쩍새 울음이 뚝 그쳐 버렸다.

"자네는 이때를 당해 어떻게 하겠는가?"

만공 너는 경허와 같이 죽음을 당해 너의 육체는 썩지 않고 어떻게 되겠는가 하고 물은 것이다. 삶과 죽음의 친화를 잃은 그에게 만공의 전체의 삶과 진아의 원적지가 어딘가를 힐난했다. 만공은 고개를 떨구며 다시 경허의 관 앞으로 다가섰다. 마치 혼령이 걷듯 아무 소리도 나지 않았다. 슬픔이 만공의 가슴 속에서 떠돌아다니고 있음을 그때야 혜월은 깨닫고 만공의 등을 두드리면서 '우리도 죽으면 이렇게 될 것인데……' 말을 잇지 못하고 그만

울고 말았다.
 두 사람의 울음소리는 난득산 골짜기로 번지고 있었다. 그때 다시 소쩍새가 울기 시작했다. 만공은 혜월의 품에 안겨 참으로 슬픈 울음을 삼키고 있었다. 먼산 소쩍새는 더욱 가까이서 울기 시작했다. 만공은 소쩍새가 울고 있는 곳을 망연히 쳐다보며 오랫동안 서있다가 다시 뼈를 하나하나 정리하여 한군데로 모았다. 살점은 대부분 소멸되어 있었다. 뼈마디는 앙상한 겨울나무처럼 메말라 있었고 어떤 부분은 흙이 되어 있었다. 그토록 많은 제자를 두었으면서도 화려한 조상(弔喪)을 거부해 버린 경허의 모습이 만공의 뇌리를 스쳤다. 자신이 심우도(尋牛圖)에서 읊은 것처럼 소를 타고 흙으로 돌아가 있었다. 흙은 경허가 돌아가서 쉴 집이었다.
 뼈마디를 모아 태울 것은 태워버리고, 중요한 부분만 수습하여 준비해 간 항아리에 담았다. 만공은 뼈마디에 불을 붙이며 신들린 사람처럼, 사나울 때는 범과 같고 착할 때는 부처와 같은 경허를 떠올리면서 '큰스님!' 하고 불렀다.
 그러나 아무 대답이 없었다.
 "지금 큰스님은 어느 곳을 향해 가고 있습니까? 취하여 누워 지금도 영겁을 이루는 잠을 자고 계십니까?"
 만공의 독백은 바람처럼 흩어졌다. 나무에 불을 붙이고 나자 불빛은 조금씩 부피를 키워갔다. 그리고 뼈마디에 타들어가고 있었다. 별빛같이 영롱한 불빛이 푸른 물결마냥 눈앞으로 다가섰다. 참으로 외로운 다비식이었다. 산천이 슬픔에 잠겨 있는 것 같았다. 뼈를 다 태우고 혜월과 만공은 항아리를 들고 웅이방 마을을 찾아 나섰다. 소쩍새가 서럽게 울고 있었다. 마치 두 사람을 따라오며 우는 것 같았다.

웅이방 마을은 그렇게 크지 않았다. 삼수갑산이 만들어 낸 깊은 적막 속에 마을은 잠겨 있는 듯했다. 경허가 거처했던 집은 마을에서 조금 떨어진 곳에 있었다. 초가는 낡아서 반쯤 쓰러져 있었다. 문짝은 어디론가 사라져 버렸고 방안은 무덤같은 침묵을 안고 있었다. 방안으로 들어섰을 때 오랫동안 자리했던 고요가 몸을 일으키며 밖으로 나가는 것 같았다.

혜월과 만공은 벽을 살폈다. 벽은 허물어져 흙이 쏟아지고 있었다.

허물어지지 않은 벽에 희미한 글씨가 보였다. 경허의 글씨였다. 빛이 바래 있었다. 칼로 글씨가 있는 부분만 오려 내었다. 경허의 임종게였다.

마음 달, 오직 둥근데
신령스런 빛이 모든 만상을 삼키고 있다
빛과 사물이 다 텅 비었는데
다시 무슨 물건이 있겠는가.
心月孤圓　光呑萬像
光境俱忘　復是何物

임종게의 끝에는 난주(蘭州)라고 쓰고 성우 경허(惺牛鏡虛)라고 써 있었다. 소문대로 경허는 스스로 경허란 이름을 버리고 난주로 살았음이 입증되었다. 비록 글씨가 낡고 빛이 바래 있었지만 그것은 경허의 법신이었다. 두 사람은 다시 경허를 친견하는 기쁨을 맛볼 수 있었다.

만공은 금선대(金仙臺)로 돌아와 항아리에 든 뼈를 꺼내어 제자들과 함께 다시 다비식을 거행했다. 경허의 마지막 육신이 사라지고 있었다. 불빛은 어느덧 영롱한 별빛으로 변하고 있었다. 한 사람의 생애가 한줌의 재로 변하는 순간이었다.

누구 한 사람 눈물을 흘리는 사람이 없었다. 진흙소 울음도 들리지 않았고, 소를 타고 소를 찾는 사람도 없었다. 그리고 진흙소가 바다 밑 달빛을 몰고 가는 모습도 보이지 않았다.

바람에 꽃잎만 지고 있었고 구름에 경허의 모습이 실려오는 것 같았다. 만공이 속으로 '경허스님' 하고 부르자 풀벌레들이 한꺼번에 울기 시작했다. 경허의 법신이 법계에 충만해 있음이 분명했다. 그리고 빈 골짜기에서도 경허의 육성이 들리는 것 같았고 나뭇잎에서도 숨결을 느낄 수 있었다.

만공은 몇 달 후에 화공(畵工)을 불렀다. 그리고 수염을 기르고 붉은 가사를 입고 있는 사진 한 장을 주면서 영정을 부탁했다. 경허의 사진이었다. 화공은 오랫동안 사진을 쳐다 보다가 이 스님이 누구냐고 물었다. 만공은 경허 큰스님이라고 말했다.

화공은 붉은 가사에다가 수염이 긴 경허의 모습이 특이한 모양이었다. 풍체가 크고 마치 장군 같은 경허의 모습에서 화공은 스님의 인상을 찾지 못하는 것 같았다. 화공은 몇 달 후에 경허의 영정을 그려 만공에게 바쳤다. 만공은 만족한 듯 아무 말이 없었다. 화공이 떠난 후 만공은 눈을 감고 경허의 모습을 떠올려보았다. 그리고 붓을 잡았다. 영찬(影讚)을 남기고 싶었다.

경허는 본래 경허가 아니고
성우도 또한 성우가 아니다
경허도 없고 성우도 없는 곳에
살아있는 눈에는 술과 여자뿐이더라.
鏡虛本無鏡　惺牛曾非牛
非無處處路　活眼酒與色

영찬을 쓴 후 만공은 자리에 그대로 앉아 있었다. 마음이 몹시 허전했다. 어디론가 훌쩍 떠나고 싶었다. 경허처럼 술과 여자에 취하고 싶었다. 밖에서는 비바람이 불고 있었다. 나뭇잎이 우수수 떨어지는 소리도 들렸고 기다리는 사람이 사푼사푼 걸어오는 발자국 소리도 들리는 것 같았다. 그러나 찾아오는 사람은 없었다. 한 사람의 생애가 끝내 한 줌의 재로 변해버린 허탈을 참을 수가 없었다. 비록 경허의 영정을 만들어 놓았으나 그것은 경허의 실상이 아니었다.

　옛날 중국 조주(趙州)는 제자가 화상을 그려 바치자 한참 본 후 '저것이 나라면 자네는 나를 죽여도 좋다'고 말한 일이 있었다. 만공은 거문고를 꺼내 경허의 참선곡을 불렀다. 모든 것이 꿈이로다. 경허의 참선곡을 타고 났을 때 열두 줄 현(絃)이 뚝 끊어지는 것 같은 적막이 엄습했다. 깨치고 나도 마음 속의 공허는 사라지지 않았다. 그래서 경허는 모든 것이 꿈이라고 말했는지 모른다. 만공은 자리에 누웠다. 비바람이 창문을 스치며 지나가고 있었다.

"큰스님."

밖에서 부르는 소리가 들렸다.

"무슨 일이냐?"

"손님이 찾아오셨습니다."

"오늘은 누구도 만나고 싶지 않다."

만공은 혼자 있고 싶었다. 아무도 만나고 싶지 않았다.

"꼭 만나야 한답니다."

시자의 목소리는 다급했다. 급한 일에 쫓기고 있는 것 같았다.

"이놈아, 누구도 만나고 싶지 않다고 했지 않았느냐?"

한참 동안 말없이 서있던 시자가 말했다.

"손님이 밖에서 기다리고 있습니다."

만공은 귀찮다는 듯이 물었다.

"어디서 온 손님이냐?"

"경찰서에서 오셨답니다."

"그래, 알았다."

만공은 자리에서 일어나 문을 열었다. 공(孔)형사는 만공에게 인사를 하고 사진 한 장을 꺼내었다. 경허의 사진이었다.

## 살인 누명

공형사가 출근하여 자리에 앉으려고 할 때 벨소리가 요란하게 울렸다. 수사과 전화는 대부분 크고 작은 사건을 알리는 자명종(自鳴鐘) 같았다. 전화기를 든 수사과장의 표정이 굳어지기 시작했다. 얼굴 표정에 따라 사건의 윤곽은 대부분 드러났다.

오랫동안 수사과장과 일을 같이 해왔기 때문에 공형사는 얼굴 표정만 보고도 사건 내용을 짐작할 수 있었다. 수사과장의 얼굴은 점점 굳어졌다. 충격적 사건이 발생한 것이 틀림없었다. 그와 함께 3년을 일해 오면서 터득한 예감이었다. 공형사의 예감은 틀리지 않았다. 전화기를 내려놓으면서 신경질적으로 공형사를 불렀다. 울화가 치민 목소리였다. 상기된 표정이었다.

"무슨 사건입니까?"
"살인사건이야. 중이 살인을 한 모양이야!"
"스님이 살인을 하다니요?"
"공형사는 불교 신자니까 믿어지지 않겠지만 중이 스님을 죽였다는 거야. 출동준비나 해."
"서울 출장은 어떻게 하고요?"
"며칠 미루지. 사건이 빨리 해결되면 곧장 서울로 가고."
"장소가 어딘데요?"

"계룡면(鷄龍面)."

　계룡면은 행정구역상으로는 K군에 속해 있었고 K서(署)관할이었다. 특히 계룡면은 계룡산을 등에 업고, 작은 면(面)이었지만 유서 깊은 사찰들이 자리잡고 있었다. 국산(國山) 오악(五岳)가운데서 중악(中岳)으로 불리는 계룡산은 그다지 높지 않으나 아름다운 산세와 호서 남단의 모든 군봉(群峰)을 조복받고 있는 명산이었다. 차령산맥이 뿌리를 뻗어 금강 상류와 연결되어 충청남도를 상징하고 있는 산이 계룡산이다.

　특히 계룡산은 많은 전설과 비화를 남긴 예언자들이 거쳐했던 산이다. 조선 이태조가 이곳 계룡산 기슭에 새로운 서울을 세우려고 주춧돌을 세웠는가 하면 산신(山神) 노파의 반대로 흙 한 줌, 돌 하나 건드리지 말라는 바람에 신발에 묻은 흙마저 털고 떠나갔다는 전설을 지금도 지니고 있다.

　그 후 난세를 당해 백성이 굶주림에 시달리고 어지러운 세상을 살아가기 어렵게 되자 혹세무민의 예언자와 점술가들이 모여들어 수없는 사교집단을 만든 곳이 계룡산이다. 지금도 사교왕국을 꿈꾸는 예언자들이 곳곳에 자리잡고 있다.

　계룡산은 지봉(支峰)인 연천봉(連天峰)을 중심으로 크고작은 봉우리가 서열(序列)을 이루어 있고 갑사(甲寺) · 마곡사(麻谷寺) · 신원사(新元寺) 등이 있다. 계룡면에는 갑사와 신원사가 자리잡고 있다. 계절마다 행락객들로 인해 여러 사건이 자주 일어난 곳이며 큰 사건이 아니면 대부분 그곳 지서(支署)에서 처리해버리고 큰 사건이 있을 때마다 K서에서 수사를 맡았다.

그런데 스님이 살인을 했다는 것이 납득이 가지 않았다. 비록 다른 면소재지에 비해 절이 많아 스님들이 많이 살고는 있지만 살인을 했다면 충격적 사건이 아닐 수 없다. 살생을 금하고 있을 뿐 아니라 짐승의 목숨 하나까지 소중하게 여기며 수행하는 스님들이 살인을 했다는 것이 믿어지지 않았다. 스스로 자비심을 키우기 위해 한달마다 방생을 할 만큼 살아 있는 목숨을 자기 목숨같이 소중하게 여기는 종교가 불교이다.

시체는 깊은 산중 계곡 옆에 서있는 소나무에 매달려 있었다. 숲이 깊었다. 이곳을 지나가도 시체가 있는 곳은 시선이 닿지 않았다. 멀리서 보면 시체라고 분간할 수 없을 만큼 숲이 울창했으며 허수아비가 매달린 것같이 시체는 혀를 내밀고 축 늘어져 있었다. 스스로 목을 매달아 자살한 것같이 보였다.

수사과장은 현장보존을 위해 시체를 그대로 둔 채 자살인가 타살인가를 자세히 살폈다. 십팔구 세가 안 되는 동승(童僧)이었다. 예리한 흉기로 찔린 곳은 없었지만 얼굴을 비롯해 손과 발에 타박상이 있는 것으로 보아서 분명히 자살이 아닌 타살임에 틀림없었다. 동승의 옷에 핏자국이 어지러이 남아있었다. 누군가 잔인하게 살해하고 자살로 위장하기 위해 나무에 매달아놓은 것이 분명했다. 그리고 상처는 크지 않았으나 목을 조른 흔적이 뚜렷했다. 어린 사미(沙彌)였다. 하늘에서는 까마귀들이 떼를 지어 절규하고 있었다. 그것은 까마귀의 울음이었지만 슬픈 조상(弔喪)이었다.

어린 사미의 얼굴에는 고통을 참았던 흔적과 붉은 피가 승복에

군데군데 묻어있었고 저항을 하다 생긴 상처가 팔목에 크게 나
있었다. 비록 처참하게 목숨을 잃고 나뭇가지에 매달려 있었지만
얼굴은 맑고 깨끗했다. 가슴과 손발에 심한 상처가 나있었고 목
숨을 지키기 위해 발버둥친 흔적을 몸 전체의 핏자국을 통해 확
인할 수 있었다. 대체로 현장은 잘 보존되어 있었다. 범행현장을
보아 우발적 살인사건 같았다.

　범행장소는 동학사에서 4킬로미터 떨어진 연천봉 밑에 있는
등운암(謄雲庵)에서 조금 떨어진 거리였다. 분명히 등운암에 갔
다가 하산하는 길에 변을 당한 것이 분명했다. 다만 타살한 채로
남겨두지 않고 자살로 위장하기 위해 목을 매달아 놓은 것을 볼
때 범행수법이 잔인했다.

　수사과장은 먼저 나와 있는 지서주임에게 특별한 물적 증거가
없었느냐고 물었다. 윗사람의 질문을 기다렸다는 듯 지서주임은
낡은 걸망과 피묻은 승복을 들어 보였다. 걸망 속에는 승려들이
일상생활에 필요한 도구(道具)가 담겨 있었다. 치약·칫솔·수건
그리고 목탁과 책 한 권과 필기도구 뿐이었다. 다만 특이한 것은
책이 불경(佛經)이 아닌 달필로 쓴 한문체의 수기물(手記物)이었
다. 그 밖에 다른 물건은 찾지 못했다고 지서주임은 말했다.

　시체를 발견한 것은 두 시간 전이었고 목격자는 계룡면 양하리
(陽下里)에 사는 나무꾼이었으며 나무를 하러 왔다가 시체를 발
견하여 신고했다고 지서주임이 상세한 보고를 했다. 그리고 이곳
은 간혹 불공을 드리러 가는 신도나 스님, 나무꾼이 아니면 사람
들의 발길이 많지 않은 곳이었다.

등운암에 확인을 해 본 결과 불공을 하고 간 신도도 없었고 동학사(東鶴寺)에 강사(講師)로 계신 경허스님이 동승과 같이 다녀갔다는 것을 확인했다며 그동안 수사한 결과를 지서주임이 설명하고 있을 때 사십이 넘은 스님 한 분이 달려와 시체를 보고 경허스님의 시자(侍者)인 영주스님이라고 말했다.

오늘 등운암에서 늦게 점심공양을 마치고 동학사로 내려갔는데 어찌 영주스님만이 이런 끔찍한 변을 당했을까 하고 고개를 저었다.

마치 경허스님을 의심하는 눈치였다.

"경허스님은 불교계에서 존경받는 스님일 뿐 아니라 영주스님을 무척이나 사랑했는데……"

피살자의 신원은 밝혀진 셈이었다. 다만 불교계에서 제일 존경받는 경허스님이 용의자로 일차 대상이 되었다. 그렇다고 경허스님을 용의자로 단정할 수 없었다. 더욱이 사랑하는 제자를 죽일 만한 이유가 있는지는 수사를 해봐야 밝혀지겠지만 경허스님을 용의자로 단정하기에는 많은 문제점이 있었다.

사망 시간은 부검(剖檢)을 기다려야 정확히 알겠지만 대강 짐작으로 추정할 수 있는 것은 등운암에서 늦게 점심을 들고 하산했다면 오후 다섯 시쯤이 될 것 같았다. 이때쯤이면 인적이 드물 때이다. 시체를 발견한 나무꾼의 이야기에 의하면 시체는 나무에 목이 매인 체 매달려 있었고 걸망 속 물건이 밖으로 흩어져 있었다고 옆에 있던 순경이 말했다.

수사과장은 사십이 넘은 스님 곁으로 가 "스님들은 걸망 속에

넣고 다니는 특별한 물건이 있습니까?" 하고 물었다.

"특별한 물건은 없지만 가사(袈裟)와 장삼, 발우(鉢盂)와 생활도구 정도이지요."

"등운암에서 대접한 것은 없었습니까?"

"글쎄요. 큰스님에게 여비를 넉넉하게 주었겠지요."

걸망에서 없어진 물건은 없었다. 가사와 장삼 그리고 발우도 그대로 있었다. 그렇다면 돈을 노렸던 것이 분명했다. 만약 돈을 노렸다면 경허스님은 용의자가 될 수 없었다. 돈을 걸망 속에 넣을 필요도 없었고 경허가 돈 때문에 시자를 죽일 이유가 없었다.

원한관계라고 추정할 수도 없었다. 스승과 제자 사이라면 특별한 오해로 인해 다툴 수도 있겠지만 시자라면 경허스님을 시중든 입장에 있다. 다만 의문으로 남는 것은 시자와 동행을 한 경허스님은 어디론가 사라지고 시자만이 변을 당한 것이 수사의 초점이 되었다. 그리고 바로 이 부분이 경허스님을 용의자로 의심하게 하는 부분이었다.

밝혀지지는 않았지만 없어진 물건이 없었기 때문에 제3의 인물을 용의자로 부각할 수도 없었다. 혐의는 자연스럽게 경허스님에게 집중되었다. 시자를 살해하기 위해 등운암까지 유인한 것이 아닌가 하는 의문점을 수사관들은 갖기 시작했다. 경허에 대한 혐의는 깊어졌다.

따라서 잔인하고 비정하다는 결론까지 내리게 되었다. 다만 경허스님에게 혐의를 두자, 수사의 숙제로 남는 것은 시자를 살해하고 달아난 부분과 타살을 자살로 위장해 놓은 점이었다. 그리고 만약 경허가 시자를 죽일 만한 살해 동기가 있었다면 살해한 후 매장해 버릴 수도 있었는데도 불구하고 자살로 위장해 놓은 점은 이해가 가지를 않았다.

살해장소가 깊은 산골이었고 나무와 숲이 울창하여 범행을 저지르기에는 적합한 곳이었다. 피해자의 신원은 밝혀졌지만 확실한 내용을 파악하기 위해서는 경허스님이 주석(住錫)하고 있는 동학사로 가지 않을 수 없었다.

"이 곳에 절이 몇 군데 있나?"

수사과장이 담배를 물면서 물었다.

"계룡산 연천봉을 중심해 등운암이 있고 동학사와 신원사가 있습니다. 경허스님이 계신 곳은 동학사인 걸로 압니다."

지서주임이 미리 대답을 준비해 놓은 듯 말했다. 그러자 수사과장은 공형사를 향해 지시했다.

"공형사는 동학사로 가서 우선 피살자의 신원부터 파악하고 그리고 나머지 사람들은 인근 부락과 신원사로 가서 탐문수사를 하도록 하시오. 나는 수사본부에서 기다리겠소."

"오늘 청량리 출장은 어떻게 할까요. 황씨를 잡지 않아도 됩니까?"

"아, 그렇지. 공형사는 서울 출장을 가게 되어 있지."

수사과장은 담배를 물고 먼산을 한번 쳐다보며 무엇인가 곰곰히 생각을 하는 것 같았다. 그렇지 않아도 수사과 직원이 많지 않아 형사들은 사건 해결에 매달려 파김치가 될 만큼 지쳐 있었다.

"이 사건내용을 보아 범인은 분명히 경허스님 같아. 동학사로 가면 모든 것이 밝혀질 것 같은 예감이 드는군. 특히 공형사는 절 사정을 제일 많이 알고 있는 사람이고 하니 이 사건을 맡게. 절의 법도나 스님들의 사고(思考)와 관습을 잘 아는 사람이 이 사건을 수사하는 데 도움이 될 거야. 서울 출장을 며칠 미루더라도 살인 사건을 먼저 해결해야 되지 않겠나. 내가 서울에 연락을 해놓을 테니 동학사부터 갔다 오게."

서울 출장은 살인사건으로 잠깐 미루어졌다. 수사과장은 지친 듯이 발길을 옮겼다. 피곤한 듯 그의 어깨에 힘이 빠져 축 늘어져 보였다. 하산을 할 무렵에는 어둠이 서서히 스며들고 있었다. 공형사는 '과연 경허스님이 시자를 살해했을까' 라는 의문이 가슴 속에 쌓여갔다. 스님도 인간이다.

비록 자비를 강조하지만 때로는 속인과 같이 애증과 번민으로 갈등하고 있는 것을 무생암(無生庵)에서 본 일이 있었다. 자비가 없는 삶은 항상 투쟁적이고 비정하고 탐욕을 일삼는다. 불교에서 살생을 하게 되면 자비의 씨앗을 말살하게 하고 단명(短命)의 과보를 받는다고 했다.

수사를 통해 범인이 밝혀지겠지만 경허스님은 용의자의 혐의를 벗을 수 없게 되었다. 어린 시자를 살해할 만큼 원한이 깊었을까. 그렇지 않으면 다른 사람의 소행일 수 있다. 그러나 동행한 사람은 경허와 시자뿐이다. 시자가 살해되는 위험을 보고 경허가 혼자 달아났다고 보기에는 많은 의문점이 있었다.

감식반에서 현상한 축축한 사진을 든 채 공형사가 동학사를 찾아간 것은 낮 두 시가 지났을 무렵이었다. 뜰 앞에 핀 모란이 붉게 타는 저녁노을처럼 햇살에 반사되어 시야를 현란하게 했다. 간간이 풍경소리가 정적을 깨뜨리며 지나갔다. 스님들이 방안에서 경(經)을 읽는 소리가 가슴 속으로 스며들었다.

주지실 앞으로 다가섰을 때 허드렛 일꾼쯤으로 보이는 남자가 경계하는 눈초리로 쳐다보았다. 절에서 잡일을 돌보는 처사(處士)였다.

"주지스님 계십니까."

"어디서 오셨는데요?"

두 사람 사이의 분위기가 딱딱하고 어색했다.

"급한 일로 뵙고 말씀드릴 일이 있습니다."

주지실 방안은 아늑했다. 향을 피웠는지 방안에 향내가 가득했다. 그리고 경상(經床) 위에 읽다 접어둔 경전이 놓여있었고 주지스님은 가부좌를 한 채 정중히 앉아 있었다. 그 자세가 너무 당당하고 엄숙하여 근접할 수 없는 위엄이 있었다.

"어제 등운암에 갔다 온 스님을 뵈러 왔습니다."

근엄하던 주지스님의 얼굴에 경련이 일었다. 찾아온 상대가 누구인지 미리 짐작하고 있는 눈치였다.

"강사(講師)로 계신 경허스님께서 등운암에 갔다 오신 일이 있습니다."

주지는 상세한 설명을 할 듯하다가 말끝을 흐리며 멈추어 버렸다. 공형사는 지금 경허스님이 계시느냐고 묻고 싶었지만 주지스님이 말을 하지 않아 사진을 내밀며 물었다.

"혹시 이 스님이 경허스님의 시자입니까?"

주지스님은 한참동안 사진을 들여다본 뒤 참혹한 모습을 차마 눈을 뜨고 볼 수 없었던지 잠깐 눈을 감았다.

"경허스님의 시자가 맞습니다. 그렇지 않아도 저희들도 찾고 있었습니다. 그런데 이런 변을 당하다니."

"어린 동승(童僧)의 이름은요?"

"영주라고 합니다. 경허스님 시봉을 하며 큰스님의 각별한 사랑을 받던 영특했던 사미(沙彌)였습니다."

"경허스님께서 어제 등운암에 시자와 같이 간 일이 있습니까?"

"네. 큰스님께서 등운암에서 점심공양을 마치고 늦게 돌아오셨습니다. 큰스님께서는 시자가 길가에서 아는 사람을 만나 이야기하는 것을 보고 곧장 따라오겠지 하고 먼저 절로 돌아오셨지요. 근데 끝내 시자가 오지 않았다고 걱정을 했습니다. 대중들을 갑사(甲寺)와 신원사(新元寺)로 보내 찾아보았지만 종적이 묘연했는데 이런 끔찍한 변을 당했군요. 영주사미가 죽다니 누가 죽였습니까?"

오히려 주지는 살해자를 공형사에게 되물었다. 표정으로 보아서 거짓말을 하고 있는 것같이 보이질 않았다.

"경허스님은 지금 계십니까?"

"경허 큰스님은 영주사미를 살해할 분이 아닙니다. 큰스님을 의심하면 죄를 짓게 됩니다. 얼마나 시자를 끔찍하게 사랑했는데요."

"어디를 가셨습니까?"

경허의 행적을 추궁하지 않을 수 없었다. 시자를 살해하고 어디론가 행적을 감춘 것이 분명했다. 아직 살해이유가 밝혀지지 않았지만 시자의 행적을 끝까지 찾지 않고 동학사에서 사라진 것은 경허를 살해 용의자로 단정하기에 충분했다.

"경허스님께서는 시자를 사랑했다는데 행적을 찾아보지 않고 어디로 사라지셨습니까?"

"사라지다니요. 해인사 학명(學明)스님의 초청을 받아 오늘 떠나셨습니다. 그리고 우리가 영주사미를 찾지 않은 것이 아니라 앞서도 말했지만 갑사와 신원사로 사람을 보내 찾고 있었다고 말하지 않았습니까?"

주지스님은 당황하면서 말을 계속 이어나갔다. 그의 표정이 처음보다 많이 일그러져 있었다. 어떤 낭패감을 느끼고 있는 것 같았다.

"등운암에서 죽은 영주사미와 동행한 분은 경허스님뿐입니다. 제자를 사랑했다면 홀로 놔두고 올 이유가 없습니다. 현재로서는 살인 혐의를 벗을 구체적 증거가 없습니다."

"큰스님께서 어찌 사랑한 시자를 살해한단 말입니까? 확실한 사건 내용이 밝혀지기까지 의심할 수도 있겠지만 죄없는 사람을 의심하는 것도 죄를 짓는 일입니다. 더욱이 시자를 빨리 찾으라는 분부까지 했습니다. 혹시 갑사나 신원사로 가지 않았나 수소문을 하고 사람을 보내 찾기도 했습니다."

"시자에 관해 특별한 말씀은 없었습니까?"

"등운암에서 내려오면서 사람을 만났다는 이야기를 했습니다. 시자와 대화를 나누는 것을 보고 서로 아는 사인 줄 알고 그냥 내려 오셨다는 것입니다. 그런 큰스님을 살인 용의자로 취급하는 것은 저희들로서는 용납할 수 없습니다."

주지 경허스님이 살인용의자가 아니라는 것을 강변했다. 그러나 구체적 증거 능력이 없어 그의 말을 믿을 수가 없었다.

"경허스님 방을 보아도 좋겠습니까?"

주지는 일어나 염화실(拈花室)이란 현판이 걸린 방으로 안내했다. 염화(拈花)란 부처님이 가섭존자에게 전법을 하면서 이루어진 상징적 의미이다. 진리는 언어로 전달되지 않는다. 체험과 개오(開悟)로써 진리는 체득된다. 그래서 말에는 끝이 있으나 뜻에는 끝이 없다고 했다.

그렇지만 언어가 있을 때 존재는 드러나고 이심전심(以心傳心)으로 서로의 영혼과 교감을 이루고 마음이 계합(契合)될 때 서로의 깨침은 인정된다. 부처님은 많은 제자 앞에서 꽃 한송이를 들어 보였다. 그 뜻을 많은 제자들이 깨닫지 못했지만 유일하게 가섭존자만이 언어가 떠난 진리의 실체를 깨달을 수 있었다. 각 절마다 염화실이 있는 것은 깨침을 체득한 사람이 거처하고 있다는 것을 상징하기 위해서이다. 그래서 염화실은 조실(祖室)스님이 아니면 강사(講師)가 사용하는 것이 관례로 되어 있다.

경허스님의 방은 생각보다 그리 크지 않았다. 수많은 경전(經典)과 조사어록(祖師語錄)이 쌓여 있었다. 그 속에서 치열한 탐구정신을 엿볼 수 있었고 그의 안목(眼目)은 보통 스님들보다 한 걸음 앞서가고 있음을 짐작할 수 있었다. 책들을 제외하고는 별다른 장식이 없고 지나칠 정도로 검소했다. 벽장문을 열어 보아도 경전들만이 쌓여 있을 뿐, 특별한 물건이 없었고 승복 몇 벌이 있었지만 살인 혐의를 뒷받침할 만한 물적 증거가 없었다.
　어떻게 보면 스스로 완벽할 만큼 모든 증거를 인멸시켜 놓은 것 같았다. 오히려 깊은 적막은 경허가 떠나버린 것을 아쉬워하는 것 같았고, 공형사의 가슴을 허전하게 만들었다. 방안 전체를 샅샅이 조사해 보았으나 살인과 관련된 증거는 발견하지 못했다. 지나칠 만큼 방안이 깨끗이 정리되어 있었다.
　살인혐의를 찾고 있는 공형사 자신이 오히려 허탈했다. 아무 흔적을 찾지 못한 공형사는 문득 괘씸한 생각이 들었다. 일종의 분노 같은 것이 가슴에서 일어나고 있었다. 이토록 완벽하게 자신을 은닉할 수 있을까. 공형사는 방안에서 나오려고 발길을 옮길 때 벽에 달필로 쓰여진 한시(漢詩) 몇 구절을 메모했다. 짧은 한문(漢文) 실력으로 해독할 수 없어 다음의 구절을 해석해 달라고 부탁했다.
　'기우갱멱우(騎牛更覓牛)'
　주지는 웃으면서 해석을 해 주었다. 처음보다 그는 여유를 찾아 공형사의 무례한 행동을 비웃고 있는 것처럼 보였다.
　"소를 타고 있는 사람이 소를 찾고 있다는 뜻입니다."
　"소를 타고 있는 사람이 어찌하여 소를 찾는다는 말입니까?"
　소를 타고 소를 찾는다는 의미를 공형사는 깨달을 수 없었다. 마치 자기 자신이 범인이면서 다른 곳에서 범인을 찾고 있다고 빈정대는 것 같았고, 범인을 찾는 일이 시급하다고 깨우쳐 주는 것 같았다.

"경허스님이 이곳에 온 지는 몇 년이나 됐습니까?"

"큰스님께서는 이곳에 열네 살 때 오셨습니다. 출가는 경기도 과천에 있는 청계사(淸溪寺)에서 아홉 살 때 하셨지요. 위로는 형님이 출가해 계시고 노모(老母)가 살아 계십니다."

"해인사에서 언제쯤 돌아오십니까?"

공형사는 경허에 대해 여러 측면으로 탐문수사를 했다. 그가 일찍이 아버지를 여의고 어머니를 따라 아홉살 때 청계사에서 입산득도(入山得道)를 했고, 열네 살 때 동학사에서 만화(萬化)스님 슬하에서 일체 경전을 배우기 시작하여 열아홉 살 때 전강(傳講)을 받았으며, 그의 밑에 구름같이 제자들이 모여들고 있었을 뿐 아니라 깨침을 체험하고 계신 불타와 같은 존재라고 대답을 하는 사람들은 한결같이 경허를 미화시키거나 과장되게 그의 뛰어난 지혜와 덕망을 칭송했다.

오히려 탐문수사를 한 결과를 놓고 경허란 인물을 재구성해 보니 그는 비범한 인물일 뿐 아니라, 존재의 속박에서 벗어나 원초적 자유를 누리고 있는 초탈인이었다. 다만 한 가지 의심이 풀리지 않은 부분은 그가 깨침을 체험하고 나서 전통적 수행방법에서 일탈하여 파계를 일삼고 있는 부분이었다. 술과 여자를 거부하지 않고 받아들이는가 하면 색입색출(色入色出)의 자유를 누리고 있었다.

그리고 그의 파계(破戒)는 탄핵받고 지탄받기보다는 반대로 무애란 이름으로 미화(美化)되고 있었다. 무애(無碍)란 걸림없는 자유를 뜻한다. 한군데 얽매이지 않고 모든 집착으로부터 자유스런 삶을 누리고 있는 사람들을 무애도인(無碍道人)이라 부른다고 젊은 승려가 친절하게 해석해 주었다.

공형사는 살해된 영주의 걸망 속에서 발견된, 경허 자신이 수행을 통해 체험한 것을 기록한 일기장이면서도 단순히 일기장의 차원을 넘은 수기(手記) 속에 담긴 내용 한 구절을 물었다.

그대가 바른 견해를 얻고 싶거든
다만 타인으로부터 미혹(迷惑)을 입지 말라
안으로나 밖으로나 만나는 것은 바로 죽이라
부처를 만나면 부처를 죽이고
조사(祖師)를 만나면 조사를 죽이고
나한(羅漢)을 만나면 나한을 죽이고
부모를 만나면 부모를
친척이나 권속을 만나면 친척이나 권속을 죽이라.

"그래야만 비로소 해탈을 하여 그 어떤 것에도 구애를 받지 않고 자유자재할 수 있다는 뜻입니다."

공형사는 주지스님의 설명을 듣고 쇠뭉치로 한 대 얻어 맞은 것처럼 정신이 혼미했다. 해탈과 자유를 얻기 위해 자신이 믿고 있는 부처님과 조사(祖師), 그리고 부모 형제를 죽인다는 자체가 교리적으로 이해가 되지 않았다. 경허는 이러한 자유를 얻기 위해 시자 영주를 죽였단 말인가.

공형사는 다시 경허를 살인 용의자로 단정하는 데 용기를 얻었다. 그는 분명히 해탈과 자유, 그리고 무애(無碍)의 생활을 누리면서 사람 목숨하나 해치는 것에 대해 무자비한 잔인성을 갖고 있음이 분명했다. 그러나 경허를 추적하기 위해 해인사로 가기보다는 먼저 그가 처음 입산한 청계사로 가는 일이 순서일 것 같았다.

공형사는 수사상 필요한 몇 가지를 질문하지 않을 수 없었다. 주지스님과 대화를 통해 경허를 살인용의자로 단정할 만한 혐의점을 찾지는 못했으나 용의를 벗을 만한 구체적 증거도 확보하지 못했다. 다만 경허가 그 당시 불교계의 대표적 지성을 갖춘 승려란 것과 높은 학문적 성취를 통해 많은 사람들로부터 존경받고 있다는 사실뿐이었다. 그리고 그가 성취한 불교 교리의 성취도 높이 평가받고 있었지만 오도적(悟道的) 과정이 감동을 불러 일으키고 있었다.

불교의 해탈과 견성(見性)은 교리를 많이 안다고 해서 이루어지지 않는다. 신해수증(信解修證)의 수련을 거쳐 몸소 체험해야 한다. 관념적으로 깨침을 알고 있다 하더라도 견성을 체험하지 않고는 그것은 해오(解悟)에 불과하다. 알음알이의 차원을 넘지 못한다는 뜻이다.

공형사는 몇 가지 더 질문하기로 했다.

"죽은 영주사미의 고향을 알 수 있습니까?"

주지스님은 곤욕스런 표정을 지었다. 알고 있는 사실을 숨기고 있는 표정이었다. 그러나 그것을 자기 입으로 말할 수 없다는 듯이 고민스러워했다. 그러나 공형사의 수사의 추리는 빗나가고 말았다.

"정확한 신원은 알 수가 없습니다."

"출가할 때 신원을 파악하지 않습니까?"

책망을 하듯 추궁했지만 실제 주지스님은 영주사미의 본적이나 출생지를 모르고 있었다. 그 당시 시대적 환경이나 배경을 통해 볼 때 반드시 신원을 확인하고 출가를 허락하지는 않았다. 출가를 선택하는 사람들도 많지 않았을 뿐 아니라 좌우익의 정치적 이데올로기가 대립되어 있지 않았기 때문에 신원을 확인한다거나 조회(調會)를 할 만한 행정능력을 사찰은 갖고 있지 못했다.

다만 출가를 지원하는 사람들이 적었기 때문에 머리깎고 중이 되겠다는 사람들이 오면 일단 허락을 해놓고 수행과정을 통해 입문을 허락하고 있었다. 그리고 출가하는 데는 귀천(貴賤)을 가리지 않고 있었을 뿐 아니라 가문이나 가계를 중요하게 여기지도 않았다. 그렇다고 얼굴을 보고 입문을 허락한 것도 아니었다. 중생은 누구나 부처가 될 수 있는 자격이 있었기 때문에 스스로 절을 찾아 출가의 결의를 보이면 허락을 하는 것이 관례로 되어 있었다.

그래서 행자(行者) 과정이 중요했다. 행자란 사미계(沙彌戒)를 받기 위해서 절 법도를 배우고 익히는 사람을 말한다. 행자 과정은 많은 고행과 인내를 요구했다. 밥 짓는 일로부터 반찬 만드는 일, 즉 공양주(供養主)와 채공(採供)의 과정을 거쳐야 했고, 나아가서는 부목(負木)까지 해야 했다. 절 머슴과 다름없었다. 여기에는 귀천을 가리지 않았고 지식의 유무를 따지지 않았다. 오히려 세속의 지식을 철저히 부정해 버리는 관례도 있었다.
 행자 과정에 있어서 인욕이 요구되는 것은 고행에서 오는 정신적 고통만은 아니었다. 여기에는 인간적인 모욕감과 때로는 폭력으로 인격을 무시하는 일이 비일비재했다. 그래서 세속적 신분을 인정치 않는 이유가 바로 여기에 있었다. 비록 세속에 있을 때 상당한 사회적 직위와 지식을 갖고 있다 할지라도 불가(佛家)에서는 인정해 주지 않았다.
 행자생활이란 부정적 측면에서 보면 하인(下人) 생활과 다를 바 없다. 밥 짓는 일, 나무하는 일을 제외하고도 스님들의 잔심부름을 해야 하고 잔심부름 가운데에는 도덕적으로 용납되기 어려운 일도 있었다. 인격적인 모욕을 당하는 일이 있어도 반항하거나 거역을 해서는 안된다. 만약 반항과 거부가 있을 때는 대중들은 한결같이 사건의 진실을 따지고 가리기 전에 행자를 단죄(斷罪)하는 것이 오랜 전통과 인습이 되어 있었다.
 이것을 스님들은 단순한 인간개조(人間改造), 깨침을 얻기 위해 필수적으로 거쳐야 할 과정으로 설명하고 합리화시켰다.
 가장 인간적 자비가 있어야 할 곳에 비정하고 잔인한 정신적 고문이 가해지는 경우가 허다했다. 이 과정을 참지 못해 출가를 포기해 버리고 가는 예가 많다고 주지스님은 절에서 일어나는 치부를 숨기지 않고 설명해 주었다.
 그리고 출가를 희망하고 절을 찾아오는 신분을 보면 여러 계층이 있지만 신라(新羅)시대나 고려(高麗) 때와 달리 자기 생을 비관한 염세주의자가 아니면 가정 형편이 어려워 찾는 이들의 비중이 크다고 했다. 불교 교리는 염세와 가난 두 가지 문제를 처음에는 따뜻한 자비로 수용해 주었다. 염세로 인한 좌절과 절망은 제행무상(諸行無常)의 교리에 잘 부합되고 가난은 입문하는 날로부터 의식주가 해결되기 때문에 염세나 가난은 불교적 자비로 구원된다고 했다.

특히 가난한 신분을 가진 사람이나 높은 학력을 갖지 못한 사람들에게 희망을 성취시켜 준 인물이 불교계에 있었다. 바로 그분이 중국 선종(禪宗)을 대표하는 혜능대사(慧能大師)였다.

어느 시대이고 가끔 천재가 뜻밖의 장소에 태어나듯 혜능은 중국 불교계에서 그런 인물 가운데 한 사람이었다. 천재와 가난은 운명적인 데가 있다. 혜능의 집안은 먹을 것이 없을 정도로 가난했다. 열악한 집안 형편을 극복하기 위해 혜능은 장작을 팔아서 가난한 살림을 꾸려가야 했다. 게다가 부친을 일찍이 여의고 노모를 모셔야 했다.

그래서 혜능은 글을 읽고 배울 기회를 갖지 못했다. 나무장사는 계속 되었다. 장작을 파는 일이 생계의 수단이었기 때문에 포기할 수도 없었다.

그런 어느 날 혜능은 나무를 팔다가 경(經) 읽는 소리를 들을 수 있었다. 그 내용은 알 수 없었지만 오랜 세월을 통해 들어온 소리같이 가슴에 와 닿았다.

혜능은 나무를 팔아버린 후, 경을 읽고 있는 스님 곁으로 가서 그 경전의 이름을 물었고 그것이 금강경(金剛經)임을 알았다. 혜능은 스님에게 금강경을 배우려면 누구를 찾아가야 하느냐고 물었다.

　우연히 만난 스님과 혜능의 대화는 끝내 혜능에게 새로운 운명의 길을 여는 계기가 되었다. 경을 읽던 스님은 그 당시 명성이 높던 홍인대사(弘忍大師)를 소개했다. 게다가 혜능의 나무를 날마다 사는 사람 역시 홍인대사를 소개하면서 혜능의 손에다가 돈까지 쥐어 주었다. 나무를 팔아 생계를 꾸려가는 것을 그 사람은 알고 있을 뿐 아니라 혜능이 출가해 버리면 모친의 생계가 어렵게 된다는 것을 알고 그에게 돈을 주었던 것이다. 혜능은 어머니와 작별을 하고 홍인대사를 찾았다. 어머니의 눈물을 바라보면서 모자(母子)는 뜨거운 작별을 하지 않을 수 없었다.

　홍인을 찾은 혜능은 마음이 가벼웠다. 전생부터 자신이 이곳에서 살았다는 착각이 들었다. 혜능을 맞이한 홍인은 어디서 왔느냐고 물었고 무엇을 구하고자 먼 길을 달려왔느냐고 추궁하듯 물었다.

　"제자는 영남 신주(新州)에 살고 있으며 스님을 찾아온 것은 오직 부처되기를 구하기 위해서입니다."

　혜능은 대답했다. 나무장사가 한 말치고는 당돌한 내용이 담겨 있었다. 홍인은 혜능의 당돌한 대답에 섬짓 놀라면서 한편으로 감동되었다. 그러나 모욕적인 내용이 담긴 말로 재차 물었다.

　"자네는 영남 사람에다가 오랑캐군! 그런 주제에 어떻게 부처가 되겠나?"

　그 당시도 지역 감정은 있었다. 혜능의 고향은 홍인의 입장에서 보면 남북으로 대결상태에 있는 지역이었다. 혜능은 홍인의 예리한 질문에 주저하거나 압도당하지 않았다. 오히려 홍인을 당황하게 하는 답변을 서슴지 않고 말해 버렸다.

"사람에게는 비록 남북이 있을 수 있습니다만 불성(佛性)에 어찌 남북이 있을 수 있겠습니까? 비록 오랑캐의 몸과 큰스님의 몸이야 같지는 않겠지만 불성에야 무슨 차별이 있겠습니까?"

오히려 스승의 질문을 반박해 버렸다. 불교를 배우지 않은 사람의 대답치고는 불교의 정곡을 찌르고 있었다. 홍인은 혜능이 큰 법기(法器)임을 간파하고, 주위에 있는 스님들이 눈치채지 않게 깊은 배려를 했다. 홍인의 깊은 애정이었다. 그래서 홍인은 혜능에게 막일을 시켰다. 막일을 묵묵히 하던 어느 날 혜능은 홍인을 만나 또 한번 자신의 천재적인 재질을 발휘했다.

"제자는 자기 마음이 항상 지혜를 내어서 자성(自性)을 여의치 않는 것이 곧 복전(福田)이라고 알고 있습니다. 그런데 스님께서는 저에게 막노동을 시킵니까?"

홍인은 큰 쇠뭉치로 한 대 얻어맞은 기분이었다. 피가 온통 머리 위로 끓어오르는 것 같았다. 혜능은 지나칠 만큼 영악했다. 그러나 홍인은 내심으로 혜능의 천재적 재능을 인정하면서 내색을 하지 않았다.

"이 오랑캐는 근성이 너무 날카롭구나. 더 이상 입을 열지 말고 일이나 열심히 하도록 해라."

그리고 혜능을 뒷마당의 구석에 있는 방앗간에서 일을 하도록 했다. 혜능의 재능이 대중에게 알려지면서 시기 질투가 일어날 것을 미리 막기 위해 대중들의 시선이 닿지 않는 곳에서 일을 하도록 세심한 배려를 했다. 그 후 여덟 달이 지나서였다. 홍인이 우연하게 방앗간을 찾았다. 그 동안 두 사람은 대화를 갖지 못했다. 오랜 침묵만 계속 되었다. 혜능도 홍인의 심중을 헤아리고 있었기 때문에 방앗간 일에 열중했다. 여덟 달만에 서로 만난 두 사람은 영적인 교감이 이루어지고 있었다.

"마음 속으로 내가 자네의 견해와 실력을 인정하고는 있으나 다만 악한 무리들이 자네를 시샘하여 해칠까 염려되어 그 동안 대화하는 것을 자제했는데 자네는 그 뜻을 아는가?"

"제자도 또한 스님의 뜻을 짐작하고 있습니다. 실은 그래서 스님이 계신 곳을 가지 않고 있습니다."

두 사람의 대화는 매우 인상적인 데가 있음을 발견할 수 있다. 첫째 홍인과 혜능은 서로 이심전심(以心傳心)의 교감을 나누고 있을 뿐 아니라 홍인 자신의 법을 이어받을 제자로 삼고 있었으며, 또 하나는 혜능의 신분이 미천한 행자였기에 각별한 애정을 보이게 되면 시샘하는 무리들에 의해 상처받을 수 있음을 염려하여 막일을 시키고 있음을 암시하고 있으며, 스승의 높은 뜻을 혜능이 알고 있다는 데에서 주목하지 않을 수 없다.

홍인은 혜능을 만나고 돌아간 후, 뒷날 대중들에게 자신의 법을 전하고 싶다고 밝혔다. 그렇다고 법을 전할 특정인을 정하지 않았으니 그동안 갈고 닦은 실력을 통해 자신의 견해를 게송(偈頌)으로 표현하도록 했다.

이때 홍인 밑에는 신수(神秀)라는 뛰어난 제자가 있었다. 대중들은 홍인의 법을 받아 육조(六祖)의 위상(位相)에 오를 수 있는 제자는 신수뿐이라고 한결같이 단정했다. 신수 또한 스승의 법을 이어받을 것이라고 자부하고 있었다.

그러나 그의 게송을 본 홍인은 실망하고 말았다. 한 가닥 희망마저 무너져 버렸다. 홍인은 다시 게송을 짓도록 당부했다. 그리고 혜능을 생각했다. 벌써 마음은 신수 곁을 떠나 있었다. 혜능은 방아를 찧으면서 신수(神秀)의 게송을 들었다. 만족할 만한 게송이 아니었다.

혜능은 지나가는 스님을 붙잡고 자신의 견해를 게송으로 표현해서 홍인에게 보이도록 했다. 홍인은 혜능의 게송을 보고 깜짝 놀란 표정을 짓다가 대중들이 눈치챌까 봐 이것 역시 안목이 부족하다고 부정해 버렸다. 홍인은 삼경(三更)이 지나 대중들이 잠든 사이를 이용해 방앗간을 찾았다.

"방아는 다 찧었느냐?"

"예. 방아를 다 찧은 지는 벌써 오래되었습니다. 다만 체로 치는 일만 남았습니다."

체로 치는 일이란 스승의 인가(印可)만 남았다는 뜻이었다. 홍인은 주장자로 방앗간을 세 번 치고 사라졌다. 삼경이 지나 오라는 뜻이었다. 그 뒷날 밤 혜능은 삼경이 지나 홍인과 대좌할 수 있었고 법을 이어받을 수 있었다. 그리고 중국 선종의 법맥을 이어받는 육조가 될 수 있었다. 나무장사가 육조의 위상에 등극한 것이다. 더욱이 일자무식한 나뭇꾼이 선종의 법맥을 이어받은 것이다.

날이 밝자 홍인은 법을 이어받은 사람이 노행자(盧行者)인 혜능임을 밝혔다. 그리고 부처님의 의발을 받아 새벽에 떠났다고 대중들에게 선포했다. 대중들은 웅성거렸고 그 가운데서 신수의 불만은 컸다. 스승이 원망스러웠다. 알 수 없는 분노가 일었다. 그 분노 속에는 홍인을 증오하는 마음이 섞여 있었다. 아직 중도 안 된 행자에게 의발을 도둑맞았다는 생각에 사로잡혀 분노가 가슴 속에서 치밀었다. 대중들 역시 홍인의 처사에 불만을 터뜨렸다.

그렇다고 신수는 스승을 찾아가 불만을 말할 수 없었다. 그만큼 신수에게는 자제력이 있었다. 다만 신수를 따르던 제자 하나가 혜능을 쫓아 가겠다고 나섰다. 그는 출가 전에 무사(武士) 출신이었다.

대중의 소란을 알고 있는 홍인은 몸이 불편하다는 핑계로 말문을 닫아 버렸다. 그러나 좀처럼 대중의 흥분은 가라앉지 않았다. 무사출신 사문의 법명은 혜명(慧明)이었다. 그는 말을 빌려 타고 혜능의 뒤를 쫓았다. 말 타는 솜씨가 비호 같았다. 저 속도로 가면 혜능이 필히 잡힐 것 같았다.

홍인은 혜능을 쫓아 대중 한 사람이 갔다는 이야기를 듣고도 아무 내색을 하지 않았다. 한번 분노한 마음을 일으키면 백만 가지 장애가 열린다는 것을 그는 알고 있었다.

혜능은 대유령 고개 위에서 쉬고 있었다. 멀리서 말발굽소리가 들렸다. 자신을 쫓아오는 무리가 아닌가 불안한 마음을 떨쳐 버리지 못했다. 그러나 혜능의 마음은 곧바로 안정되었다. 자신이 홍인의 법을 이어받은 것은 깨침을 통해서였지 힘으로 의발을 탈취해 온 것이 아니었기 때문에 태연하게 앉아 스님 한 분이 말등에서 내리는 것을 혜능은 물끄러미 쳐다보았다.

　인상이 험악하게 생겼을 뿐 아니라 몸 전체에 무모한 완력이 넘쳐 흘렀다. 혜능 곁으로 온 혜명은 '이놈! 빨리 의발을 내놓아라'고 큰 소리를 치며 대들 자세였다. 혜능은 미동도 않고 앉아 있었다. 마치 바위가 되어버린 듯 아무 동요가 없었다.

　"내가 홍인스님에게 법을 이어받고 그 증표로 부처님의 의발을 전수받은 것은 힘으로 탈취한 것도 도둑질 해 온 것도 아니다. 만약 네가 힘으로 이 의발을 갖고 싶거든 가져가라."

　혜능은 의발을 반석(盤石) 위에 던져 버렸다. 낡은 가사와 장삼이 바람에 나부꼈다. 의발을 본 혜명은 그것을 손으로 만지며 가져가려고 했다. 그런데 신기한 일이 일어나고 말았다. 의발이 움직이지 않았다. 혜명의 힘에 의해 가사와 장삼이 찢겨질 뿐 움직이지 않았다.

　혜명의 얼굴에 두려움이 나타나고 있었다. 그러자 그는 무릎을 꿇고 앉으며 잘못을 빌었다. 스스로 자신의 무지를 깨우치고 있는 것 같았다. 혜명은 법을 청했다. 지극한 마음으로 법을 설해 주기를 간청했다.

　마음이 간사스러웠다. 방금 의발을 가져가겠다고 의기양양하고 기세등등하던 모습은 어디다 팽개쳐 버리고 지금은 무릎까지 꿇고 앉아 법을 간청하다니 마음의 변화를 알 수 없었다. 그러나 혜능은 그 마음의 생멸을 잘 간파하고 있었다.

　"내가 너에게 할 말은 그리 많지 않다. 이 의발은 힘으로 다투어 얻어지는 물건이 아니다. 다만 모든 일에 불사선(不思善) 불사악(不思惡)하라. 선한 일에도 악한 일에도 얽매이지 말라."
 혜명은 혜능의 말에 귀가 열렸다. 마음 속의 번뇌가 사라져 버렸다.
 의발을 빼앗겠다고 달려온 자신의 모습이 초라해 보였다.
 혜능의 천재적인 재능을 돋보이게 하는 오도과정이었다. 나무꾼 출신으로서 거기다가 일자무식한 사람이 만법의 근원을 깨달아 중국 선종의 육조가 되었다는 것은 감동적이었다. 그렇다고 경허의 신분 역시 천민 계급은 아니었다. 다만 그의 가족사가 그 당시 부패한 정치에 의해 몰락했고 체제 억압을 견디다 못해 경허는 부친을 잃었던 것이다.
 다만 혜능과 경허가 비슷한 점이 있다면 가정환경과 가난함에 공통점이 있었다. 그리고 오도과정과 글을 익힌 과정은 다른 점이 있었다. 혜능은 일자무식꾼으로 훗날 중국선종의 뛰어난 이론가가 되었고 경허는 경전을 배워 교리에 해박한 지식을 얻을 수 있었다. 그래서 출가하는 데 있어 귀천을 가리지 않았다.
 공형사는 다시 한번 죽은 영주사미의 고향을 물었다. 주지스님의 기억력을 되살려내기 위해서였다.
 "수덕사 밑 마을이라는 이야기를 들었지만 정확하지는 않습니다."
 "출가할 때 본적지를 기록하지 않습니까?"
 "그러한 구비서류를 갖추어 놓지 않았습니다."
 그 당시 사찰의 사무 능력이란 전답(田畓)을 관리하는 데 급급했지 개인적 신상명세에는 관심이 없었다.

"그러면 살인사건을 전후로 해서 전출입(轉出入)한 사람은 없습니까?"

인적 동향을 파악하기 위해 공형사는 질문했다.

"스님들은 올 때는 방부(房付)를 들이지만 갈 때는 소식없이 갑니다. 게다가 한철 지낸 사람의 방명록(芳名錄)을 만들어 놓지만 모두가 법명으로 기재하고 본적지는 적지 않아요."

"혹시 절에서 일하던 사람이 살인사건이 나고 사라진 사람은 없습니까?"

"그것을 절에서 확인해 보았지만 나간 사람이 없습니다. 다만 일 년 전인가 아직 채 일년이 안 되었습니다만, 양화리에 살고 있는 김씨 성을 가진 청년이 처음에 중이 되겠다고 찾아왔다가 행자생활을 한 일은 있지요."

"지금도 있습니까?"

"일 년 전이라 하지 않았습니까?"

"왜 행자생활을 포기했습니까?"

"손버릇이 나빴어요. 도벽이라 할까. 불전(佛錢)을 간혹 훔친 일도 있었고 스님들 주머니 속에 있는 돈을 훔친 일 때문에 말썽을 부린 일이 있지요. 그렇지만 그런 일로 김씨를 절에서 내보내지 않았습니다. 본가(本家)가 가까우니까 집 출입이 잦았고 일 년 전부터 절에서 나가 소식이 없어요."

공형사는 김씨의 인상착의와 집주소를 확인하여 양하리를 찾았다. 그렇게 큰 마을은 아니었다. 동학사에 있다 나온 김씨를 수소문하자 동네 사람들은 어렵지 않게 기억하고 집을 가르쳐 주었다. 공형사가 김씨 집을 확인하고 집안으로 들어섰을 때 노인 한 분이 마루에 앉아 있었다.
"이 집이 김군 집입니까?"
할머니는 의아한 표정으로 사람을 경계했다.
"그렇소만, 무슨 일로 찾아오셨소."
"김군이 동학사에 있었습니까?"
"부모 잃고 고아가 되어 중이라도 되라고 절에 보내놓았더니 중도 소도 못 되고 나와 버렸답니다. 우리 도영(道永)이에게 무슨 일이라도……."
"아닙니다. 친한 친구가 찾고 있어 그 소식을 전해 주려고 찾아 왔습니다. 꼭 만나야 좋은 소식을 전해 줄 터인데 지금 집에 없군요."
공형사는 그럴듯하게 거짓말을 꾸며댔다. 할머니를 안심시키기 위해 거짓말을 한 것이다.
"벌써 집을 나간 지 오래 되었다오. 간혹 타지방에서 편지를 할 때도 있고 인편으로 용돈을 보내주기도 하는 걸 봐서 취직을 한 것 같은데."
"어느 곳에 취직을 했답니까?"
"그것은 잘 모르겠수."
이야기가 더 이상 진전되지 않았다. 할머니에게 더 얻을 정보가 없었다. 그렇다고 김군을 살인용의자로 의심할 수도 없었다.
살인사건 수사는 원점에서 맴돌고 있었고 미궁으로 빠져드는 것 같았다. 계룡면(鷄龍面) 일대의 우범자들의 명단을 체크하여 행적 수사를 계속했지만 한결같이 완벽한 알리바이를 갖고 있었다. 시체를 발견한 나무꾼을 소환해 조사를 해봤지만 그 역시 의심을 해볼 만한 단서가 없었다.

비록 피살자의 신원은 밝혀졌지만 유일한 용의자인 경허는 운수(雲水)처럼 떠돌아다녀 상면할 수가 없었다. 그리고 동학사를 비롯, 갑사·신원사에 있는 승려들은 마치 공모나 한 듯 경허스님은 시자 영주를 죽이지 않았다고 한결같이 부인했다. 그렇다고 구체적으로 증거를 앞세워 살인혐의를 부인하고 있는 것은 아니었다.

"공형사."

짜증 난 표정으로 수사과장이 불렀다. 계속되는 사건 때문에 수사과장의 얼굴은 수척해 있었다.

"경허스님이 처음 입산했다는 청계사를 다녀오시오. 유년을 거기서 보냈고 부모와 같이 생활했다면 그곳에 은닉해 있을 가능성이 있어. 오늘까지 동학사에도 돌아오지 않았을 뿐 아니라 해인사에도 오지 않았다는 거야. 중들이 경허를 은닉하기 위해 우리에게 거짓말을 하고 있는 것 같아."

"동학사에서 경허스님에 대해 여러 사람의 의견을 들어 보았지만 특별한 단서를 찾을 수가 없었습니다. 오히려 그의 수행과 법력은 많은 사람들의 존경의 대상이 되어 있을 뿐 아니라, 경허는 깨침의 위상(位相)에서 세상을 내려다보고 있는 것 같았어요.

다만 의심나는 부분은 완전한 자유를 위해 부처와 조사(祖師), 그리고 부모 형제에게도 얽매이지 말라고 가르치고 있을 뿐 아니라 부처를 만나면 부처를 죽이고 조사를 만나면 조사를 죽이고 부모 형제를 만나면 부모일지라도 죽이라고 중국 임제(臨濟)정신을 가르치고 있습니다. 경허는 바로 이 사상에 심취해 있고 경도되어 있음을 발견했습니다."

"부처와 부모 형제를 죽여야 해탈의 자유를 얻는다고? 도대체 자기가 믿는 교주를 죽이고 부모 형제까지 죽여 해탈의 자유를 어떻게 얻을 수 있으며 이 지구상에 교주와 부모 형제까지 죽이라고 가르치는 종교가 어디 있나?"

"청계사에 가면 경허의 성장과정을 알 수 있을 거야. 일단 그의 성장과정부터 조사를 해보자구. 동학사에는 이주임과 수사관들이 잠복근무를 하고 있으니 이곳은 염려 말고."

"혹시 다른 사람의 소행이란 생각은 해보지 않았습니까? 절 내용을 잘 아는 사람이 영주사미와 사이가 좋지 않았던지, 그렇지 않으면 경허스님에게 불만을 갖고 살해할 수도 있지 않습니까?"

"동학사 스님들과 절에서 일하고 있는 사람, 그리고 절에서 있다가 나간 일꾼들까지 소재를 파악하고 탐문수사를 하고 있으니 그 부분은 곧 밝혀질거야."

"과장님."

"왜?"

"소를 타고 소를 찾는다는 말을 들어 보셨습니까?"

"소를 타고 있는 사람이 소를 찾는다고! 정신박약아가 아니면 자신이 소를 타고 있으면서 소를 찾을 리가 있어?"

"경허의 방에 걸려 있는 시구(詩句)입니다. 깨침을 얻기 위한 공안(公案)일 수도 있겠지만 지나칠 정도로 경허를 이번 살인사건의 용의자로 집착하지 말고 가까운 곳에서 용의자를 찾을 필요가 있습니다. 다만 이것은 저의 예감입니다."

"쓸데없는 소리 말고 속히 청계사나 다녀와."

좀 막연한 수사방법이었으나 공형사가 생각하기에도 청계사를 찾아가지 않을 수도 없었다. 더욱이 유년(幼年)을 그곳에서 보냈다면 뜻밖에 경허가 그곳에 은신해 있을 수 있을 것이다. 그것은 막연한 기대였다.

## 무애의 바람


　이튿날 공형사는 과천(果川)에서 청계사로 올라가는 입구에 도착했다. 청계사로 올라가는 골짜기에는 유달리 돌이 많았다. 굵은 돌들이 수천 년이 흐르는 골짜기 물줄기에 씻기어 각양각색의 모양을 이루어 자리하고 있었다.
　괴팍스런 표정을 짓고 있는 나한상 모양의 돌이 있는가 하면 인자한 얼굴과 인간의 번뇌를 송두리째 흡수하고도 넉넉한 웃음을 짓고 가슴을 드러내 놓은 듯한 보살상도 있었다. 물 속에 담겨 있는 돌들은 햇살에 알몸을 투명하게 드러내 놓고 있었다.
　청계리 버스 종점에서 약 4킬로미터 되는 절 못 미쳐 3백미터쯤에서 길은 참나무며 소나무들이 서로의 간격을 유지한 채 빽빽이 서있었다. 절로 올라가는 길은 숲 사이로 트여 있었고 약간 가파른 언덕이 있었다. 그 언덕을 타고 올라가야 절에 도착할 수 있었다.
　숲에는 자연이 만들어낸 질서와 휴식 그리고 때묻지 않는 고요와 화평(和平)이 있었다. 숲은 청록색의 물감을 머금은 채 수해(樹海)를 이루면서 저마다 독특한 자기 빛깔을 잎으로 발산하고 있었다.
　오랜만에 자연의 질서 앞에 공형사는 자신의 왜소함을 깨달을 수 있었다. 그리고 시원한 바람이 얼굴을 스치며 지나갔다. 순식간에 땀방울이 말라 버렸다. 바람은 떠남의 마력(魔力)을 지니고 있다. 무량겁을 두고 정착함이 없이 떠다니는 바람, 그 바람의 생리를 수행자는 몸소 체험한다. 그래서 운수객(雲水客)이라 하지 않은가.

공형사는 경허를 추적한다는 것이 정처없이 떠도는 바람을 추적하는 일이 아닌가 하는 생각이 뇌리를 스쳐갔다. 구도(求道)란 것도 따지고 보면 바람과 같이 떠다니면서 모든 생의 진리를 깨닫고 집중적 헌신을 통해 새롭게 태어나는 일이다.

청계사에 도착하자 마침 오십이 넘지 않은 스님이 법당에서 막 나오고 있었다. 낯선 사람을 발견한 스님은 한참 쳐다보다가 발길을 옮겼다. 눈빛이 너무 맑아 전율을 느낄 정도였다. 저렇게 맑고 선량하고 슬프게 보이는 눈이 우리 곁에 있다는 것은 하나의 구원이며 진리의 빛이었다.

공형사는 자신도 모르게 고개를 숙여 합장을 하며 물었다.

"여기가 경허스님이 출가한 곳입니까? 유년을 청계사에서 보냈다지요?"

"그랬습니다. 어디서 오셨는데 경허스님의 행적을 묻습니까?"

인자한 표정이 굳어지면서 경계하는 눈빛으로 반문했다.

"경찰서에서 왔습니다. 경허스님을 찾아야만 살인누명이 벗겨질 수 있습니다."

"큰스님께서 살인을 했다니요?"

"시자 영주사미를 살해하고 도망쳐 버렸습니다. 바람처럼 깊은 산중에 은신해 버려 찾을 길이 없습니다."
"큰스님께서는 풀 한 포기, 개미 한 마리의 목숨도 소중히 여기셨는데 사랑하는 시자를 살해하다니요. 그것은 모함입니다."
"이곳에서 몇 년을 지냈습니까?"
"아홉 살 때 어머니를 따라 이곳에 왔습니다. 그리고 계허(桂虛)스님에게 사미계(沙彌戒)를 받았지요. 참으로 고생을 많이 했지요. 물론 저는 그때 이곳에 없었습니다.
그러나 전문(傳聞)에 의하면 영특한 재주와 뛰어난 기억력은 보통 사람의 상상력을 뛰어넘었다고 합니다. 그러나 요즈음은 만행(萬行)을 한다는 이야기를 들었습니다. 만행이란 중생의 고통을 만나 그 고통과 몸을 섞는 일이지요. 술이 있으면 술을 먹고 여자가 있으면 여자와 더불어 즐거움을 나누고 굶주리고 헐벗은 사람이 있으면 고통을 함께하는 것이 만행이지요. 저희들의 안목으로는 이해할 수 없는 일이지만 경허스님의 만행은 계율의 차원을 뛰어 넘어 있는 것 같아요.
몇 달 전에 들은 이야기입니다만 문둥병에 걸린 여자와 동거를 했다는 이야기를 들은 적도 있습니다. 분명히 말하지만 경허스님은 살인할 사람이 아닙니다. 범인이 따로 있을 것입니다."
스님은 더 이상 말하지 않고 방으로 들어가 버렸다. 그렇다고 공형사도 물러설 수 없었다. 경허란 인물은 생각보다 불교계에서 폭넓게 존경받고 있었고 그의 무애행(無碍行)은 비판을 받기보다는 신화적 요소를 지니고 있었다.
술과 여자를 계율로 분명히 금했는데도 불구하고 경허만은 술과 여자를 즐겁게 수용하고 있었다. 그것은 본능적 욕구를 해결하기 위한 수단이었다. 그러나 문둥병에 걸린 여자와 동거를 했다는 자체가 사실이라면 그것은 본능적 차원에서 이해할 수 없는 일이었다.

사건은 계속 미궁 속으로 빠져들고 있었다. 스님들의 생활 자체가 속인들과 같이 한군데 머물러 있는 것이 아니라 바람처럼 구름처럼 흘러다니며, 하루는 이 산에서 또 하루는 저산으로 옮겨 다니기 때문에 종적을 추적하는 데도 여간 어렵지 않았다. 그렇다고 수사를 포기할 수도 없었다.

아직까지 경허 외에 다른 용의자는 나타나지 않았고 새로운 단서도 발견되지 않았다. 살해된 영주사미의 옷에서는 경허의 지문(指紋)조차도 없었다.

공형사는 청계사에서 하룻밤을 더 묵으면서 경허의 유년(幼年)에서부터 가족상황을 더 탐문하기로 마음먹었다.

경허스님의 고향은 전주(全州) 자동리(子東里)였다. 현재의 행정구역으로는 전주시(全州市)와 완주군(完州郡)의 중간 지점이다. 그는 어머니 뱃속에서 태어나면서부터 다른 아이들과 달리 울지 않았다. 울음은 탄생의 첫 신호이다. 그러나 경허는 울지 않았다. 마치 묵정(默定)에 든 성자처럼 눈만 껌벅거리며 울지를 않았다. 태어난 아이는 말을 익히지 못했기 때문에 자기 의사를 대부분 울음으로 표현한다. 배가 고플 때와 아플 때도 어린아이들은 울음으로 자기 욕구를 전한다. 특히 어린아이에 있어 울음은 순수한 언어이다.

경허는 삼 일 동안 울지 않았다. 부모들은 자식이 울지 않아 한편으로는 걱정도 했고 또 한편으로는 신기하게 여겼다. 그리고 젖을 먹이지 않아도 보채지 않았다. 잠만 계속 잤다. 태어나고 싶지 않은 세상에 태어난 아이처럼 눈까지 뜨지 않고 잠만 계속 잤다. 오히려 부모들은 울기를 기대했다. 이 울음에 대해서는 고려(高麗) 의천(義天)에게도 특별한 설화가 있다.

　의천은 태어나자마자 밤낮으로 울어대기만 했다. 지나칠 정도로 울어 오히려 짜증이 났다. 그러나 그의 울음은 신기하게도 목어(木魚)소리를 듣기만 하면 뚝 그쳤다. 목어소리가 들려오는 출처는 알 수 없었다. 의천의 귓전에만 목어소리가 들리는 모양이었다. 어느 날 가족들은 그 목어소리를 함께 들을 수 있었다. 먼 산사에서 들려오는 듯 신경 쓰지 않고는 그 소리를 들을 수 없을 정도로 희미했다. 왕은 신하에게 목어소리가 나는 곳을 찾도록 명령을 내렸다. 신하는 임금의 명을 받아 소리를 추적했다.

　중국 무림(武林) 항주(杭州)의 경호(鏡湖)라는 물가에서 소리가 멎고 있었다. 그곳에서 스님 한 분이 경(經)을 읽고 있었다. 그 스님이 거처한 절은 초제(招提)였다. 초제란 임금이 몸소 이름을 지어준 절이란 뜻이다. 목어소리는 바로 초제란 절에서 흘러나온 것이다. 그 소리는 너무 맑고 청아하여 시공(時空)을 초월해 넓은 법계(法界)에 퍼지고 있었다.

　신하는 경(經)을 읽고 있는 스님에게 간곡하게 부탁하여 세자의 병을 고쳐 주기를 청했다. 그것은 간절한 애원이었다. 스님은 신하를 따라 의천에게로 갔다. 스님이 의천 곁에 앉자 의천은 울음을 뚝 그쳐 버렸다. 모두들 신기하게 여겼다. 스님은 자리에서 일어나 누워 있는 세자에게 세 번 절을 했다. 왕은 그 연유를 물었으나 스님은 대답하기 곤란한 표정을 지었다. 임금은 재촉을 했다. 비록 듣기 거북한 말일지라도 용서할 수 있다는 단서를 달았다.

"옛날 저의 스승입니다. 저의 스승은 원래 수레꾼이었습니다. 돈이 생기면 살림을 하고 아껴 쓰다 남은 것이 있으면 반드시 우물에 집어 넣어 여러 해 동안 돈을 모아 그 돈으로 호수가에 절을 짓고 출가를 했습니다. 저는 스승의 덕망을 존경하여 제자가 되었습니다. 그런데 불행하게도 일 년 만에 앉은뱅이가 되고 이 년 만에 장님이 되었고 삼 년 만에 벼락에 맞아 죽고 말았습니다.

저는 애석함을 참지 못해 부처님을 원망하고 스승의 팔에 '불무령(佛無靈)'이란 세 글자를 새긴 후 다비(茶毘)를 했습니다. 그런데 뜻밖에도 여기서 환생을 하셨군요."

"부처님이 영험이 없으신 것이 아니라 신통한 영험이 있었군요."

의천은 전생의 인연으로 스스로 왕위에 오르지 않고 출가를 해 버렸다. 의천의 울음은 전생(前生)의 내력이 밝혀짐으로 그쳐버렸고, 경허는 삼 일이 지난 후에 울기 시작했다. 울지 않던 아이의 울음소리는 유달리 컸다. 스스로 이 세상 생을 시작한 것이다.

이러한 경허의 신비한 모습에 부모들은 자식을 몹시 사랑했다. 그러나 그 사랑은 오래 가지 못했다. 부친이 울화병으로 세상을 뜨고 말았다. 혹독한 세금징수에 분노를 참지 못한 것이다. 집안은 서서히 몰락의 그림자가 엄습했다. 고향을 떠나지 않을 수 없었다. 먼저 경허의 형이 집을 떠났다. 어머니는 가문의 몰락을 일으켜 세울 만한 힘이 없었다. 고향을 떠나기로 결심했다. 어린 경허를 데리고 서울로 향했다.

경허의 속명(俗名)은 동욱(東旭)이었다. 마침 아버지의 친구 소개로 과천(果川) 청계사로 갈 수 있었다. 이때 경허의 나이가 아홉 살 때였다. 철부지 한 아이가 어머니의 손에 이끌려 출가를 한 것이다.

어머니는 허드렛일을 도왔고 경허는 주지인 계허의 제자가 되었다. 경허는 서서히 절 집안 생활에 익숙해져 갔다. 그러나 그가 하는 일은 잔심부름에서부터 산에 가서 나무 해오기, 또 부엌에서 밥 짓는 일도 도와야 했다. 그리고 틈이 날 때마다 염불을 따라 익혔다.

어린 나이로 나무를 해오다가 힘에 부쳐 넘어질 때가 한두 번이 아니었다. 그때마다 얼굴은 물론, 손등과 발목에 피멍이 들었고 그 모습을 본 어머니는 자식을 안고 한없이 울었다. 어머니가 울고 있으면 경허는 '울지 말아요. 이것은 고행입니다. 출가는 고행을 극복하는 데에서 이루어집니다' 라고 어머니를 위로했다. 그 위로가 얼마나 지극했는지 어머니는 울음을 그치고 자식의 대견스런 모습을 쳐다보기도 했다. 그러나 어린 경허에게도 순간순간 참기 어려운 고행이 닥쳐 왔다.

어느 날 경허는 부처님께 올리는 마지(摩旨)를 들고 법당으로 걸어가다가 그만 넘어지고 말았다. 불기(佛器)에 담긴 밥이 땅바닥에 쏟아지고 말았다. 스스로 큰 죄를 지었다는 것을 경허는 깨닫고 있었다. 스승 계허 앞에 무릎을 꿇고 앉았다. 스승의 꾸지람은 준엄했다. 처음으로 계허의 얼굴에서 무서운 분노가 일고 있음을 경허는 깨달았다. 계허는 어린 제자를 때릴 수가 없어 백팔참회를 시켰다. 참회란 스스로 잘못을 뉘우치고 다시는 잘못을 하지 않겠다는 서원(誓願)이다. 경허는 처음으로 부처님 앞에 많은 절을 했다. 무릎이 벗겨졌다. 그리고 푸른 멍이 들었다. 백팔참회를 마친 뒷날, 스승 계허는 경허를 불렀다.

"고향이 어딘가?"

"전주 자동리란 마을인데 아직 본래 고향을 찾지를 못했습니다."

"부모님은?"

"아버지는 돌아가시고 어머니는 현재 같이 있으며 위로 형이 출가를 했습니다."

"성(姓)은?"

"여산(礪山) 송(宋)입니다. 그러나 이곳에 와서 반야심경을 읽다가 깨우친 일인데 본래 나의 성은 송가가 아니라 불생불멸한 본성(本性)이 본래 나의 성인 것 같습니다."

"제법이다. 지나칠 정도로 영특하고 옛날 조주(趙州)스님을 연상케 하는구나. 물러가라."

"네, 저의 본래 성품을 찾도록 잘 인도해 주십시오."

경허는 처음으로 스승 계허와 대면을 통해 조주스님에게 비교될 만큼 뛰어난 재주를 인정받았다. 조주선사 역시 어릴 때 출가

했고 스승 남전(南泉)에게 영특함을 인정받은 일이 있다.

조주는 어려서 스스로 남전선사(南泉禪師)를 찾아가 스승으로 모셨다. 남전을 처음 방문했을 때 스승은 누워 쉬고 있었다. 어린 동승을 보자 남전은 어디서 왔느냐고 물었다.

그때 조주는 서상원(瑞像院)에서 왔다고 대답했다. 솔직한 대답이었다. 남전은 다시 조주를 향해 물었다.

"그래, 상서로운 모습을 보았나?"

"상서로운 모습은 보지 못했지만 눈앞에 졸고 있는 여래(如來)를 보았을 뿐입니다."

조주의 깜찍한 대답에 남전은 충격을 받고 제자로 삼았다. 경허도 경허에게 충격을 받았다. 서둘러 사미계를 주었다. 출가자가 기본적으로 지켜나갈 도덕과 윤리적 규범이었다. 경허는 법당으로 올라가 사미계 수여식에 필요한 의식을 준비하고 꿇어 앉았다.

첫째, 죽이지 말라.
둘째, 도둑질하지 말라.
셋째, 음행(淫行)을 하지 말라.
넷째, 거짓말하지 말라.
다섯째, 술을 마시지 말라.

경허는 사미십계(沙彌十戒)를 설했다. 살생을 하지 말라는 것은 마음 속에 자비심을 키우기 위해서이다. 살생을 하게 되면 자비의 종자(種子)가 없어지고 단명(短命)과 다병(多病)의 과보를 받게 된다. 그리고 살생할 마음을 참게 되면 원한을 그치게 할 수 있다. 도둑질 역시 그렇다. 도둑질을 하게 되면 빈궁(貧窮)과 더불어 끝내는 갖고 있는 재물도 잃게 되고 그로 인해 화를 자초하게 된다. 그리고 음행을 하게 되면 몸과 마음을 더럽히게 되어 수행을 계속할 수 없다.

옛 스님들은 차라리 독사 아가리에 남근(男根)을 넣을지언정 여자를 가까이하지 말라고 했다. 그리고 거짓말을 자주하게 되면 타인으로부터 비방과 속임을 당하게 된다. 입이란 화문(禍門)이다. 입을 잘못 열음으로써 화근을 자초한다. 또 술을 되도록이면 마시지 말라. 술을 마시게 되면 지혜의 종자가 없어질 뿐 아니라 두뇌가 녹이 슬고 끝내 혼미하고 무지하게 되어 깨침을 얻을 수가 없다. 오죽하면 똥물을 마실지언정 술을 마시지 말라고 부처님께서 말했겠는가.

경허는 깨침을 얻을 때까지 파계를 않겠다는 서원을 다짐했다. 드디어 출가자로서 도덕적 양심과 윤리적 규범을 지키는 승려가 되었다. 갑자기 마음이 가벼워졌다. 스님이 되었다는 자체가 꿈만 같았다. 비록 갈고 닦아서 이룬 것은 없었지만 중생이 부처가 될 수 있는 신분을 얻었다는 데에서 뿌듯한 자부심이 생겼다.

그러나 스승이 설한 계율 하나하나가 준엄하고 지켜나가기가 어려울 것 같았다. 금방 부처님께 이 몸을 버릴지라도 파계치 않겠다는 서원이 흔들리는 것 같았다.

경허는 청계사에 어머니와 같이 온 후 처음으로 계를 받고 잠자리를 같이 했다. 벌써 3년이 지났다. 어머니 품안에서 잠을 이루려 했지만 잠이 오질 않았다. 젖가슴에서 비릿한 냄새가 났고 처음으로 여자 냄새를 어머니를 통해 맡을 수 있었다. 그에게 남자로서 본능이 있음을 깨달을 수 있었다.

　계를 설해 준 스승 계허는 제자에게 아무것도 가르쳐 주지 않았다. 계허는 제자를 가르칠만한 불교교리의 실력을 갖추고 있지 않았다. 다행히 경허는 청계사에 머물고 있는 중년 처사에게 사서삼경(四書三經)을 틈나는 대로 배울 수 있었고 초발심자경문(初發心自警文)을 틈틈이 배웠다. 특히 원효(元曉)의 발심수행장(發心修行章)은 새로운 감동과 개안을 주었다.

　　모든 부처님과 부처님들이
　　적멸궁에 장엄해 계시는 것은
　　무량겁 속에
　　욕심을 버리고 고행하신 결과이시고
　　중생과 중생이
　　불타는 집에 윤회하는 것은
　　끝없는 세상에
　　탐욕을 버리지 못한 탓이다.
　　夫諸佛諸佛　莊嚴寂滅宮
　　於多劫海　捨欲苦行
　　衆生衆生　輪廻火宅門
　　於無量世　貪慾不捨

인간이 도달할 수 있는 최고 수준은 더 물을 것도 없이 사람다운 사람이 되는 것이다. 부처는 인간의 욕망과 번뇌로부터 자유스러워진 사람이다. 그래서 불타는 적멸의 세계에서 삶을 누리고 계신다. 다만 중생은 탐욕에 얽매여 고통의 집에서 윤회하고 있다. 인습과 타성에 찌들게 되면 사람은 어느 누구를 막론하고 자기를 잃게 마련이다. 그래서 삶은 창조적 움직임이 있어야 한다. 어떤 형태의 삶일지라도 고정된 틀에 갇혀서는 안 된다. 오랫동안 삶의 양식에 안주해 버리면 자기 내면은 굳어져 버린다.

경허는 보람된 인생이란 욕구를 채우는 일이 아니라 인간을 새롭게 하고 영혼을 맑게 하는 것이 출가(出家)의 삶이란 것을 깨닫기 시작했다.

사람이면 누구나 산 속에 들어가 도 닦을 생각이 없으랴만
나아가지 못하는 것은 애욕에 얽혀 있기 때문이다
비록 산에 들어가 마음을 닦지 못할지라도
자신의 힘을 따라 선행을 버리지 말라
세상의 욕락을 버리면 성현처럼 공경할 것이고
어려운 일을 참고 이기면 부처님과 같이 존경받을 것이다.

人誰不欲　歸山修道
而爲不進　愛慾所纒
然而不歸　山藪修心
隨自身力　不捨善行
自樂能捨　信敬如聖

難行能行　尊重如佛

경허는 매우 큰 감동을 받았다. 모든 사람이 다 세속과 인연을 끊고 출가할 수는 없다. 산에 들어온다는 것 자체가 위대한 버림 없이는 불가능하다. 출가는 위대한 버림이다. 그리고 집중적 헌신을 통해 새로운 자아를 형성하는 일이다.

경허는 날마다 새로운 시야가 열렸다. 그리고 특히 출가 수행자에게 자기 응시의 시간이 없다면 세상 사람들과 같이 이익만 추구하고 허영만을 쫓아다니게 된다는 사실도 깨달을 수 있었다. 그리고 마음 속에 선행과 사랑하는 마음이 있을 때 사물이든 사람이든 그 본질에 도달할 수 있다는 것도 깨달았다. 그는 자경문(自警文)을 읽으면서 출가자의 세계가 무엇인가 깊이 체험하고 인식할 수 있었다.

　　미련한 마음으로 배우지 아니하면 교만심만 더 심해지고
　　어리석은 뜻에 닦음 없으면 난 척하는 마음만 자란다
　　빈 속에 마음만 높으면 굶주린 호랑이 같고
　　아는 것 없이 놀기만 하면 재주부리다가 넘어진 원숭이와 같다
　　삿된 말 마구니 말은 즐겨 받아 듣고
　　성인의 가르침과 현인의 글은 짐짓 듣지 아니하여
　　선도에 인연이 없으니 누가 너를 제도하랴
　　길이 악취에 빠져 끝내 괴로움에 속박당하는구나.
　　愚心不學增憍慢　痴意無修長我人

空腸高心如餓虎　無知放逸似顚猿
邪言魔語肯受聽　聖敎賢章故不聞
善道無因誰汝度　長淪惡趣古纏身

경허는 수행이란 탐구하는 노력임을 뼈저리게 깨달았다. 탐구하는 노력을 통해서 삶의 질(質)이 얼마든지 개선될 수 있고 본질에 도달할 수 있음을 인식했다. 깨침이란 이론과 관념이 아니라 진리를 스스로 체험하고 구현하는 일임을 어렴풋이나마 알 수 있었다. 더 이상 청계사에 머물러서는 안 되겠다는 결심을 했을 때 스승 계허스님이 불렀다.

"네 재주가 뛰어나고 영특함을 처사에게 들었다. 이곳에 더 이상 머문다는 것은 아까운 인재를 썩히게 하는 일이다. 당대(當代)의 강백(講伯)이 있는 동학사로 가거라."

계허는 추천장을 주면서 마치 내쫓듯 빨리 길을 떠나라고 재촉했다.

공형사는 다시 만났던 스님을 뵙기를 청했다. 경허에 대해 의문난 것을 확인하고 싶어서였다.

"경허스님이 출가한 것은 자의적이라고 볼 수가 없습니다. 아홉 살 때 출가를 했다면 본인 스스로 판단할 능력이 없는 나이일 뿐만 아니라 부모의 애정 속에서 자라야 할 나이입니다.

다만 한가지 밝혀진 것이 있다면 경허스님의 가족사항입니다. 비록 모친이 살아 계시고 위로 형이 출가해 있지만 처음부터 구도적 열정을 갖고 출가한 것은 아니더군요. 본적지를 조회해 본 결과 가족사(家族史)의 멸망이 고향을 떠나게 했고 돌아가신 부친의 친구의 소개로 청계사에 오게 되었더군요.

그리고 경허스님이 이곳에 오기까지 그는 삶 자체에 항상 위협을 느끼고 있었고, 열악한 환경에서 자라다가 입산(入山)을 한 것입니다.

그러나 오늘날 경허스님은 선천적으로 뛰어난 재주와 영특함으로 불교의 정상급 지성인들과 어깨를 나란히 하는 학문적 성취를 했을 뿐 아니라 해탈의 자유를 얻기 위해 부처와 부모 형제를 죽여도 좋다는 논리를 갖고 있습니다."

"경허스님을 살인 용의자로 단정하지 마세요. 특별한 단서나 혐의가 발견된 것도 아니잖아요. 해탈의 자유를 성취하기 위해 부처와 조사(祖師), 그리고 부모 형제를 죽여도 좋다는 사상과 논리는 불교 사상이 아닙니다. 아직 깊은 뜻을 이해하지 못하고 계시군요."

"경허스님의 일기장에서 발견된 사상과 논리입니다."

"그것은 경허스님의 사상이 아닙니다. 중국 선종의 유명한 임제(臨濟)스님의 살불살조(殺佛殺祖)의 사상입니다. 이 뜻은 부처를 죽이고 조사를 죽이라는 의미가 아닙니다. 죽인다는 의미는 살생의 뜻이 아닌 부처와 조사에 얽매이지 말라는 뜻입니다.

종교인과 신앙인들은 자기가 믿는 교리에 집착하는 경우가 많아요. 일단 종파의 율 안에 갇히게 되면 드넓은 종교의 지평을 내다볼 시력을 잃게 되지요. 그래서 종교의 진수를 체험하려면 먼저 종교 자체로부터 자유스러워져야 합니다. 살아있는 믿음은 그 어떤 틀에도 갇혀서는 안 됩니다. 먼저 자주적인 인간이 되어야지 종교의 노예가 되어가지고는 진정한 종교인도 사람도 될 수 없습니다.

경허스님은 바로 이 점을 학인(學人)들에게 강조했고 특히 중국 선사들 가운데서 임제·덕산(德山)·운문(雲門) 선사들의 사상에 심취해 있어요. 이제 좀 이해가 가십니까?"

공형사의 머리는 갑자기 혼란스러워졌다. 해탈의 자유를 얻기 위해 부처까지 죽여야 한다는 논리를 잘못 이해하고 있었던 자신이 몹시 부끄러웠다. 그리고 이 부분에서 경허의 살인혐의를 찾으려고 했던 자신의 추리가 한꺼번에 무너지고 말았다.

"경허스님의 제자 가운데 대표적인 스님은 누구입니까?"

"제자들이 많지요. 큰스님에게 글을 배우지 않은 사람이 있나요. 그 가운데 만공(滿空)·혜월(慧月)·수월(水月)스님이 있습니다."

스님의 눈은 불빛이 타고 있는 것처럼 빛나고 있었다. 그리고 생나무를 꺾었을 때에나 맡을 수 있는 싱싱한 냄새와 향기를 그 스님에게서 느낄 수 있었다. 그러나 공형사 마음 한구석에는 모두들 경허의 제자가 아니면 그의 슬하에서 수학을 한 인연으로 그를 은닉시키고 있는 것이 아닌가 하는 의구심은 계속 남아 있었다.

경허의 행방은 계속 오리무중(五里霧中)이었다. 그의 운수적(雲水的) 행보는 광활했다. 때로는 동학사에서 머물고 있다가 다시 해인사로 자리를 옮겼고 해인사에서 서산(瑞山) 천장암(天藏庵)·정혜사(定慧寺)·범어사 등지로 마치 구름처럼 잠깐씩 머물다가 자리를 옮기고 있어 그를 추적하는 일은 여간 어려운 일이 아니었다.

그리고 승려의 신분은 일반 속인과 달리 모양이 서로 비슷비슷해서 인적사항을 확인하는 데도 어려움이 있었다. 그렇다고 특별히 다른 곳에서 살인사건과 관련된 단서와 혐의가 발견되지 않아 수사는 계속 미궁으로 빠져들고 있었다.

공형사는 경허의 모친이 계신다는 천장암에 가보기로 결심을 하고 물어 보았다.

"경허스님께서 혹시 천장암에 계시지 않을까요?"

"천장암에는 모친이 그곳에 머물고 계실 것입니다. 행여 모친의 마음에 상처를 주지 마십시오. 그리고 동학사 주변 인물을 다시 조사해 보시지요."

경허가 살인범이 아님을 확신하면서 스님은 공형사를 설득했다. 공형사도 천장암을 거쳐 다시 동학사로 가서 탐문수사하는 것이 이번 사건을 해결하는 데 도움이 될 것이라는 결론을 내렸다.

서산 천장암 및 마을에 도착한 것은 오후 일곱 시가 넘어서였다. 자그마한 마을은 어둠 속에서 휴식을 취하고 있는 것같이 평온했다.

오랜 출장으로 공형사도 지쳐 있었다. 등줄기에서 소름 같은 피곤이 벌레처럼 기어내렸다. 몸은 자꾸만 땅바닥으로 꺼져 내리는 것 같았다. 주막을 찾아 들어섰을 때 사십이 넘은 남자 두 사람이 소주잔을 기울이고 있었다. 공형사도 소주 한 병을 시켜놓고 어둠이 짙어가는 마을을 바라보았다. 어둠 속에 잠긴 마을은 희미한 불빛을 내뿜고 있었다. 그것은 먼 바다에서 반짝이는 불빛 같았다.

주모는 안주를 탁자 위에 놓으면서 '이 마을 사람이 아닌것 같은데 서울서 오셨소?' 하고 말을 걸어왔다. 그렇지 않아도 틈을 보아 주모에게 말을 건네려고 할 참이었는데 주모가 공형사의 긴장을 풀어준 셈이었다.

"네. 서울서 왔습니다. 여기서 천장암이 얼마나 됩니까?"

"천장암에 찾아가는 신도군요. 멀지 않아요. 코앞에 있어요."

주모의 말대로 코앞에 있다는 천장암은 어둠 때문인지 보이질 않았다. 술을 마시던 두 사람이 주막을 빠져나가 갑자기 홀 안이 조용하고 긴장감이 감돌았다. 공형사는 마음 속으로 주모가 말을 걸어오기를 기다렸다. 말을 걸어오면 이번에는 경허스님에 대한 것을 묻기로 했다. 그러나 주모는 설거지를 하고 있는지 말을 걸어오지 않았다. 답답한 침묵이 두 사람 사이에 벽처럼 쌓이고 있었다. 주모는 설거지를 끝내고 주방에서 나오면서 "술 한 병 더 하겠수?" 하고 말을 걸어왔다. 대화가 단절되어서는 안 되겠다는 초조감 때문에 술 한 병을 더 달라고 했다. 술 한 병을 가지고 온 주모가 상대의 의사도 물어보지 않고 옆자리에 앉았다.

공형사는 술잔을 건넸다. 주모도 거절하지 않고 소주잔을 입안으로 털어넣었다. 몇 잔을 서로 주고 받았다. 주모의 얼굴에서 술기운이 오르고 있었다.

"천장암에는 스님이 몇 분이나 됩니까? 그리고 경허 큰스님이 지금 계신지요?"

"지금은 계시지 않아요. 그러나 이곳에 오랫동안 머물 때가 많아요. 지금은 스님 몇 분하고 노모가 살아 계실 겝니다."

"경허스님은 술을 좋아하신다지요?"

"스님도 사람인데 곡차(穀茶) 한잔 하는 것이 뭐 허물이 됩니까? 큰스님의 술실력은 보통사람으로는 따라갈 수가 없어요. 동이째로 마셔도 취하지 않아요. 그리고 술 때문에 뭇매를 맞은 일도 한두 번이 아닙니다."

주모는 취기에 묻지도 않은 이야기를 털어 놓았다. 비록 수사에 보탬이 되는 것은 아니었지만 경허란 인물을 파악하는데 있어 도움이 되었다.

경허는 어느 날 제자 만공을 데리고 탁발을 나섰다. 탁발은 일종의 걸식이다. 부처님 당시에는 지금처럼 절에서 먹고 자질 않고 밥만큼은 반드시 일곱 집을 거쳐 얻어먹도록 했다.

아침 일찍 절을 나와 점심 때가 가까워지도록 경허와 만공은 걸었다. 시장기가 돌기 시작했다. 눈앞에 집들이 보이지 않아 걸식을 할 수도 없었다. 두 사람은 산허리를 끼고 고개 마루를 들어섰다.

그때 눈앞에 상여의 행렬이 보였다.

"점심공양은 잘하게 됐군."

경허가 상여 행렬을 보고 한 말이었다. 만공은 그 뜻을 금방 알아채지 못했다.

"어디서 점심공양을 한단 말입니까?"

"자네 눈에는 상여 행렬도 보이질 않나. 극락왕생 축원 한마디만 해주면 진수성찬이 나올걸세. 그래서 중이 좋다는 거야. 죽은 사람에게는 극락왕생 빌어 주고 대접받을 수 있는가 하면 병들어 있는 사람에게는 구병시식(救病施食)을 해주고 불공금을 받지 않나. 중 팔자만큼 좋은 팔자는 이 세상에 없을 거야. 거지 가운데서는 상거지지."

상여 행렬은 잠깐 쉬고 있었다. 만장(輓章)이 바람에 깃발처럼 펄럭거렸다. 경허와 만공은 장례 행렬 곁으로 다가갔다. 그리고 합장을 하고 큰소리로 '영가(靈駕)야' 한번 부르고 극락왕생하라고 염불을 했다. 경허의 큰 목소리에 사람들의 시선이 한군데로 집중되었다. 다 떨어진 누더기를 걸친 육척 거구의 경허의 모습에 모두들 압도당하는 것 같았다. 염불을 끝낸 경허는 시장기를 참지 못하고 먹을 것을 청했다.

"행상길이니 술밖에 없소이다."

상여꾼 한 사람이 장난기 섞인 말로 대답했다. 경허의 겉모습을 보고 스님인지 거지인지 상여꾼이 분별을 잘 못하고 있었다. 그러나 너무 여유있고 태연한 모습에 압도당하는 것 같았다.

"술이 있으면 술을, 고기가 있으면 고기를 주시지요."

상여꾼들의 모습이 갑자기 긴장되었다. 승려차림으로 술과 고기를 달라는 이야기를 듣고 기가 찬 모양이었다. 그들의 눈에 경허와 만공의 행동은 이해될 수 없었다. 그것은 파계였기 때문이었다.

"아따, 참, 별 중들 다 보겠네. 말세로군."

상여꾼은 긴장된 모습을 풀고 오히려 경허와 만공을 빈정거리며 말을 했다. 그렇다고 경허가 물러설 리가 없었다. 얼굴에 알 수 없는 노기(怒氣)가 스며들고 있었다. 만공은 슬며시 옷깃을 당겼다. 스승이 망신을 당할 것 같았다. 이때 점잖은 상주(喪主)가 경허 앞으로 다가섰다.

"아니, 대사(大師)가 어찌 술을 달라 하시오."

상주까지 경허를 궁지로 몰았다. 술을 달라 하는 경허의 행동이 못마땅했던 모양이었다. 이번에는 경허가 상주를 향해 빈정거리듯 대답했다.

"술을 마셔서 안 된다면 곡차라고 하며 마시면 되지."

경허가 끝까지 물러서지 않자 상여꾼 한 사람이 술 한 대접을 듬뿍 퍼서 경허에게 건넸다. 술잔은 경허의 손에 잡히지 않고 거부되었다. 술 한 대접으로 만족하지 않다는 의사였다.

"잔이 너무 작습니다. 양푼이나 술동이째 준다면 마실 수 있지."

상여꾼들은 아연실색했다. 술동이째 달라는 경허의 요구에 사람들은 입을 다물어 버렸다. 상주는 경허에게 술동이째 내주라고 일렀다. 감히 두 승려가 동이에 든 술을 마실 수 있는가 시험삼아 주는 것 같았다. 경허와 만공은 마치 갈증을 녹이듯 술동이를 단숨에 비워버렸다. 사람들의 눈빛이 희미해졌다. 큰 짐승이 물을 마시는 것 같이 술 한동이가 순식간에 없어지자 상여꾼들은 넋을 잃고 경허와 만공을 쳐다보았다. 상주는 경허 앞으로 다가서면서

청을 했다.

"저희들이 큰스님인 줄 알아뵙지 못했습니다. 법력으로 저의 아버지가 묻힐 명당을 하나 잡아주실 수 없겠습니까?"

경허는 '하하하' 한바탕 웃고는 느닷없이 큰소리로 말했다.

"명당이라, 그 명당 뭣에 쓰게. 이 삼천대천세계에 명당 아닌 곳이 어디 있소. 그래 죽은 고깃덩이 묻으려고 명당을 찾아. 고깃덩어리는 누구나 땅에 묻히면 구더기가 파먹고 썩기 마련이고 산에 버리면 짐승들의 요깃거리나 되지."

경허의 말소리에는 인간존재의 무상함을 분석하는 진리가 담겨 있었지만 그 말 뜻을 이해하기에는 상황이 좋지 않았다. 그것은 죽은 시신과 상주들을 모욕하는 발언에 불과했다. 사람이 죽으면 그 육체는 썩기 마련이다. 그래서 옛 선사들은 임종에 이르러 깊은 산중에 들어가 자신의 육신을 버려 뭇 짐승들의 요깃거리가 되게 했다. 그 뜻을 일반인들이 알 수 없었다.

심한 모욕을 당한 상주와 상여꾼들은 분노를 참지 못하고 벌떼처럼 일어나 '이놈들이 어디 중이라고 할 수 있나. 떠돌이 땡초들이다. 그대로 두어서는 안 된다' 하며 모두들 막대기를 들고 경허와 만공을 후려칠 기세였다. 이때 경허의 가슴에 뜨거운 덩어리가 주먹같이 뭉쳐지고 있었다. 온몸의 살갗에서 소름이 돋아나는 것 같았다. 경허는 두 팔을 걷어올리며 떡 버티고 버럭 고함을 쳤다.

"이놈들! 너희놈들이 한꺼번에 다 덤벼라. 한 주먹으로 모조리 송장을 만들어 다비식(茶毘式)을 할테다. 그러니 죽은 고깃덩이를 면하려거든 빨리 비켜라."

　육척 장신이 넘는 경허와 만공의 기세에 눌려 모두들 한걸음씩 물러섰다. 힘으로 상대할 수 없다는 것을 깨닫고 있었다. 상주는 그때야 눈물을 글썽거리며 말했다.

　"저희들이 큰스님을 잘 알아뵙지 못했습니다. 법문을 해주신 뜻을 이해하지 못한 저희들을 용서하십시오. 장자(莊子) 남화경(南華經)에서도 인생무상을 말해놓은 뜻을 이제 깨닫겠습니다. 사람이 죽으면 까막까치나 구더기의 밥이 되는 것임을 남화경에서 일찍이 말해 놓았지요. 그러나 자손된 도리는 그렇지 못합니다. 저희들의 효성을 이해하십시오."

　상주의 눈가에 눈물이 맺혀 있었다. 슬퍼해야 할 상여길이 경허와 만공의 소란으로 슬픔은 어느새 사라지고 없었다. 자신의 육체가 썩으면 까막까치나 구더기의 밥이 된다는 것을 깨닫고 사는 사람이 과연 얼마나 될까. 그리고 육신이 떠나고 난 뒤의 정신의 소재를 알고 있는 사람들도 없다. 따지고 보면 우리들의 육신 역시 죽고 나면 산하(山河)의 부스럼 딱지에 불과한 존재이다.

　상여꾼들은 상여를 메고 서서히 자리를 떠날 준비를 했다.

　경허는 상여꾼들을 향해 독백처럼 중얼거렸다.

　"모든 것은 허망하다. 만약 모든 것이 허망한 줄을 알면 그대들도 자신의 참된 모습을 볼 수 있을 것이다."

　상여 행렬은 고개를 돌아가고 경허와 만공도 고갯길을 넘었다. 행상(行喪)의 구성진 소리가 바람에 실려 들려오고 있었다.

죽음과 삶의 큰 뜻을 알고 보면
만사는 한 줄기 바람에 날리는 것을
오늘 구름처럼 떠도니
사방 산봉우리 위에 학이 춤을 추며 돌아간다.
緣知生死大　萬事一風飛
今日隨雲坐　四峰鶴舞歸

 밤이 늦어가는 줄 모르고 주모는 경허의 이야기를 신들린 사람처럼 때로는 과장되게, 때로는 감동이 되어 말을 이어갔다. 사실 공형사 자신도 주모의 이야기에 깊숙이 빠져 있었다. 주모는 경허에 관하여 한 토막 이야기를 끝내고 다시 소주잔을 입안으로 털어넣고 말을 이었다.
 "경허스님은 도인입니다. 보통 사람들의 심리를 뛰어넘는 힘을 갖고 있을 뿐 아니라 저희들의 상상력으로도 미치치 못한 일을 자유스럽게 하고 있어요. 어떤 때는 미친 것이 아닌가 의심 날 때가 있습니다. 문둥병에 걸린 여자와 동침을 하지 않나, 어머니를 위해 법문을 한다고 대중을 법당에 초청해 놓고 옷을 하나씩 벗더니 끝내는 속옷까지 벗어 버리고 나신(裸身)이 되어 춤을 덩실덩실 추더란 겁니다. 제 정신 가진 사람이 할 짓입니까. 미친 사람이 아니면 할 수 없는 일을 부끄럼없이 행동에 옮기고 계신 분이 경허스님입니다."
 주모(酒母)는 경허가 옷을 벗어 던지고 그 큰 물건을 덜렁덜렁거리면서 춤을 추었다는 대목을 이야기해놓고 자신도 웃음이 나오는지 킬킬거리며 한바탕 웃다가 다시 소주잔을 털어넣었다. 그것도 길거리에서 옷을 홀랑 벗고 춤을 춘 것이 아니라 어머니를 위해 특별히 법문을 한다고 대중을 초청해 놓고 그 짓을 했으니 그 자리에 있는 대중들은 아연실색은 물론이고 혼비백산이 되어 자리를 떴다. 주모의 말은 틀리지 않았다.

경허는 어느 날 천장사(天藏寺)에서 특별법문이 있다고 대중을 법당에 모이도록 했다. 더욱이 경허의 법문은 듣기가 어려웠다. 법문 초청을 해도 마음이 내키지 않으면 거절해 버렸고 멀리서 경허스님을 모시러 올 때는 일부러 몸이 아프다고 끙끙 앓는 시늉을 하면서 초청에 응하지 않았다. 다만 스스로 신심이 발로되고 흥이 날 때에 법상(法床)에 올랐다. 그의 법문은 가뭄에 비를 맞는 것처럼 시원하고 답답한 가슴에 뭉쳐 있는 번뇌의 덩어리를 씻어내리듯 통쾌하고 사람의 마음을 감동하게 했다. 마치 상대의 마음을 꿰뚫는 독심술(讀心術)을 갖고 있는 사람처럼 상대의 번뇌와 고뇌를 한 손에 움켜잡고 해체하는 것 같았다.

경허가 어머니를 위해 특별히 법문한다는 이야기를 들은 대중들이 술렁거렸다. 오랫동안 어머니를 모시고 있으면서 법문을 한 예가 없었기 때문에 대중의 기대는 컸다. 갑자기 절이 소란스러웠다. 경허를 모시고 있던 시자는 재빨리 경허스님 어머니를 찾았다.

"보살님, 경허스님께서 보살님을 위해 특별법문을 한답니다."
"우리 동욱(東旭)이가! 나를 위해 법문을 한다고. 아니 경허 큰스님이 나를 위해서……"

그녀는 깜짝 놀라면서 감동을 하다가 처음에는 어릴 때 자식의 이름인 동욱이라고 불렀다가 다시 경허 큰스님이라고 존경어를 썼다.

오랜 절생활을 통해 법도를 알고 있었기 때문에 사랑하는 자식일지라도 속명을 사용할 수 없음을 경허 모친은 알고 있었다. 오랜만에 새 옷을 꺼내 입고 몸 단장을 했다. 자식에 대한 지극한 애정이 가슴 속에서 뭉클거렸다. 자식을 낳고 출가시킨 보람을 느낄 수 있었다.

법당 안은 만원이었다. 빈틈이 없었다. 다만 창문으로 들어온 푸르스름한 빛살이 스며들고 있었다. 대중은 숨소리 하나 내질 않고 경허의 법문을 듣기 위해 좌정하고 있었다. 긴장감마저 돌았다. 법상에 올라가 가부좌를 하고 앉아있던 경허는 대중을 한번 살피고 눈을 지그시 감았다가 떴다. 그러나 경허는 입을 열지 않았다. 아무 할 말이 없었다. 비록 어머니를 위한 특별법회라고 대중을 청해 놓았지만 진실로 어머니를 위해 할 말이 없었다.

드디어 어머니에게 해야 할 법문 내용을 깨달았다. 그것은 말로써 표현할 수 없었다. 이심전심의 영적 교감만이 필요했다. 지극한 슬픔과 아픔이 합쳐질 때는 말이 끊어진다. 그 도리를 경허는 행동으로 표현했다. 한참 동안 잠자코 있던 경허는 어머니를 힐끔 한번 쳐다보고는 먼저 가사를 벗었다. 가사를 벗고 난 후 다시 장삼을 벗고 웃저고리를 벗고 바지를 벗었다. 서서히 경허는 뱀이 허물을 벗듯 끝내는 속옷까지 벗어버렸다. 알몸이 되었다. 떡 벌어진 가슴과 배꼽 밑으로 보이지 않아야 할 남근(男根)까지 대중의 시선에 들어왔다. 참으로 해괴한 일이 순식간에 벌어지고 말았다. 대중들은 넋을 잃고 있었다. 그때 경허는 말했다.

"어머니 저를 보십시오. 바로 이것이 어머니가 낳아준 본래 모습입니다. 어머니는 이 모습을 가지고 내 자식 내 아들이라고 하지요. 그러나 이것은 저의 본래 모습은 아닙니다."

자식의 나신을 보고 있던 경허의 모친은 얼굴이 붉어지더니 굳어져 버렸고 화가 치민 듯 말했다.

"대체 무슨 법문이 이럴 수 있단 말인가. 해괴한 일이로다. 이제는 경허스님이 미쳐버렸어."

이렇게 말하고 자리에서 일어나 방안으로 들어가 버렸다. 경허는 주섬주섬 옷을 다시 입으면서 독백처럼 말했다.

"저래 가지고 어찌 일체 어머니 노릇을 할 수 있단 말인가. 내가 어려서는 이 몸을 벌거벗겨 씻기며 안고 뽀뽀까지 하시더니 지금은 그때 그 마음을 어디다 두시고 부끄러워하고 해괴망측한 일로 받아 들이실까. 지금 달라진 것이 있다면 내가 장성(長成)했고 어머니 마음이 달라졌을 뿐인데 본래면목을 찾으려면 나를 벌거벗고 씻겨주고 안아주던 그 천진스런 마음이 있어야 할 텐데."

일체의 수식과 가식을 모두 벗어버리고 어릴 때로 돌아간 경허의 모습을 어머니도 보지 못했을 뿐 아니라 대중도 그 뜻을 깨닫지 못했다. 주모는 여기까지 말해 놓고는 키득거리며 혼자 웃어댔다. 혼자 이야기하고 웃는 데 천부적 재질이 있어 보였다.

"생각해 보세요. 다 큰 자식이 어머니를 모셔 놓고 법문은 하지 않고 나신이 되어 큰 불알이 덜렁거린 것을 보았으니 어머니의 심정이 어떻겠습니까? 단순히 기행(奇行)이라고 치부해 버릴 수 없는 자유가 있어요."

주모의 말대로 경허에게는 남이 침해할 수 없는 해탈의 자유를 갖고 있었다. 주모는 소주 한병을 다 비우고 다시 소주를 물 마시듯이 목구멍에다 들어부었다. 그러나 취하지 않았다. 혼자 떠들다가 술에 취했다가 다시 깨는 것 같았다. 공형사는 주모 이야기만 듣고 있을 수 없었다. 자리에서 일어서려고 할 때 주모가 손을 잡으면서 제지했다. 힘없이 자리에 앉고 말았다. 시간은 자정이 가까와지고 있었다. 눈치빠른 주모는 민박을 알선해 주겠다고 잠깐 밖에 나갔다가 돌아와 제자리에 앉으면서 소주잔을 털어넣었다. 민박이 해결됐다고 안심까지 시켰다.

공형사의 머리는 혼란에 빠졌다. 마치 자신이 신통자재(神通自在)한 기인(奇人)을 추적하고 있는 것이 아닌가 착각이 들었다. 주모의 다음 이야기는 경허란 인물을 초인(超人)으로 과장시켰고 공형사 자신을 헤어나올 수 없는 미로(迷路)에다 팽개쳐 버리는 것 같았다. 경허가 해인사에서 체험했던 일을 주모는 풍부하지 못한 상상력으로 재구성하면서 이야기를 이어갔다.

경허가 해인사 조실(祖室)로 잠깐 있을 때였다. 그는 낮잠을 자다가 문을 두드리는 소리에 벌떡 자리에서 일어나 문을 열었다. 거미줄 같은 햇살이 쏟아지고 있었다. 그리고 행색이 남루한 젊은 여인이 서 있었다. 얼굴에 부스럼 같은 것이 여러 군데 붙어 있었고 손가락이 굳어 있었다. 한눈에 보아도 문둥병 환자임을 알 수 있었다. 여자는 고개를 숙였다. 스스로 문둥병 환자임을 확인시키고 싶지 않은 모습이었다.

"그렇게 서 있지 말고 방으로 들어오너라."

경허는 손짓까지 하며 방으로 들어오도록 재촉까지 했다. 마치 오랫동안 여자에 굶주린 사람 같았다. 옆자리에 있던 만공의 입장이 난처했다. 자리를 피할 수도 없었고 그녀를 방으로 들어오도록 그냥 둘 수도 없었다.

"스님! 저 여자는 문둥병 환자입니다."

하고 귓속말로 문둥병 환자임을 확인시켜 주었다.

"그렇지 않아. 나는 이 세상에서 저토록 아름다운 여자는 처음 본다. 생각에 따라 여자를 보는 시각은 달라지지."

문둥병 환자를 경허는 아름다운 여자라고 칭찬을 아끼지 않았다. 만공은 기가 막혔다. 아무리 거림없는 행동을 서슴없이 한다고 해도 미추(美醜)를 가리지 않고 행동하는 스승이 원망스러웠다. 젊은 여인은 경허의 강요에 못 이겨 방으로 들어섰다. 갑자기 그녀의 몸에서 살 썩는 냄새가 났다. 뱃속이 역겨워졌다. 입고 있는 옷에도 악취가 풍겼고 몸을 씻지 않아 땟국이 군살처럼 박혀 있었다. 마치 마굿간에서 살다가 온 짐승 같았다.

"네가 세상에 태어나 여자로서 누려야 할 권리와 재미를 맛보지 못하고 있구나."

애처롭고 사랑스런 말로 경허는 그녀를 위로했다. 여인은 안심을 한 듯 자리를 고쳐 앉았다. 만공은 역겨움에 더 이상 그 자리에 앉아 있을 수가 없어 나와 버렸다.

경허는 그날로부터 문둥병 환자와 침식을 같이했다. 때로는 여자를 애무하기도 하고 아픈 곳을 어루만져 주기도 하면서 일주일 간이나 잠자리를 같이했다. 간간이 웃음소리가 밖에까지 들렸다. 경허의 지극한 애정의 영토에 여자는 흡수되어 버린 것 같았다. 일주일 동안 잠자리를 같이 하면서 경허는 조금도 불편함을 느끼지 않았고 생활의 변화도 없었다. 그렇다고 여색에 탐닉되어 있는 것도 아니었다. 오랫동안 여자에 굶주려서 그것도 문둥병에 걸린 여자를 방으로 유혹한 것도 아니었다. 그것은 경허만이 갖고 있는 자비였고 비원이었다. 유마거사(維摩居士)의 비원에 견줄 만했다. 나의 병은 곧 일체중생의 병이고 일체중생이 앓음으로 해서 나도 앓는다고 했듯이 경허의 눈에는 한 여자의 불행이 일체 여자의 병으로 보였던 것이다. 서로 나누어 가져야 할 고통을 경허 혼자서 부담했다. 여자에게 아픈 상처가 있다면 그것은 사랑이다. 사랑으로 찢긴 상처는 사랑이 아니고서는 아물지 않는다. 얼어붙은 땅이 따뜻한 햇볕에 녹듯이 절망으로 몸부림치고 상처난 영혼일수록 필요한 것은 사랑뿐이다.

  만공은 일주일동안 스승을 원망하면서 기다렸다. 드디어 대중들도 웅성거리기 시작했다. 경허의 행동을 이해할 수 없다는 비판이 일었다. 여자와 한방에서 잠자리를 같이하는 일만은 용납할 수 없다는 불만이 쌓였다. 그것은 곧 불음계(不淫戒)를 파하는 일이었다. 재물과 여색(女色)의 화(禍)를 독사에 물린 것보다 심하다고 누누이 강조한 경허 자신이 여자와 잠자리를 같이하는 일은 윤리적으로 용납되기 어려웠다. 만공은 대중들의 불만을 엿듣고 스승을 찾았다. 그는 방문 앞에서 말했다.

"스님의 높으신 법력과 걸림없는 자유를 저희들은 이제 깨달았습니다. 하지만 이제는 차마 그대로 볼 수가 없습니다. 그리고 대중들의 불만도 들끓고 있습니다. 여인을 절 밖으로 내보내시기 바랍니다."

 만공은 마음 속에 담고 있던 말을 한꺼번에 다 해버린 것 같아 한결 마음이 가벼웠다. 다만 속으로 무연대비(無緣大悲)의 사랑을 스님께서는 참으로 갖고 저렇게 실천하는 걸까 반문해 보았다. 일체에 걸림없고 속박이 없는 사랑을 무연대비라고 한다. 그러나 자비는 음욕의 탈을 쓴다고 했지 않는가. 제자의 말을 들은 경허는 마음이 허탈했다. 그렇다고 자기 행동을 합리화하기 위해 설득할 필요가 없었다. 만난 사람은 헤어지기 마련이다. 경허는 애처로운 눈빛으로 여인을 한번 쳐다 보았다. 그리고 혼자 독백했다. 무한한 사랑은 무한한 고통 속에서 온다. 너는 그 뜻을 깨달아야 한다. 갑자기 서글픈 생각이 엄습했다. 그러나 참고 말았다. 만공의 말을 들은 경허는 '하하하' 한바탕 웃고는 말했다.

 "만공 자네도 걸리는 경계가 많구만. 걸리는 데가 많으면 혐오감이 일어나지."

 경허는 태연한 모습으로 여인을 절 밖까지 전송했다. 마치 사랑하는 여인을 보내는 것 같은 석별의 아쉬움이 경허의 얼굴에 역력했다.

 여기까지 말을 끝낸 주모는 술잔을 기울이면서 말했다.

 "남자가 아무리 여자에 굶주렸다고 해도 문둥병 걸린 여자와 잠자리를 같이 할 수 있겠어요. 평범한 우리의 상상력으로는 이해할 수 없는 행동을 경허스님은 서슴없이 행동으로 옮겨요."

 공형사는 주모의 말을 다 듣고 나서 갑자기 경허를 만나고 싶은 충동이 일었다. 살인 용의자로 빨리 체포하겠다는 생각보다 걸림없이 떠돌고 있을 뿐 아니라 평범한 사람이 할 수 없는 일을 그만이 할 수 있는 힘이 어디서 솟고 있는가, 상면(相面)을 통해 확인해 보고 싶었다. 그러나 경허의 행적은 짐승이 발자국만 남기고 사라지듯 정확한 거처를 알 수 없었다.

 날이 밝아 천장암으로 올라가 경허의 모친을 참으로 어렵게 만날 수 있었다. 경허의 모친은 사람을 피했다. 특별한 이유가 있어서가 아니라 경허의 행동으로 인해 때로는 듣기 거북한 비판과 찬사를 들려 주었기 때문이다.

 그녀는 큰아들 태허(泰虛)스님보다 경허에게 깊은 모성애를 갖고 있었다. 가계의 몰락으로 도망치다시피 고향을 떠나 어린 동욱의 손을 이끌고 청계사까지 갔던 일들이 그녀의 뇌리에 깊게 각인되어 있었다. 더욱이 남편의 죽음이 병사가 아닌 그 당시의 부패한 정치와 가렴주구의 강제 세납(稅納)으로 인한 울화병을 끝내 참지 못하고 세상을 떠나게 한 원한을 가슴 깊이 간직하고 있었다. 그뿐 아니라 경허가 어머니의 바램과 같이 출세의 길을 택하지 않고 출가의 길을 선택한 것 역시 그녀에게는 한이 되어 있었다. 경허의 모친이 걸었던 비원(悲願)은 아들의 지속적 학문 추구와 더불어 출세의 길을 여는 신분상승 의지를 저버렸기 때문에 그녀는 아들 경허에 대한 듣기 거북한 소리가 들릴 때마다 혼자 눈물을 닦았다.

공형사는 겨우 경허의 모친을 상면할 수 있었다. 깨끗한 얼굴에 주름살이 몇 개 잡혀 있었지만 나이보다 훨씬 젊어 보였다. 젊었다는 표현보다 그녀의 얼굴에 강한 의지가 짙게 깔려 있어 젊어 보이게 했다. 그리고 다른 어머니한테서 발견할 수 없는 여유와 호방함이 있었고 참고 기다리면서 단련된 인내가 엿보였다. 공형사는 경허 어머니의 가슴을 열 수 없다는 것을 얼굴을 통해 깨달을 수 있었다.
 그렇다고 공형사가 신분을 먼저 밝힐 수는 없었다.
 "큰스님께서 절에 계시지 않은 모양이지요?"
 "어디서 찾아오셨는지."
 경계하는 눈초리로 신분부터 확인하려고 들었다.
 "큰스님께 법문을 들으려고 왔습니다."
 자신도 모르게 그럴싸한 말로 둘러댔다.
 "며칠 사이에 이곳에 들른 적은 없습니까?"
 "스님들 생활을 잘 이해하지 못하고 계시군요. 바람과 구름처럼 자유스럽게 떠돌아 다니는 것이 스님들의 생활입니다. 갈 때와 올 때도 마치 구름이 잠깐 머물다가 흩어지듯 사라져 버려요. 며칠 사이에는 온 일이 없습니다."
 "소식도 없었습니까?"
 "동학사에 계신 줄 알고 있어요. 법문 듣겠다고 온 사람이 행적을 자세하게 묻는 이유가 무엇입니까?"
 공형사는 자기 신분을 끝까지 감출 수 없었다. 솔직하게 신분을 밝혀야겠다는 생각을 했다.

"경찰서에서 왔습니다."
"아니 우리 동욱이한테 무슨 벌받을 일이라도 생겼단 말입니까."

경허 모친의 여유 있는 자세는 서서히 수세적 자세로 변했고 흥분을 감추지 못했다. 자식에 대한 애정 때문이었다.

"어머니께서는 아직 아무 이야기도 듣지 못하고 계시군요."
"살인했다는 그 이야기 말입니까?"

경허의 모친은 솔직하게 자기 심정을 털어 놓았다. 그러나 경허가 살인용의자가 분명히 아님을 확신하는 태도였다.

"그렇지 않아도 동학사에서 사람이 왔다 갔습니다. 영주라는 시자가 오지 않았느냐고. 경허스님도 시자의 행방을 찾았어요. 그런데 며칠이 지나 시자가 목매달아 죽었다는 이야기를 들었습니다. 우리 큰 스님께서는 어려서부터 자기 손으로 짐승 하나 죽인 일이 없어요. 나도 그 일이 어떻게 되었는지 궁금하게 생각하고 있었어요. 경허스님께서도 영주란 시자를 끔찍하게 생각하고 있었어요. 사랑하는 제자를 잃고는 식음을 전폐했다는 이야기도 듣고 있고 시자를 죽이고 도망쳤다는 이야기도 듣고 있습니다. 그러나 경허 스님께서는 시자를 죽이지 않았어요."

"의심나는 곳이 있습니까?"
"저는 동학사 사정을 잘 모릅니다. 다만 동학사에 허드렛일도 하고 부목도 하는 김씨 성을 가진 사람이 있었는데 절 물건을 자주 훔친 것을 영주사미께서 몇 번 그 현장을 목격해 큰스님께 말한 일이 있었다는 것을 지나가는 이야기처럼 스님들에게 들은 일은 있습니다만 그것은 오래되어서 잘 기억이 나지 않아요. 비록 제 아들이지만 내 품에서 열네 살 때까지 있었으나 지금은 부처님 제자이지 제 자식이 아닙니다. 특히 경허스님에 관한 부분은 만공·혜월·수월 세 제자스님들에게 들어야 정확할 것입니다."

"혹시 경허스님께서 쓰시던 물건이라도 있습니까?"

"여기에는 아무것도 없습니다. 입고 있는 옷 몇 벌이 전재산일 것입니다. 평소 제 몸뚱이라도 본래 제 것이 아니라고 법문을 했어요."

경허의 모친은 자식에 대해 숨길 것이 없다는 자세로 말했다. 다만 한 가지 혈육의 정이 남아 있을 뿐이었다.

공형사가 새롭게 발견하고 수사상 도움이 된 것을 얻었다면 동학사에서 부목을 했다는 김씨의 신분을 밝히는 일이었다. 어쩌면 이 사건을 해결하는데 뜻밖의 결과를 가져올 수 있다는 예감이 들었다. 경허란 인물을 추적하면서 느낀 일이지만 그는 수행자로서 때로는 품위를 지니고 있으면서도 때로는 파격적이고 야성적 행동으로 파계를 서슴지 않고 있었다. 그렇다고 그를 파계승으로 몰아붙일 만큼 경허는 부도덕하지 않았고 오히려 그의 걸림없는 행동은 도인으로 미화되어 있었다.

수사과정에서 한 인간의 행적을 추적하다 보면 겉으로는 고상한 품위를 지니고 있으나 뒤로는 추악하고 부도덕한 이면을 발견하는 일이 종종 있었지만 경허의 경우만큼은 특이한 데가 있었다. 그의 행적을 지금까지 추척한 결과를 보더라도 그는 수행의 일상에 안주해 있는 선사가 아니라 범인(凡人)들의 상상력을 뛰어넘는 행동을 자유스럽게 하고 있었다. 그래서 공형사를 더욱 미지(未知)의 숲으로 몰아넣고 있었다.

공형사는 다시 동학사로 가지 않을 수 없었다. 경허 자신이 사랑한 제자를 살해하지 않았다면 도망치거나 피신할 이유가 없었다. 해인사에 갔다면 지금쯤 동학사에 와 있을 수 있었다. 그리고 동학사는 경허스님의 깨침을 열어준 곳이었다. 그리고 동학사에서 무엇을 깨닫고 체험해서 그토록 불교계에서 존경받는 이유가 어디 있는가 추적하고 싶은 새로운 충동이 가슴 속에 일어났다.

지금까지 행적조사 결과로는 경허를 살인범으로 단정하기에는 많은 의문점이 제기되고 있었다. 어린 사미와 관계를 조사해 봤으나 특별히 원한 관계가 있는 것도 아니고 오히려 어린 시자를 지극히 아껴했다는 것이 공통된 증언이었다. 그뿐 아니라 경허의 경전실력과 오도(悟道)는 그 당시 스님들의 세계에서는 화제가 되어 있었고 우상적 인물로 미화되어 있었다. 도처에 그의 법문과 강의를 듣지 않은 스님들이 없었다.

경허는 그 당시 불교계 거목(巨木)으로 자리잡고 있었다. 그래서 절마다 그를 초청했고 그가 나타나는 곳에는 스님과 신도들이 구름처럼 모여 법문을 들었다. 이러한 덕망과 존경을 한몸에 받고 있는 경허가 우발적으로 시자를 살해했다고 믿기도 어려웠다.

공형사는 천천히 지금까지 행적조사 결과를 분석해 보았다. 그때였다. 그의 뇌리에 스쳐가는 영감이 있었다. 그것은 수사관으로서 추리 분석할 수 있는 예감이었다. 그것은 경허 모친이 흘러가는 말처럼 했던 동학사 김씨였다. 이름을 기억하지 못하고 성

(姓)만 김씨라고 했던, 김씨가 범인일 수 있다는 예감이 뇌리를 스쳐갔다. 특히 '김씨란 분이 도벽(盜癖)이 있었고 절 물건을 훔치다가 죽은 영주사미에게 들킨 일이 있었다'는 경허 모친의 말은 이 사건을 해결하는데 새로운 단서가 될 수 있을 것 같았다. 왜냐하면 김씨란 인물이 동학사에서 행자생활을 한 김도영이란 인물과 일치하는 데가 있었기 때문이었다. 그리고 김씨 할머니의 이야기처럼 서울서 취직해 있다고 한 사실도 의심나는 부분이었다. 그렇다고 김씨를 막연히 살인 용의자로 단정할 수 없었다. 공형사는 동학사로 가지 않고 K서(署)로 돌아와 그 동안 행적조사 결과를 수사과장에게 간단히 설명하고 김씨의 행적을 조사하기로 하고 그 동안 조사해 놓은 김씨 신원조회 내용을 다시 한번 훑어보았다.

'본적 충남 공주군 계룡면. 20세 이전까지는 고향에서 살다가 외지로 떠돌아다녔음. 그리고 한때 절에서 거주한 경험이 있음.'

김씨의 고향이 계룡면이라면 동학사와 행적구역상으로 바로 인접면이었고 갑사와 신원사가 있는 면(面)이었다. 그렇다면 누구보다 김씨는 이 일대를 잘 아는 인물일 뿐아니라 절 내용을 속속들이 알고 있는 인물이 분명했다. 공형사는 다시 동학사로 출장가기 위해 자리에서 일어섰다. 경허와 김씨의 행적조사를 하기 위해서라도 동학사를 가지 않을 수 없었다. 공형사는 머리를 흔들었다. 풀리지 않은 숙제가 있었다. 경허의 모친이 말한 김씨와 동학사에서 행자생활을 했다는 김도영이란 인물이 동일 인물인가 먼저 파악하는 것이 급선무였다. 그리고 몇 달 전에 동학사에서 절도혐의로 붙잡혀 온 김도행이란 인물과는 어떤 관계가 있는 가부터 파악해야 했다. 동학사에서 행자생활을 했다는 김도영이란 인적사항은 이미 파악돼 있었지만 그동안 행적수사를 하지 않아 동일인물인가 파악할 수 없었다. 다행스러운 것은 동학사에서 절도죄로 잡혀 온 김도행의 인적사항이 남아 있어 수사상 도움이 되었다.

공형사가 할 일은 두 가지였다. 김도행과 김도영이가 동일 인물인가를 파악하기 위해서는 사진으로 대조해 보는 일과 김도영의 행적수사를 하는 일이 남아 있었다. 다행히 김도영의 할머니한테서 받아온 김도영의 편지가 두 통이 있었기 때문에 행적 수사하는 데는 별 어려움이 없을 것 같았다. 그러나 편지 두 통 가운데 하나는 합천군 가야면 소인(消印)이 찍혀 있을 뿐 주소가 명확하지 않았고 한 통은 서울 주소가 명확하게 적혀 있었다. 공형사는 편지 두 통을 만지작 거리다가 뇌리에 스쳐가는 것이 있었다. 가야면이라면 해인사가 있는 면소재지였다.

그렇다면 김도영은 해인사에 갔을 것이다. 그곳에서 행자생활을 하고 있을 가능성이 크다. 그리고 경허스님을 만날 수 있을 것 같은 예감이 들었다. 먼저 해인사로 가는 것이 순서일 것 같았다. 서울 주소를 확인하는 일은 해인사 출장을 끝내고 조사를 해도 늦지 않을 것이다.

영주사미의 살인 용의자는 두 사람이 되었다. 동학사 일꾼으로 있었다는 김도영과 경허였다. 그러나 수사상으로는 경허에게 혐의가 더 많았다. 비록 경허의 제자와 그를 추앙하는 사람들이 살인혐의를 부인하고 있지만 구체적인 증거가 확보되기 전까지는 경허를 추적하지 않을 수 없었다.

그러나 경허는 바람이었다. 그는 자취를 남기지 않고 바람처럼 사라져 버리는 자유를 갖고 있었다. 그만큼 자신의 삶의 행적을 인멸시키는 데 천재적 재능을 갖고 있었다.

공형사가 합천 경찰서에서 김도영의 행적을 조사했으나 인상마저 기억하지 못하고 있었다. 우체국에 들러 사진을 보여 주었으나 기억하는 사람이 없었다. 공형사는 알 수 없는 분노에 사로잡혀 주먹을 힘껏 쥐어 보았으나 그것은 자신의 허탈을 극복하기 위한 몸부림에 불과했다.

해인사에도 경허는 머물러 있질 않았다. 그렇다고 해인사에 오지 않는 것은 아니었다. 마치 구름처럼 산봉우리에 머물러 있다가 바람처럼 사라지고 없었다. 그래서 공형사는 더욱 허탈했다. 자신의 신분을 누군가 엿보고 있다가 경허에게 알려주고 있는 것이 분명했다. 그러나 그것은 공형사의 지나친 망상이었다. 수사관으로서 추리에 불과했다. 한군데 머물러 있지 않은 승려의 운수적(雲水的) 자유가 공형사로 하여금 그러한 의심을 갖게 했다. 경허가 학명스님의 초청으로 대장경 불사에 참석한 것도 사실이었고 조실(祖室)로 한철 지낸 것도 해인사 스님은 증언해 주었다. 공형사가 해인사에 도착한 것은 낙엽이 물들고 있을 무렵이었다. 가야산이 붉은 낙조로 불타는 것 같았다. 소녀의 첫 진통이 있고 난 후 붉은 핏자국이 나뭇잎에 각인되어 있는 것 같았다. 공형사는 주지스님을 뵙지 못하고 어렵게 원주스님과 상면할 수 있었다. 불빛이 밀폐된 공간을 핥고 있었고 달빛이 월담을 하여 창문까지 찾아 들고 있었다.

　공형사는 자기 신분을 밝히고 경허스님에 대해 물었다. 그런데 살인범을 쫓고 있는 공형사가 오늘따라 힘이 없고 초라해 보였다. 그만큼 경허를 추적하는 데 힘이 소모되어 있었다. 질문하는 말에도 맥이 빠져 있었고 수사상의 핵심마저 잃고 있었다. 마치 경허의 생애에 자신도 모르게 빠져들어 동화되어 버린 느낌마저 들었다.

　"경허스님을 찾아오셨군요. 아, 참 경허스님을 찾아온 것이 아니라 체포하러 여기까지 오셨군요."

　원주스님은 빈정대듯 말을 했다. 비웃는 모습이 역력했다.

　"그렇습니다."

　공형사도 감정을 억제하지 못하고 원주의 말에 동의해 버렸다. 오기와 분노가 가슴 속에 일고 있었기 때문에 공형사도 경허를 체포하겠다는 의지를 보였다. 공형사의 흥분된 모습을 눈치챈 원주는 처음보다 진지한 자세로 말을 이었다.

　"경허스님은 이곳에 계시지 않습니다. 이곳에서 떠나신 지 열흘 쯤 되었습니다. 혹시 거짓말을 한다고 생각하실지는 모르겠지만 승복을 걸친 사람이 거짓말을 하는 것도 죄를 짓는 일입니다. 때로는 거짓말을 하기 위해 개차법(開遮法)을 쓸 수도 있습니다. 개차법이란 대의(大義)를 위해서는 때로는 거짓말을 할 수 있다는 뜻입니다. 그러나 분명히 거짓말이 아님을 믿기 바랍니다. 물론 수사관으로서 믿기 어렵겠지요. 이렇게 큰 절을 전부 수색할 수도 없겠지만 어느 한군데도 경허스님은 은신해 있지 않습니다. 그리고 범인이 은닉할 수 있는 곳은 여기만큼 좋은 데도 없을 겁니다. 저도 이곳에서 일년을 넘게 살았지만 해인사 구석구석을 살피지 못했어요. 그러나 경허스님이 은닉하기에는 이곳도 좁은 곳입니다. 중옷을 입고 있는 사람은 경허스님을 모르는 사람이 없습니다. 그만큼 거인(巨人)으로 자리잡고 있을 뿐 아니라 살인을 했다면 불교의 큰 행사에 참석할 수 없지요."

원주는 자신있게 말을 했지만 그 말속에는 공형사를 얕잡아 보는 저의도 담겨 있었다. 용기가 있으면 어디 절을 한번 수색해 보라, 경찰력이 못 미치는 성역이 있음을 은연중 과시하고 있었고, 또 한편으로는 경허는 불교계 거목이 되어 있기 때문에 숨어 있지 않다는 것을 강조했다. 그리고 원주의 말에 동감이 가는 부분도 있었다. 절의 영역이 넓어서 자신도 구석구석을 살피지 못했다는 것은 진실성이 있었다.

공형사는 김도영의 사진을 내밀며 혹시 이런 사람이 있느냐고 물었을 때 원주는 한참 동안 빛바랜 사진을 뚫어지게 쳐다보다가 '이곳에서 한 달 동안 행자생활을 하다가 손버릇이 나빠 스스로 나갔습니다' 하고 말을 했다. 공형사는 그 순간을 놓치지 않고 그때가 언젠가 하고 물었지만 원주스님의 대답은 맥이 풀리게 했다.

"큰 물건을 훔친 것은 아니고 손버릇이 나빴어요. 잘 기억이 나질 않습니다."

공형사가 기억을 잘 더듬어 보라고 간청을 해도 원주는 김도영에 대해 끝내 수사상 도움이 될 만한 것을 기억해 내지 못했다.

공형사는 속으로 김도영은 동학사에서 나와 이곳에서 행자생활을 하다가 서울로 간 것이 분명하다고 추리를 했다.
"경허스님은 이곳에 얼마나 계셨습니까?"
공형사가 김도영의 추리를 끝내고 경허스님의 행적조사에 필요한 것을 알기 위해 질문을 했다.
"경허스님은 이곳에 오래 머물지 않았습니다. 한철 남짓 살았습니다. 조실로 계시면서 많은 화제를 남기고 떠나셨지요."
"이곳에서도 파격적인 생활을 했나요?"
"그렇습니다. 저희들 안목으로는 이해할 수 없는 행동을 했습니다. 대중들이 때로는 당혹하여 비판이 일어나기도 했습니다."
"그러면 추방당했나요?"
"큰스님을 추방할 수 있나요? 만약 다른 스님이 경허스님과 같이 파계를 일삼았다면 몇십 번 절에서 쫓겨났겠지요."
경허의 파계는 파계의 차원을 넘어 무애의 자유로 승화되어 있었고 해탈의 위상을 확보하고 있어 누구 한 사람 경허를 탄핵하지 않았다. 오히려 그의 우주적 애정 속으로 많은 사람들이 귀의하고 있었다.
"여기서도 술을 마셨습니까?"
"술뿐이 아닙니다. 저녁마다 술에다가 닭까지 잡아먹었습니다."
원주의 말에는 불만이 섞여 있었다. 술마신 것은 이해할 수 있으나 닭까지 잡아 먹은 것은 용납할 수 없다는 단호한 뜻이 담겨있었다.

"절에서 살아있는 닭을 잡아먹는 것은 살생이 아닙니까?"
"절에서 살아있는 생명을 죽인 것은 아닙니다. 그러나 설사 절에서 살생을 하지 않았다 할지라도 마을에 가서 닭을 잡아오는 것도 살생입니다. 그런데 큰스님의 파계를 부추기고 동조하는 사람들이 덕망있고 존경받는 사람들입니다."
"살생을 하고 술을 마신 것은 불살생(不殺生)·불음주(不飮酒)의 계율을 파했군요. 그리고 근본계(根本戒)를 어겼으니 중죄(重罪)를 지었군요."
"계율로 따지자면 중죄를 지은 것이지요."
원주는 경허의 파계를 못마땅해 하고 있을 뿐 아니라 무애행으로 치부되는 것도 인정치 않고 있었다.
경허가 해인사 조실로 있을 때 그의 곁에는 한국 불교 선종의 거목들이 있었다. 그리고 그 당시 주지는 남전이었다. 남전은 현재 강석주(姜昔珠) 노사의 은사이며 선학원(禪學院)의 창건주이다. 이때 경허를 시봉한 사람은 경허의 법을 전수받은 제산(齊山) 선사였다.
제산스님은 자정이 넘으면 마을로 내려갔다. 대중들이 잠든 사이를 이용해 마을로 가서 술을 사고 안주감을 구했다. 적당한 안주가 없을 때는 닭을 잡아서 백숙을 만들어 경허스님에게 바쳤다.
"허허…… 오늘 저녁은 만반진수로다. 오늘 법회에는 일체제불과 보살들이 증명하시겠다. 이 만반진수가 차려진 법회에 어찌 불보살이 감흥치 않으리요. 대화엄법회로다."
경허는 제산스님이 차려온 술상을 보고 환희용락하면서 대화엄법회라고 감동했다. 그리고 소중한 물건을 다루듯 술을 천천히 마셨다. 그의 주량은 일반 사람과 비교되지 않았다. 비록 천천히 마시고 있었지만 큰 술동이가 바닥이 나야 술을 마시지 않았다. 그렇다고 취하지도 않았다. 항하수(恒河水) 물을 마시듯 한없이 마셔도 그의 얼굴에 취기가 일지 않았다.

제산스님의 술 심부름은 한철 동안 계속되었다. 그러니까 저녁마다 제산스님은 경허를 위해 술상을 준비한 것이다. 드디어 대중들이 이 사실을 알고 경악을 금치 못했고 주지인 남전스님은 제산(齊山)에게 확인했다. 제산은 미안하다는 표정은 커녕 큰스님 시중 든 일이 무슨 잘못이 있느냐는 표정이었다. 남전은 어이가 없었지만 참고 말았다. 사실로 확인된 이상 문제를 확대시키고 싶지 않았다. 그렇다고 조실로 계신 경허스님을 대중과 더불어 추방할 수도 없었다. 다만 경률론(經律論) 삼장(三藏)을 달통하고 계신 경허스님이 날마다 술을 마시는 일이 이해되지 않았다. 때로는 살생하지 말라고 강조하는가 하면 술을 마시게 되면 아울러 여러 계율을 어기게 된다고 훈시적으로 강조하던 분이 경허스님 아니던가.

술을 마셔 취하게 되면 고기를 먹게 되고 살생까지 하게 된다. 그리고 욕정이 일어나 여자를 범하게 되어 불음계(不淫戒)를 파하게 된다. 그래서 술을 먹지 말라고 한 것이다. 술을 경계하기 위한 잔인한 비유도 많다. 술을 마시면 죽어서 똥물지옥에 떨어지는가 하면 술을 남에게 권하는 것 역시 오백 년 동안 손이 없는 과보(果報)를 받게 된다고 교훈적으로 강조하고 있다. 술은 불가

(佛家)에서만은 절대적으로 먹어서는 안 될 음료이며 술을 마시는 것은 계율적 차원을 넘어 지옥에 들어가는 원인 제공이 된다. 일반적으로 볼 때 술은 불행의 일시적 중절 효과를 가져올 뿐 아니라 낭만과 여흥을 일으키는데 적당한 음료이다. 그래서 한잔 술은 더없는 우정을 낳게 하며 삶의 휴식을 제공하는 효과도 있다. 또한 술은 새로운 행동의 가능성에 대한 충동이기도 하다. 사람들은 무슨 일을 할 때 비장한 결의를 하게 한다. 그 결의 자체가 행동의 첫걸음이기도 하다. 그런데 이 결의를 옮기기 전에는 술 한잔이 있다. 때로는 술 한잔으로 죽음을 각오하는 힘을 강화시키는 원인이 되기도 한다. 이러한 일반적 술의 의미와 달리 계율적 인과는 납득하기 어려울 만큼 잔인하다. 그래 중이 술을 마시면 똥물지옥에 가고 다른 종파의 성직자가 술을 마시면 어떤 지옥에 간다고 설명할 것인가. 여기에는 설득력 있는 반론이 얼마든지 제기될 수 있다.

경허가 술을 마시는 것은 바람과 구름이 만들어 낸 고독을 극복하기 위해서이다. 그리고 불음주에 대한 인과적 도전과 반론을 제기하고 있음을 알아야 한다.

남전스님은 주지로서 낭패한 생각이 들었지만 대중을 설득하고 오히려 자신이 경허의 무애행을 이해하고 찬탄하는 데 경도되고 말았다. 그만큼 경허는 자신의 허물을 소멸시키는 천재적 재능을 갖고 있었다. 술로 인해 경허는 상처받지 않았다. 오히려 경허 자신의 허물 속에 비판하는 무리를 포용해 버리는 자비가 있었다. 그래서 경허가 마시는 술은 온갖 여자와 향수로 절어 버린 방황자의 술이 아니었고 사랑하는 사람을 잃은 절망자의 술도 아니었다. 남전스님의 설득으로 대중들의 불만은 진정되었다. 이로 인해 대중들 역시 경허의 음주가 허물로 인식되지 않고 무애적 자유로 이해되었다.

대중들의 불만이 사라지자 남전과 제산, 그리고 만공은 자리를 같이했다. 세 사람은 경허에 대해서 찬탄과 찬사를 아끼지 않았다. 그것은 경허에 대한 맹신(盲信)이었다. 경허는 이 세 사람에게 철저한 의식화 교육을 시켜 놓은 것 같았다. 이 세 사람은 경허에 대한 비방을 듣고는 그저 앉아 있을 수 없다고 비분강개했고, 그만큼 경허불교에 경도되어 있었다.

먼저 제산스님이 입을 열었다. 흥분된 목소리였다.

"누가 뭐라 해도 경허스님께 나는 계속 곡차와 닭고기를 공양해 올릴 것입니다."

아무리 큰 저항이나 비방이 있다 할지라도 경허에게 술과 닭고기를 바치겠다고 단호한 결의와 의지를 보였다. 아예 파계라는 도덕적 윤리적 책임감을 갖고 있지 않았다. 제산의 이러한 의지를 파악한 남전 역시 덩달아 춤을 추는 격이었다. 오히려 남전의 흥분은 더 발전되어 있었다.

"경허스님과 같은 큰스님을 위해서라면 닭뿐 아니라 소라도 잡아 올리겠습니다."

제산과 남전은 살생을 서슴지 않겠다는 맹신의 의지를 드러내놓고 있었다. 참으로 이해되지 않는 광적(狂的) 일면을 보는 것 같았다. 그런데 만공은 제산과 남전보다 더 경허불교에 사로잡혀 있었다.
 "나는 경허스님을 위해서라면 만약 전쟁이 일어나 깊은 산중에 있게 되어 양식이 떨어져 공양을 올릴 수 없게 되면 나의 살점을 도려서라도 스님 생명을 유지하게 하여 세상에 나가 중생을 제도 하시게끔 해드릴 자신이 있습니다."
 경허를 위해서라면 자기희생도 불사하겠다는 단호한 신념을 위법망구(爲法忘軀)의 정신으로 이해하기에는 문제가 있었다. 스승을 위한 헌신적 태도는 이해가 되었으나 이들의 말 가운데는 논리적으로 설명되지 않은 모순이 있었다.
 공형사는 원주의 말을 듣고 깊은 절망 속으로 빠져드는 것 같았다. 이와 같이 경허를 맹신하고 있는 사람들에게 경허의 행방을 묻고 있는 자신이 한없이 어리석었다. 설사 해인사에 경허가 있다고 한들 이들은 자신이 영주사미를 살해했다고 나설 사람들 같았다.
 "경허스님은 해인사에 오지 않을 것입니다."
 원주가 태연한 자세로 말을 했다. 그는 경허불교를 이해하지 않고 있었으나 경허가 범인이 아니란 확신을 갖고 있었다.
 "특별한 이유라도 있습니까?"
 그의 질문은 맥이 풀려 있었다.
 "대중이 많은 곳에는 경허스님 같은 무애행은 찬반의 논란이 일어나기 쉽습니다. 그것을 경허스님은 잘 알고 계실 것입니다. 그리고 경허스님은 모친이 계신 천장암에 가 있을 것입니다. 모친에 대한 효성이 깊어요. 그리고 경허스님의 운수행을 도망이란 의미로 받아 들이지 마세요. 그는 도망칠 만큼 작은 가슴을 지닌 사람이 아닙니다. 그리고 누구보다 우주의 섭리를 잘 알고 있을 뿐 아니라 그 이치를 거역하지 않고 있습니다. 운수란 의미를 떠돌아다닌다는 단순한 의미로 파악해서는 안 됩니다. 구름과 바람에 형체가 없기 때문에 자유를 누릴 수 있듯 경허는 그 운수의 자유를 누리고 있어요."

"그러면 제가 구름과 바람을 좇고 있다는 겁니까?"

"저의 눈으로는 그렇게 보여요. 그래서 공형사는 경허가 사라진 후에 나타나게 됩니다."

원주는 공형사의 마음을 훤히 들여다보며 말을 하는 것 같았다. 경허를 잘못 인식하지 말라는 경고에는 동의하지 않을 수 없었다. 겉으로는 경허의 영혼이 정처없이 떠돌고 있는 것이 아닌가 의심이 되었지만 실제 그는 바람과 구름이 되어 있었다. 그래서 경허의 삶에는 집착이 보이지 않았다. 한군데 집착이 없기 때문에 경허의 자성(自性)과 영혼은 어느 곳에나 머물고 쉴 수 있었다. 공형사는 자리에서 일어서려다가 다음과 같은 어리석은 질문을 했다.

"경허와 같이 술과 여자, 고기를 자유스럽게 먹은 고승(高僧)들이 있었습니까?"

수사에 아무 도움이 되지 않는 질문을 한 공형사의 마음이 답답했다. 그의 가슴에는 공허한 비애가 찾아들고 있었다.

"경허보다 술·고기·여자에 탐닉한 전설적인 인물이 있었지요. 그렇다고 역사에 없는 인물은 아닙니다. 바로 그가 진묵선사

(震默禪師)입니다. 진묵이 남긴 무애적 일화는 그를 신비를 갖춘 전설적인 인물로 만들고 있어요. 경허보다 훨씬 술을 좋아했지요. 그러나 진묵은 술이라고 하면 마시지 않고 곡차(穀茶)라 하면 먹었습니다. 한번은 어떤 중이 술을 거르는데 술 향기가 사방에 가득하여 사람을 얼큰하게 했습니다. 진묵은 지팡이를 짚고 가서 자네는 무엇을 거르는가 하고 물었습니다. 그때 중이 술을 거른다고 대답하자, 진묵은 실망스런 표정으로 돌아왔습니다. 잠깐 쉬었다가 다시 가서 자네는 무엇을 거르는가 하고 물었지요. 중은 똑같은 대답을 했습니다. 곡차라고 대답하기를 기다렸으나 중은 고집스러울 정도로 술을 거른다고 했습니다. 끝내 진묵은 술을 마시지 못했으나 그 중은 진묵이 돌아가자 신장(神將)의 철퇴를 맞아 쓰러졌다는 일화가 있습니다.

그리고 어느 날 진묵이 길을 가고 있었습니다. 소년들이 갯가에서 물고기를 잡아 끓이고 있음을 발견하고 그 곁으로 갔습니다. 진묵은 가마솥을 바라보며 '좋은 물고기들이 무고하게도 가마솥에 삶아지는 고통을 받는구나' 하고 중얼거렸습니다. 그때 한 소년이 진묵에게 '스님께서 이 고깃국을 잡숫겠습니까' 하고 희롱하듯 묻자, 진묵은 '내야 잘 먹지' 하고 장난삼아 대답했습니다. '그러면 이 고깃국을 스님에게 올리겠습니다' 하고 소년들이 말을 하자, 진묵은 가마솥을 번쩍 들어 입에다 대고 삽시간에 꿀꺽꿀꺽 깡그리 삼켜 버렸습니다. 이에 소년들이 놀라면서 진묵을 훈계하듯 희롱했습니다. '부처님은 살생을 경계했는데 고깃국을 마셨으니 어찌 스님이라 할 수 있습니까' 진묵은 '죽은 자는 내가 아니지만 살리는 일은 내가 할 것이다' 하며 허리띠를 풀고 방분(放糞)을 하기 시작했습니다. 엉덩이의 허연 살이 보였습니다. 소년들은 진묵이 똥을 누는 것이라고 생각하고 있다가 항문에서 비늘이 찬란한 물고기들이 쏟아져 나오는 것을 보았습니다. 소년들은 경악하여 그물을 챙기고 달아나 버렸다고 합니다. 좀 과장된 일화이고 전설 속에서나 가능한 이야기입니다.

그뿐 아니라 진묵은 신비스런 전설을 만드는 마력을 지니고 있어요. 그가 상운암(上雲庵)에 있을 때였습니다. 흉년이 들어 먹을 것이 동이 나 있었어요. 스님들은 걸식을 떠나고 진묵 혼자 절을 지켰습니다. 달포가 지나서야 바랑에 보리 몇 말씩을 지고 돌아왔습니다.

스님들이 절로 돌아왔을 때 진묵은 문턱을 짚은 채 벽에 기대고 조는 듯 앉아 있었어요. 얼굴에는 거미줄이 어지럽게 얽혀 있었고 옷에는 먼지가 자욱하고 또 손등에는 피가 흘러서 말라붙어 있었습니다. 열어놓은 문이 바람에 여닫히면서 문턱을 짚고 있던 진묵의 손등을 쳐서 피가 흘렀던 것입니다. 그는 삼매 속에서 자기를 비워 무아(無我)가 되어 있었어요. 스님들이 진묵이 입적한 것이 아닌가 흔들어 깨우자 그는 눈을 뜨고 "아아, 너희들이 벌써 왔구나 어찌 이렇게 속히 다녀왔느냐"고 되물었습니다. 진묵은 삼매를 이루어 자기와 시간을 잊어버리고 있었던 것입니다.

비록 과장된 일화이고 전설적인 이야기이지만 한편으로는 생생한 감동을 일으키게 하는 면도 있습니다. 전설로만 치부할 수 없는 초탈적 자유가 진묵에게는 있었습니다. 그렇다고 경허가 진묵의 무애자유를 흉내내고 있는 것은 아닙니다. 경허의 운수적 삶을 이해하는데 도움이 될 것입니다. 그런데 경허스님께서 출가하고부터 무애의 자유를 누린 것은 아닙니다. 그가 체험한 견성 실험은 초인적 감동을 불러일으키고 있습니다."

공형사는 자신도 알 수 없는 미궁으로 빠져들고 있음을 깨닫고 있었지만 경허의 오도적 체험과정을 듣지 않을 수 없었다.

경허의 수행과정을 보다 상세하게 듣기 위해서는 동학사로 다시 가지 않을 수 없었다. 마치 다람쥐 쳇바퀴 도는 기분이었다. 원주에게 인사를 마치고 문밖으로 나왔을 때 햇볕이 소나기처럼 쏟아져 내렸다.

## 미완(未完)의 초인

공형사가 동학사에 도착했을 때는 오후 다섯 시가 넘어 있었다. 초가을 햇볕이 길가에 코스모스와 함께 고립되어 사금(沙金)처럼 빛나고 있었다. 벌써 산에는 낙엽이 물들고 있었고 낙엽이 물들어가는 산은 부서지는 파도 속의 인광(燐光)처럼 붉은 빛으로 타오르는 것 같았다. 시원한 가을바람이 이마 끝을 스쳐갔다. 가을바람에는 떠남의 마력이 섞여 있다. 그래서 가을에 이루어지는 별리(別離)는 슬프다.

공형사는 어렵게 처음 만났던 스님을 만날 수 있었다. 그는 입승(立繩)이라는 소임을 맡고 있었다. 단체의 규율을 다스리는 소임이었다.

"오랜만입니다. 아직 큰스님께서 오시지 않았습니다."

"아직까지요?"

공형사가 실망스런 표정으로 말끝을 맺지 못했다. 전신에서 힘이 빠져나가 쓰러질 것 같았다.

"나고 죽음에서 벗어난 사람은 조급할 것이 없어요. 한군데 집착도 하지 않을 뿐 아니라 오고 감에 걸림이 없지요. 그래서 수행자의 삶을 운수(雲水)라고 했지 않습니까? 참, 범인은 잡았습니까?"

경허스님이 계시지 않는다는 말에 공형사는 영영 헤어나올 수 없는 미궁 속으로 빠져드는 것 같았다. 그러나 공형사도 서두르지 않기로 결의를 다졌다. 이번 사건은 어쩔 수 없이 장기화될 조짐을 처음부터 보였고 영구미제사건이 될 가능성도 있었다. 다만 한 가닥 희망을 갖는 것은 김씨의 행적을 통해 이번 사건이 해결될 수 있다는 막연한 예감을 갖고 있었다.

그리고 경허란 인물을 파악하기 위해 출가에서부터 오도과정과 무애의 자유를 누리는 비결이 무엇인가 그 비밀을 아는 일이 시급했다. 그래서 공형사도 서두르지 않기로 마음을 먹었다. 특히 동학사에 도착하고부터 조급했던 마음이 서서히 안정되었고 경허스님을 추적하기 위해서는 스스로 고행자가 되지 않고는 힘들다는 것을 깨달았다.

"경허스님께서 이곳에 몇 살때 오셨고 몇 년이나 계셨습니까?"
공형사는 초보적인 질문부터 시작했다.
"벌써 오랜 시간이 지났습니다. 시간으로 따지자면 전생일 일수도 있습니다. 당신이 태어나기 전에 큰스님께서 이곳에 오셨습니다. 시간이란 기다리는 사람에게는 지루합니다. 한 생각 속에 무량한 시간이 숨어 있고 무량한 시간도 일순에 지나갈 수 있어요. 마음을 비우지 않고 괴로움으로 사람을 기다리고 찾다보면 한없이 그 시간은 깁니다. 지금 우리가 말하는 순간 속에서도 과거 현재 미래의 삼세(三世)가 이루어지고 있지 않습니까?

그래서 당신이 찾고 있는 인물은 전생(前生)의 인물일 수도 있고 과거의 인물일 수도 있습니다. 당신이 찾고 있는 경허스님은 현시대 인물이고, 말을 해 놓고 보니 경허스님이 세 사람이 되고 말았군요. 전생의 경허, 과거의 삶을 살고 갔던 경허, 현재 생존해 있는 경허, 이 세사람의 경허 가운데 당신은 어떤 경허스님을 찾고 있습니까?

옛날 중국의 덕산(德山)스님께서 바로 이러한 내용에 대답을 못한 일이 있지요. 덕산스님도 경허스님과 같이 성격이 급하고 야성적인 데가 있었어요. 제불보살(諸佛菩薩)을 부정했을 뿐 아니라 나한을 밑씻개로 비하시켜 버렸으니까요. 그분의 선지(禪旨)를 알 만하지요. 바로 그 덕산이 숭신(崇信)선사를 찾아가다가 변을 당했어요.

점심때가 되어 길가에서 떡을 팔고 있는 할머니에게 떡값이 얼마냐 물었을 때 그 할머니가 떡 팔려는 생각을 않고 대뜸 하는 소리가 스님께서 제가 묻는 말에 대답만 잘하면 떡을 주겠다고 덕산의 신경을 건드렸어요. 덕산은 어이없는 표정으로 질문 내용이 무엇인지 모르겠지만 질문하라고 재촉을 했지요. 그때 할머니는 다시 덕산스님에게 등에 지고 있는 것이 무엇이냐고 물었습니다. 덕산이 등에 지고 있었던 것은 자신이 일생동안 연구했던 금강경소(金剛經疏)였습니다. 그러니 얼마나 덕산스님이 자신만만했겠어요. 덕산은 솔직하게 금강경이라고 대답했지요.

떡장수는 바로 그 금강경 속에 있는 내용을 물었습니다. 과거에도 마음이란 것은 얻을 수 없고 현재에도 그 마음을 얻을 수 없고 미래에도 마음을 얻을 수 없는데 스님께서 떡을 살려고 하는 그 마음은 현재 마음입니까, 과거 마음입니까, 미래 마음입니까

라고 물었습니다. 덕산의 오만이 할머니 앞에서 꺾이고 말았지요. 그는 끝내 대답을 못하고 말았어요. 과거는 지나가 버렸고 현재는 머물러 있지 않고 미래는 다가오지 않았으니 현재의 마음이라고 말할 수도 없었어요. 아까도 말했지만 우리가 말하는 이 순간에도 과거 현재 미래인 삼세(三世)가 수십 번 이루어지고 있어요. 그래서 현재라고 해도 법거래(法去來)의 문답에는 맞지 않습니다.

그렇다면 공형사가 찾는 경허는 과거의 경허요, 그렇지 않으면 현재의 경허요. 과거의 경허는 분명히 1849년 출생해서 1912년에 입적했으니 없고 현재의 경허는 살인 용의자가 되어 추적당하고 미래의 경허는 아직 태어나질 않았습니다. 그렇다고 갑자기 경허란 인물이 셋이란 이야기는 아닙니다.

이 도리를 깨달아야만 경허스님을 만날 수 있을 거요. 저도 아직 이 본분소식(本分消息)을 깨닫지 못하고 있습니다.

이 어려운 이야기를 한 이유는 우리가 살아있다고 떠들어대고 있지만 본래의 출처(出處)를 모르고 죽어도 가야 할 곳을 알고 있는 사람이 있습니까? 부모미생전소식(父母未生前消息), 부모가 태어나기전에 우리들의 본래 모습을 알고 있는 이는 몇 사람 되지를 않습니다. 이 도리를 깨닫고 사는 분이 바로 경허스님입니다. 저도 공형사에게 부탁을 하자면 하루속히 범인을 잡아 큰스님의 누명을 벗겨 주십시요. 큰스님께서 동학사로 온 것은 열네 살 때입니다. 그리고……."

공형사의 머리는 갑자기 혼란이 일어났고 무서운 함정에 빠진 기분이었다. 그것을 당장 설명할 수도 없었다. 자신이 찾고 있는 경허는 과거 인물이란 말인가. 아니다. 그렇지 않다. 살인현장을 목격했지 않는가. 공형사는 마치 꿈속에서 경허를 찾아다니고 있는 것 같았다. 여기서 독자도 마찬가지다. 소설의 구성이 어떻고 시점(時點) 이동(移動)과 시대적 배경이 어떠하다고 입을 열지 말라. 경허란 인물만 추척하라.

공형사는 입승스님의 이야기를 듣지 않을 수 없었다. 수사상의 초점이 흐려지고 있었으나 조급하게 서둘러 일을 망치고 싶지 않았다.

경허는 스승 태허스님의 편지를 들고 당대 최고의 강백(講伯)인 만화(萬化)스님 앞에 세 번 절을 하고 꿇어 앉았다. 만화스님의 얼굴에 눈썹이 유달리 많았다. 그리고 검은 눈썹 가운데 흰 털이 제법 많이 섞여 있었다. 혁혁한 눈빛과 자비와 근엄이 한데 뭉쳐 있는 얼굴 표정은 아주 여유가 있어 보였다. 거기다가 적당한 생존을 유지하기 위해 툭 튀어나와 있는 굵은 뼈마디가 인상적이었다.

"성(姓)은?"

"여산 송씨이고 이름은 동욱이고 법명은 경허입니다. 그러나 청계사에서 처사에게 사서삼경과 초발심자경문과 치문(緇門)을 읽으며 혼자 깨달은 것인데 송씨 박씨 김씨는 본래 저의 성이 아니고 불생 불멸한 본래 성(性)을 배우고 깨닫기 위해 이렇게 찾아 왔습니다."

"그래, 말은 틀리지 않으나 네가 배워 가야 할 길은 아직 멀고 아득하다. 깨닫는 일은 문자(文字)로써 되지 않고 스스로 체험하고 자증(自證)해야 돼. 출가란 위대한 버림이다. 단순히 집에서 몸만 빠져 나왔다고 출가가 이루어진 것이 아니야. 세속의 인연의 속박과 일체 번뇌에서 자유스러워야 된다. 마음 속에 애욕을 품지 않은 것이 사문(沙門)이라고 했지 않느냐.

그러나 애욕을 끊기가 그리 쉬운 일이 아니다. 사랑을 해보지 않는 놈이 어찌 세속의 애욕이 나쁘다는 것을 깨달을 수 있겠느냐. 그리고 세속을 생각치 않은 것을 출가라고 했는데 부처님이 깨달은 정각(正覺)은 세간(世間)과 출세간(出世間)을 다 포함하고 있다. 내가 너한테 해야 할 일은 부처님이 말씀하신 경전(經典)을 가르치는 일이다. 체험하고 깨달아야 할 일은 네 몫이야."

만화강백(萬化講伯)은 경허가 뛰어난 재질을 갖고 있음을 한눈에 간파했다. 잘 다듬으면 훌륭한 법기(法器)가 될 만했다.

경허의 배움은 서서히 깊고 넓음을 이루어갔다. 일문천오(一聞千悟)하는 천부적 재질로 항상 남보다 앞서갔다. 거기다가 경허의 노력이 첨가되었다. 자는 시간과 예불(禮佛) 시간을 빼고는 그는 책을 손에서 놓질 않았다. 자신의 육신을 잔혹할 만큼 혹사시켰다. 때로는 산에 가서 나무를 해오다가 넘어지기도 했고 밥을 하다가 깜박 졸아 밥을 태우기도 했다. 몸에 붙어 있는 살점이 빠져 나갔다. 돌아가신 아버지와 청계사에 계신 어머니를 생각하며 절을 했고 훌륭한 출가자가 되겠다는 서원(誓願)을 갖고 수천 배를 했다. 그때마다 무릎이 헤어졌다. 스스로 육신이 버틸 수 있는 한계가 어디까지인가 자문(自問)하면서 혹사시켰다.
 한번은 경허가 법당에서 절을 하다가 피로에 지쳐 그 자리에 쓰러져 의식을 잃어버린 때도 있었다. 스님들이 그가 죽었다고 애석함을 느낄 때 경허는 동면(冬眠)을 하고 깨어난 짐승처럼 눈을 뜨고 일어나기도 했다. 그가 만화에게 배운 것은 사집(四集)이었다.
 계룡산 단풍이 세 번 물들고 삼년이 지나갔다. 이때부터 그의 천부적 재질은 남이 따르지 못했다. 남이 하나를 알 때는 경허는 열을 알았고 남이 열을 알 때는 경허는 백을 알고 있었다. 그의 지적(知的) 발걸음은 너무 속도가 빨랐다.
 경허는 사집을 배우고 대교과(大敎科)를 배우기 시작했다. 만화스님도 그의 재주에 혀를 내둘렀다. 배운 것은 모조리 암기해 버렸고 시간이 나면 다른 책을 볼 때가 많았다.
 "마치 불가사리 같다."
 경허 앞에 만화가 농을 했다.
 "네?"
 경허가 반문을 하자 만화는 '하하하' 한바탕 웃고나서 말했다.
 "쇠뭉치를 삼키고 있는 불가사리 같다는 말이다."
 "누가 말입니까?"
 "네놈이 말이야."
 스승이 극찬을 하자 경허는 미안한 듯 머리를 긁적거리며 스승 앞을 물러섰다.
 만화는 경허의 천재적 재능을 놓고 불가사리에 비유했다. 그만

큼 경허는 배우는 것은 모조리 외워서 자기 것으로 소화해 버렸
다. 그리고 그의 육체적 성장도 빨랐다. 태어날 때부터 거인(巨
人)이라고 부를 만큼 경허의 체구는 날이 갈수록 성장이 빨랐다.
 "원효의 후신(後身)인가? 그렇지 않으면 의천(義天)이 다시 환
생한 것인가."
 만화스님은 경허의 재주에 탄복하면서 경허를 원효에 비유하
다가 끝내는 고려의 의천 대각국사에 비유했다. 경허의 재능은
안팎으로 전해졌고 그 자신도 상대의 따가운 시선을 받기 시작했
다. 그리고 자기 내면에서 인간의 욕망과 본능이 서서히 고개를
들고 일어나고 있었다. 애욕을 끊어야 한다. 마음 속에 자리잡고
있는 허전함과 공허를 달래기 위해 술을 마셔도 안 된다. 본능적
욕구를 충족시키는 것은 파계이다. 춥고 배고픔도 잊어야 한다.
세속을 그리워하는 마음도, 포근하고 따뜻한 여인의 품속도, 보
들보들한 비단옷도 모두 그리워해서는 안된다. 마음에 번뇌가 스
며든 것이다. 비록 창자가 끊어지는 배고픔이 있더라도 참아야
하고 일체 세속의 그리움을 생각해서는 안 된다는 서원(誓願)을
했지 않은가. 이러한 번뇌를 끊고 침범치 못하기 위해 마음이 나
태해서는 안 된다고 부처님이 강조하신 것이 아닌가. 마음이 나
태하거나 용기를 잃게 되면 본능적 고통이 일어나기 마련이다.
 경허는 처음으로 낮에 동갑나기 여자를 만날 수 있었다. 그렇
다고 말 한마디 건네 본 것도 아니었다. 다만 눈빛이 마주쳤을 뿐
이었고 그 눈빛이 전생에 본 듯한 착각을 갖게 했다. 바로 그것이
여자에게서 오는 고통임을 깨달았지만 마음 속에서 잊혀지지 않

았다.

 그날 밤 경허는 꿈 속에서 낮에 본 여자를 만나 숲속을 같이 걸었고 끝내는 여자를 껴안는 꿈을 꾸었다. 여자에게서 달콤한 향기가 났다. 부끄러운 듯 표정을 지으면서 겨드랑이를 헤집고 품 안에 안겨드는 여자의 가슴을 물끄러미 내려다 보았고 저고리섶 사이로 드러난 젖무덤 때문에 색정이 동했다. 여자의 몸에서 복숭아꽃 향기가 났다.
 경허는 여자의 귓볼에다 가만히 코를 갖다 댔다. 목덜미에서 배꽃냄새가 났다. 여자의 향긋하고 풍만한 육체가 목젖 속까지 파고들었다. 경허는 그만 몽정(夢精)을 하고 말았다. 사타구니 밑이 축축히 젖어 있었다. 세상에 태어나 처음 여자를 체험한 것이다. 그러나 그것은 현실이 아닌 꿈이었다. 경허는 속으로 생각했다. 그것은 경허의 자책과 참회였다. 원효가 말하지 않았던가. 아무리 재주와 학문이 뛰어나고 많이 알고 있더라도 계행(戒行)이 없으면 보배 있는 곳에 가려고 해도 갈 수 없다고 말이야. 그리고 스승 만화스님도 말했지 않은가. 알기는 쉽지만 그것을 체험하고 깨닫고 실행에 옮기기가 어렵다고 고구정녕 말한 뜻을 알 것 같았다.
 경허는 찬물로 목욕을 하고 그곳을 깨끗이 씻고 씻었지만 마음 속에 그 여자의 환영은 지워지지 않았다. 그래서 사문은 재물과 여자를 독사 보듯 하라고 가르치는 뜻을 알 것 같았다. 그러나 마음 속에 뿌리 내려진 애욕은 사라지지 않았다.
 "스님, 꿈에 몽정(夢精)을 한 것도 파계이지요?"

"그래, 여자를 범했다면 파계이지. 벌써 네 마음 속에 색정이 찾아든 모양이야. 수행인이 제일 참기 어려운 것이 색정이야. 그것은 인간의 순수한 본능적 욕구이기도 하지만 출가자(出家者)는 여자를 범해서는 안 된다. 너 스스로 참회를 하라. 그렇다고 단숨에 애욕과 본능이 없어지지는 않는다. 그래서 인욕(忍辱)이 필요하다. 참고 견디는 일에 익숙해야 한다. 참는다는 것은 용서한다는 의미도 있다. 계율이란 도덕적 의미와 윤리적 의미가 함께 있다. 그러나 네가 배웠듯이 개차(開遮)를 잘해야 한다. 개차란 단순히 열고 닫는다는 의미만 갖고 있는 것이 아니라, 큰 것을 위해서는 범할 줄 알아야 하고 진실을 위해서는 목숨을 잃더라도 계율을 어기지 말아야하는 것이다. 그러나 계율에 얽매여 자기를 잃지 말아라. 따지고 보면 계(戒)란 근원으로 돌아가는 데 있어 뗏목에 불과하다.

조선후기에 진묵스님이 계셨다. 너무 생활이 자유분방하여 한 군데 얽매이거나 집착하기를 싫어했다. 진묵스님은 스스로 불교가 만들어 놓은 제도의 틀 속에 살지 않고 그 자신이 스스로 자유를 만들며 살았다. 조선조시대 대표적 기승(奇僧)이며 걸림없는 자유를 생활 속에 구현한 선승(禪僧)이지.

어느 날 진묵스님은 어떤 과부와 몸을 섞고 있었는데, 과부의 몸에서 열기가 일고 불덩어리처럼 달아오르자 진묵도 그 황홀 속에 빠져 들어갔어. 그때였지. 옆에 서 있는 감나무에서 감이 떨어졌어. 진묵은 그 짓을 하다가 몸을 일으켜 떨어진 감을 주어 먹었어. 그는 색정의 즐거움도 수용할 줄 알았지만 탐닉하지 않았지.

수행인일수록 어디에 집착하거나 얽매이다 보면 청정한 심성(心性)을 잃게 되고 존재의 활기도 빛을 잃는다. 소유할 수 없다면 볼 줄 아는 안목을 길러라."

만화는 훗날 경허의 모습을 미리 예견이나 한 듯 조용히 타이르는 것 같으면서 스스로 자유를 만들어 가야 한다고 강조했다. 경허는 스승의 말을 듣고부터는 마음이 안정되었다. 그리고 마음에 번뇌를 참고 단절해갔다. 그리고 마음 속의 번뇌와 본능적 욕구를 참기 위해서는 처음보다 더 큰 인내가 필요했다. 그것은 번뇌를 참고 극복하는 일이었지, 번뇌와 본능으로부터 자유스러워지는 일이 아님을 경허는 깨달을 수 있었다. 바로 이러한 경허의 개안이 이루어지기까지는 십년이 걸렸다.

마침내 경허는 대교과(大敎科)를 마칠 수 있었다. 그의 명성은 학인(學人)으로서도 전국에 알려져 있었고 대교과를 끝낸 후 스승 만화는 늙고 병들었다는 이유로 더 가르칠 수 없다면서 끝내 강사 자리를 제자 경허에게 물려주고 말았다. 이때 경허의 나이가 23세였다. 청계사로부터 온 후 십 년 만에 강사자리에 오른 것이다. 교학의 정상에 오른 경허는 서서히 사자(獅子)처럼 변해갔다. 그는 막힘이 없었다. 내외(內外)를 통달하고 있을 뿐 아니라 그의 한마디 한마디는 사자가 울부짖는 것같이 배우는 사람들의 영혼을 갈기갈기 찢어놓았고 답답한 가슴에 물줄기를 대어 씻겨내듯 신선하고 감동적이었다.

그의 명성은 불길처럼 번져 절이 있는 산하(山河)를 태우고 있었다.

그래서 학인(學人)들이 구름처럼 모여 들었다.

"이때의 경허스님의 나이가 23세였습니다. 십 년 만에 교학(敎學)의 정상에 오른 것이지요. 사실은 학인들의 요청에 의해 강사직에 오른 것입니다. 큰스님께서는 이곳 동학사에서 방대한 경전(經典)을 읽었습니다. 그리고 경전 해석을 평면적으로 해석하는데 그친 것이 아니고 입체적 측면으로 해석하고 또 그것을 노자(老子)와 장자(莊子)사상에 비교하면서 강의를 했기 때문에 듣는 사람으로 하여금 해박한 지식과 학문적 깊이를 느끼게 했습니다.

경허스님의 강의는 그러니까 이곳에서 8년 동안 계속되었습니다. 참으로 혼신의 힘을 쏟으면서 학인(學人)들을 가르쳤습니다. 처음에는 흥분된 상태에서 강의를 했다고 할까. 시간이 서서히 지나면서 깊은 회의에 빠진 것 같아요. 그것은 경전적 지식으로는 불교의 이상(理想)인 깨침에 도달할 수 없음을 자각했던 것이지요.

오히려 많은 경전을 읽음으로 인해 중생에게서 일어난 갈등이 더 많았던 것입니다. 중생이 과연 불(佛)을 이룰 수 있는가 혼자서 갈등을 했고 그토록 많은 부처님과 보살 앞에 깊은 서원(誓願)을 했지만 부처님이 성취한 인격에 못 미치는 것을 알고부터는 선(禪)에 대한 명상에 경도되기 시작했습니다. 그리고 중생을 구제하기 위해서는 산에 쳐박혀 있어서는 안 된다는 것도 깨달았던 것 같아요. 강사생활 8년 만에 변화가 일어났습니다. 그리고 옛 스승이 그리웠던 것입니다. 계허스님을 찾아 청계사로 출발했습니다. …… 이야기가 별 재미가 없고 수사상 도움이 되지 않아 지루하지요?"

　공형사는 자리에서 일어설 수가 없었다. 경허의 출가동기와 수행이력을 듣는 순간부터 이 사건은 서둔다고 해결될 일이 아니라는 것을 깨닫고 있었기 때문에 입승스님의 이야기를 계속 듣지 않을 수 없었다.

　달빛이 창가에 스며들고 있었다. 입승스님이 잠깐 창문을 열었다. 눈 같은 달빛이 나뭇잎 위에 앉아 보석처럼 반짝이고 있었다. 고독의 뼈들이 숲속에 숨어 달빛을 삼켰다가 뱉어낸 것처럼 달빛이 바람에 선혈자국처럼 깨어지고 있었다. 서서히 달빛이 기울고 있었다. 달빛과 어둠이 교차하면서 산이 산을 버리고 가버리는 것 같았고 눈앞에 커다란 공허가 다가서는 것 같았다. 입승스님은 다시 문을 닫았.

　방안 공기가 처음보다 한층 더 신선하게 느껴졌다.

　"강사 자리에 오른 지 8년 만에 스승 계허스님을 찾아나선 것이지요. 불현듯 스승이 보고 싶었던 것입니다. 그것은 보은(報恩)의 의미도 있었지만 자기 과시의 욕망도 있었어요. 스승 계허스님이 아니었으면 오늘날 경허 자신이 있을 수 없었다는 것을 스승과 제자가 부둥켜안고 해후(邂逅)를 통한 감동을 만들고 싶은 충동이 컸던 것이지요. 여행길은 순조롭게 진행되었어요. 새로운 체험을 하게 되었습니다. 오랜만의 외출을 통해 곳곳에 깔려 있는 인간의 실존적 고통도 만나고 확인했습니다. 삶과 죽음이 공존해 있는 현장을 드디어 목격하게 되었어요. 지옥・아귀(餓鬼)・축생이 있는 세계 속에 자신이 뛰어든 것입니다. 바로 그곳이 천안(天安)이었습니다.
 큰스님께서 천안에 도착했을 때는 태풍이 할퀴고 지나갔고 장마가 여러 날 계속되고 있었다고 합니다. 태풍은 천안(天安)지방에 많은 상처를 남겨 놓았습니다. 산하(山河)는 물론이고 집들이 허물어지고 논밭이 침몰되어 아비규환의 절규가 곳곳에 일어났다고 합니다. 거기다가 전염병이 엄습하여 드디어 집집마다 사람들이 하나 둘씩 앓아눕기 시작했습니다. 그리고 시간이 흘러가자 앓아누워 있던 사람들이 목숨을 잃어갔습니다. 바로 그때 경허스님께서 천안지방에 도착한 것이지요."
 입승스님의 말은 계속 이어졌다. 공형사 자신도 경허의 고행담(苦行談)에 빠져 있었다.
 저녁 늦게 천안에 도착한 경허는 하루 저녁 쉴 곳을 찾았다. 장마는 계속되었고 이집 저집을 돌아다닌 경허는 하루 저녁 쉴 곳을 찾지 못했다. 길은 태풍에 할퀴어 반쯤은 달아나고 없었다. 그뿐 아니라 집들도 완전히 무너져 있었고, 반쯤 무너져 형태만 남은 집에 병들고 굶주린 사람들이 누워 있었다. 홍수에 할퀴고 패어나간 논밭, 자취만 남은 촌락의 모습은 인간의 절망과 절규만이 남아 있는 것같아 눈뜨고 차마 볼 수가 없었다.
 마침 촌로(村老)가 힘없이 걸어오고 있었다. 경허는 노인 곁에 다가가서 물었다.
 "이 마을에 무슨 변이라도 생겼습니까?"
 경허는 한참 동안 쳐다보았다. 노인의 눈에도 경허의 행색은 이상스럽게 보였다. 승복은 비에 젖어 있었고 얼굴에서는 빗방울이 흐르고 있었다. 비 맞은 중이라 했지 않던가. 초라한 모습을 한번 힐끔 쳐다본 노인은 대답하기도 귀찮은 모양이었다.
"돌림병인가 염병 때문에 마을 전체가 초상집이오."
경허는 우선 가까운 집을 찾아갔다. 중이 되고 처음 해보는 걸식이었고 두타행(頭陀行)이었다. 따지고 보면 스님이란 거지에 불과하다. 원래는 일곱 집을 찾아 얻어먹도록 되어 있었다. 다만 우리나라의 환경이 부처님이 태어나신 인도와 달라 절에서 밥을 해먹고 있지만 원래는 얻어먹도록 법도가 되어 있었다.
재물을 베푸는 것을 재시(財施)라고 하고 법을 베푸는 것을 법시(法施)라고 한다. 그래서 중은 거지이다. 경허가 처음 찾아간 집은 대문이 닫혀 있었다. 대문을 두드려도 인기척이 없었다. 비바람은 더 거세게 기승을 부렸다. 경허의 몸이 허공에 뜨는 것 같았다. 다시 대문을 두드리며 큰 소리로 사람을 불렀다. 그때야 힘없이 사나이가 대문 곁으로 나와 경허의 초라한 행색을 살피고는 '딴 데로 가 보시오'라고 매우 퉁명스럽게 대답을 하고 안으로 들어가 버렸다.
경허는 다음 집으로 발길을 옮겼다. 염불을 큰 소리로 하면서 하루 저녁 쉬어가기를 청했다. 방안에서 앓는 소리가 문 밖까지 들려왔다. 방문도 열지 않았다. 경허도 물러서지 않고 염불을 계속했다.
"누가 저 중놈을 때려 쫓지 않느냐."
늙고 병든 음성으로 말했다.
하루 저녁 쉬어가기가 참으로 어려웠고 밥 한끼를 얻어먹기가 쉽지 않았다. 걸식을 하면서 중놈이란 욕도 처음 들어 보았다. 아직 이웃의 복전(福田)으로 자격이 없음을 깨달았다. 다시 다음 집으로 발길을 옮겼다. 대문 앞에서 큰소리로 염불을 하면서 하루 저녁 쉬어 가기를 청했다.
"사람이 죽어가는데 걸식은, 우리도 먹을 것이 없어."
젊은 아낙네가 발악을 하듯 소리를 쳤다. 경허는 물러서지 않고 염불을 계속 했다. 끓어오르는 분노를 참지 못했던지 아낙네는 구정물통을 들고 나와 경허의 얼굴에 끼얹었다. 순식간에 물벼락을 맞은 것이다. 경허는 피하지 않고 구정물 세례를 받았다. 가슴 속에서 알 수 없는 분노가 꿈틀거렸다.
'참아야 한다. 한번 화를 내면 백만 가지의 장애가 일어난다고 했지 않던가.'
경허는 처음으로 이치로 깨달은 것을 현실 속에서 실천으로 옮기는 데는 인욕과 자비가 있어야 함을 깨달았다. 자신이 배우고 익힌 지식이 처절한 삶 속에서 허망하게 무너져 버렸다. 중생의 고통을 섭수(攝受)할 힘이 없었다.
경허의 눈빛에서 근원적인 고통의 빛깔이 타오르고 있었다. 굶어서 창자가 끊어지는 아픔이 있을지라도 밥 구하는 생각을 말라고 했지 않았는가. 참아야 한다. 지옥이 따로 있는 것이 아니다. 지옥 고통을 외면하는 것은 사문이 할 일이 아니다. 바로 이곳에서 수행이 이루어져야 한다. 저 고통받는 중생의 마음과 일치해야 한다. 저 고통받고 있는 마음을 모르고 어찌 저들을 제도할 수 있는가.

지옥이란 무행처(無幸處), 아무것도 좋은 일이 없는 곳이라 했지 않는가. 병들어 신음하고 송장 썩어가는 판에 혼자 살겠다고 걸식을 하는 자세가 수행자의 마음이 아니었다. 경허는 다시 발길을 옮겨 다른 집을 찾았다.

이 집도 마찬가지였다. 오히려 발악을 하듯 젊은 아낙네가 참으로 듣기 거북한 말을 했다.

"시끄럽다. 사람들이 지금 목숨을 잃고 있는데 동냥이 무슨 동냥이냐. 염병이나 옮아가라."

여인의 악담이 경허의 귓전에서 떠나지 않고 맴돌고 있었다.

마을 전체가 신음 속에 빠져들고 있었다. 울음소리도 들렸다. 그리고 급조한 들것에 송장을 얹고 산으로 가는 사람들도 볼 수 있었다. 경허가 마지막으로 찾아 들어간 집에는 인기척이 없었다. 고약한 냄새가 났다. 음식이 썩는 냄새도 아니었다. 시체 썩는 냄새였다. 방문을 열었다. 송장 썩는 냄새가 한꺼번에 콧구멍을 막아버리는 것 같아 잠깐 숨이 막혔다. 그리고 뱃속에서 구역질이 났다. 토할 것 같았다.

시체 곁에 오래 있을 수 없었다.

문을 닫고 막 나오려고 할 때 옆 방에서 신음소리가 들렸다. 문을 열고 방안으로 들어서자 노인이 똥오줌을 그대로 싼 채 숨을 몰아 쉬고 있었다. 경허는 부엌에 들어가 물을 끓여 방안에 있는 똥오줌을 치웠다. 보살이 해야 할 일이 무엇인가. 중생의 똥오줌 치우는 일이 아닌가. 따뜻한 물로 노인의 몸을 씻기고 입속으로 더운 물을 넣자 노인은 한참동안 있다가 숨을 쉬었다. 부엌에 다시 들어가 미음을 쑤어 먹이고 나자 노안은 그때야 기력을 조금씩 회복했다.

경허의 몸에서 땀이 흘렀다. 그리고 처음보다 마음이 한층 가벼워졌다. 남의 고통을 덜어준 데에서 온 가벼움이었다.

동구 밖을 나왔을 때 커다란 나무 한 그루가 눈앞에 다가섰다. 저기서 하루 저녁 쉬어 가겠다는 생각을 했을 때 이마에 흐르던 땀이 마르고 온 전신이 추워졌다. 오한이 엄습했다. 추워서 견딜 수가 없었다. 그것은 한겨울에 느끼는 추위와 달랐다. 몸 전체가 떨렸다. 그리고 다시 열이 오르고 전신은 마치 바늘로 찌르는 듯이 고통이 스며들었다. 끝내 자신이 돌림병에 걸린 것인가. 불안한 마음을 떨쳐버릴 수가 없었다. 자신도 모르게 힘이 없었다. 나무 밑에 그만 주저 앉고 말았다. 자신의 육신을 지탱할 만한 힘이 없었다. 몸 전체가 불길에 타오르는 불덩어리와 같았다.

생사일여(生死一如), 삶과 죽음이 하나다. 경허는 머리를 흔들었다. 자신은 생사일여의 입장에 서 있지 않음을 뼈아프게 깨달았다. 삶과 죽음은 공존해 있고 영(靈)과 육(肉)은 분리되고 만다. 육신이 썩으면 흙과 물, 불, 바람으로 흩어지는 것은 틀리지 않았다. 그렇다면 육신이 떠나고 난 후 정신의 소재(所在), 그 신령스러운 진아(眞我)는 어디 있는가. 이것을 찾고 깨달아야 한다.

경허는 움직일 수가 없었다. 몸 전체가 불덩어리 같았다. 생사일여 그리고 용무생사(用無生死), 생사가 하나란 말도 생사가 없는 삶을 산다는 것도 부질없는 말이었다. 마음이 우주 만물의 근원이고 진여(眞如)이고 불성(佛性)이란 말도 실감되지 않았다. 지금은 마음이 아픈 것이 아니라 육신이 병들어 신음하고 있는 것이다. 경허는 몸에서 일어난 불덩이리와 같은 열로 인해 잠깐씩 의식을 잃었다가 다시 회복했다. 견성(見性), 한 소식(消息), 다 문자(文字) 속에 잠들어 있는 뜻이다. 생사에 절망해 보지 않은 사람이 삶과 죽음의 실체를 알 수 없다. 슬프다, 괴롭다는 말도 살아있는 자만이 할 수 있는 사치스런 소리다.

경허가 깊은 잠에 빠졌다가 일어난 것은 찬란한 햇살이 그의 얼굴에서 명멸하고 있는 아침이었다. 삶과 죽음의 긴 터널을 지나 온 것 같았다. 하룻밤 사이에 몇 생(生)의 윤회를 거듭했는지 알 수 없었다.

겨우 자리에서 일어날 수 있는 힘이 남아 있었다. 스승 계허를 찾는 일도 포기할 수밖에 없었다. 육신이 병들 때 마음이란 것은 병든 육체 속에 갇혀 자유스럽지 못했다. 육체를 가아(假我)라고 했지 않던가. 헌 누더기와 같이 갈기갈기 찢기고 썩어질 존재란 것을 깨닫고 있었지만 육체가 병들어 있으니 마음이 자유스럽지 못했다. 견성은 문자로 해석되고 관념적으로 분석되어서는 안 된다. 그것을 체험해서 증득해야 한다.

경허는 육신을 지탱할 힘을 아껴 쓰면서 겨우 동학사로 돌아왔다. 스승 만화스님께 인사드리는 일조차 귀찮았다. 문을 닫고 누웠다. 한결 마음이 편했다. 다만 한 가지 마음 속에 남아 있는 수많은 의문 가운데서 중국 영운선사(靈雲禪師)가 말한 화두(話頭)가 불씨처럼 되살아나고 있었다. 여사미거 마사도래(驢事未去 馬事到來), 나귀의 일도 가지 않았는데 말의 일이 닥쳐왔다.

어느 날 스님 한 분이 영운선사에게 '불교의 근본 대의가 무엇입니까' 고 물었다. 영운선사는 여사미거 마사도래(驢事未去 馬事到來)라고 대답했다.

경허는 화두(話頭)를 잠깐 기억했다가 다시 잠에 빠져 버렸다. 열이 오르면 잠에서 깨었다가, 열이 내리면 깊은 잠으로 빠져들었다. 생사의 부침(浮沈)이 계속되었다. 생존의 밑바닥으로 추락하고 추락하여 더 떨어질 수 없는 절망의 백척간두에서 경허는 헤매고 있었다. 그리고 깨닫기 전에는 그것은 죽어 있는 말이다. 활구(活句)가 아니다. 부처와 중생이 본질적으로 둘이 아니라는 말도 논리적으로 틀리지 않으나 그것 역시 체험하여 깨닫기 전에는 관념적 변명으로 전락되고 만다.

경허는 다시 눈을 떴다. 그리고 여사미거 마사도래의 화두(話頭)를 상기했다. 머릿속에서 불빛이 번쩍이는 느낌이 들었다. 누워 있던 자신이 마치 용수철이 튀듯이 벌떡 일어나 자신도 모르게 가부좌를 틀고 앉았다. 몸의 열이 순식간에 사라져 버렸다. 그리고 문을 잠궈 버렸다. '여사미거 마사도래'의 뜻을 몸소 체험하기 전에는 이 자리에서 일어서지 않으리라, 무서운 결의를 다졌다. 썩고 없어질 육신, 이 육신의 허망함을 눈으로 보고 확인했지 않은가. 생멸이 있는 곳에는 허무의 잔해가 있기 마련이다.

경허의 용맹정진은 계속되었다. 찬란한 햇살이 염치도 없이 문틈을 비집고 스며들고 있었다. 햇볕을 본 지도 오래된 것 같았다. 자기자신을 생사의 절망 쪽으로 몰고갔다. 비록 백척간두에서 몸을 던져 죽더라도 이 자리에서 일어서지 않겠다고 스스로 자신에게 다짐을 했다. 아예 자고 먹는 것을 포기해 버렸다. 그리고 가르치던 제자를 다른 곳으로 가도록 명했다. 스스로 강사직을 포기해 버렸다. 대중들이 문전에서 간청을 했지만 아무 대꾸도 하지 않았다. 오직 화두만 들었다. 그것은 자기 존재의 탐구였다. 스스로 깎고 지우기를 되풀이 하는 자성(自性)을 탐색해 가는 작업을 계속했다. 잠이 엄습해 오면 미리 준비해 두었던 송곳으로 머리를 잔인하게 찔러 수마(睡魔)를 쫓아 버렸다. 때로는 머리에서 피가 흘렀다. 상관하지 않았다.

하루가 지나고 일주일이 순식간에 지나가 버렸다. 밥을 갖고 오던 일도 경허의 완강한 거부로 일주일이 지나고부터는 발길이 끊어졌다.

다만 냉수만 문구멍으로 받아 먹었다. 일주일이 지나고부터는 뱃속에서 창자 썩는 냄새가 치밀었다. 그러나 송장 썩는 냄새에 비하면 그 역겨움은 참을 수가 있었다. 생각생각이 변화를 거듭했다. 염념생멸(念念生滅)이었다. 그러나 경허의 정진은 계속되었다. 자신의 내부에 처박혀 있는 번뇌를 깎고 지우는 해체를 거듭했다.

삼 주일이 지나고부터는 엉덩이가 헐었다. 고름 냄새도 났다. 살이 빠져 나가는 아픔이 일었다. 그 아픔도 잠깐이었다. 마음이 맑아졌다.

생각생각이 흩어지지 않고 하나로 통일되었다. 일여(一如)의 세계가 이루어지고 있었다. 자고 먹는 것 그리고 자신과 사물이 분별되지 않고 마치 무중력(無重力) 상태와 같이 허공에 떠다니는 기분이 들었다. 그때마다 번뇌가 일었다. 오랫동안 마음 속에서 서식했던 욕망과 애욕의 덩어리가 서서히 녹아 벗어지는 것 같았다. 삼독(三毒)의 뿌리는 깊었다. 번뇌의 덩어리가 녹고부터는 화두가 여일(如一)하게 계속되었다. 한 달이 지나가 버렸다. 몸에서 살이 빠져나가자 탈진할 것 같이 힘이 없었다. 겨우 육신을 지탱하는 힘으로 버티고 앉아 있었다. 그러나 서서히 마음 속에 밝은 빛이 쌓이고부터 먹고 자는 일이 생각나질 않았고 오히려 맑고 깨끗한 힘이 솟아나고 있었다.

경허의 용맹정진이 계속되자 학인들은 뿔뿔이 흩어져 버리고 갑자기 절이 텅 빈 것 같았다. 다만 궁금한 것은 경허가 언제 문밖으로 나오는가를 기다리고 있을 뿐이었다.

벌써 석 달이 지나가고 있었다. 무더운 여름이 지나고 가을이 낙엽을 남겨둔 채 가버리고 겨울로 접어들고 있었다. 그러나 경허는 여름도 가을도 겨울까지도 느끼지 못했다. 그의 마음 속에는 시간까지 정지되어 있었다. 그의 얼굴에 거미줄이 처져 있었다. 창문을 타고 들어온 시원한 가을 바람도 느끼질 못했다.

동짓달 해가 기울고 있었다. 창가에 붉은 낙조가 잠깐 머물렀다. 이때 동학사 밑에 사는 이진사가 동학사 학명스님을 찾아왔다. 학명은 만화의 제자였고 경허에게는 사형(師兄)이었다.

학명스님 곁으로 다가선 이진사는 "요즈음 경허스님은 뭣하고 지내나?" 하고 물었다.

"옛 스승 계허스님을 찾아갔다가 다시 절로 돌아와 문을 잠그고 방안에서 소처럼 앉아 있는지 석불처럼 앉아 있는지 모르겠습니다."

"소처럼 앉아 있다. 소가 누워 있지 앉아 있나? 중노릇 잘못하고 시은(施恩)을 축내면 죽어서 소가 되는 이치를 아는가?"

"중노릇 잘못하면 소만 되겠습니까? 일체 인과를 면할 수 없지요."

"학명수좌는 그래도 경전께나 읽었는데 아직도 인과에 매여 있구만, 참선을 하지 않아 교리 밖의 이치를 알지 못하고 있군. 소가 되어도 걱정할 것이 없어. 콧구멍 없는 소만 될 수 있다면······."

학명은 콧구멍 없는 소의 뜻을 헤아릴 수 없었다. 난해한 화두였다. 콧구멍 없는 소는 존재하지 않는다. 생사가 없는 실체를 암시하고 상징하는 뜻이었다. 모든 동물들은 대부분 콧구멍을 통해 숨을 쉰다. 콧구멍이 없다면 숨을 쉴 수가 없다. 생명이 없는 존재가 콧구멍 없는 소였다. 그러나 학명은 그 뜻을 깨달을 수 없었다. 무서운 함정이 숨어 있었다. 그 함정 속에 빠지면 자기를 구원할 수 없다.

이때 두 사람의 대화를 엿들은 사람이 있었다. 이진사의 아들이었다. 이진사는 신심이 돈독하여 어린 아들을 출가시켜 버렸다. 바로 그가 원규(元圭)사미였다. 이진사는 출가한 아들을 보기 위해 동학사에 들렀다가 경허스님의 근황을 물었고 용맹정진중임을 알아차린 그는 콧구멍 없는 소의 난해한 의심덩어리를 슬쩍 학명에게 던져 본 것이다. 선지(禪旨)를 실험해본 결과 학명의 실력으로는 무비공(無鼻孔)의 뜻을 알아차리지 못했다. 그러나 이진사는 콧구멍 없는 소가 살아서 동학사를 휘젓고 다니다가 경허를 만날 것이라는 예측을 했다. 이진사의 예측은 빗나가지 않았다. 이진사와 학명스님의 대화를 엿들은 사람은 원규였다. 법명은 동은(東隱)이었다.

원규는 아버지가 돌아간 후 이 세상에 콧구멍 없는 소가 정말로 있을까 생각해 보았지만 그 깊은 뜻을 헤아릴 수 없었다. 동은(東隱)의 입을 통해 콧구멍 없는 소가 도량을 휘젓고 다녔다. 그 뒷날 동은은 다른 사미들과 어울려 장난삼아 물어 보았다.

"너희들 중노릇 잘못하면 죽어서 소가 된다는 것 알아?"

"시줏밥 먹고 수행 잘못하면 죽어서 소가 되겠지."

"그러나 소가 되어서 콧구멍 없는 소로 태어나면 괜찮다는 거야."

"뭐야, 이 세상에 콧구멍 없는 소가 어디 있어. 그런 소는 없어."

동은사미의 말에 반박이나 하듯 다른 사미들은 콧구멍 없는 소가 없다고 큰소리로 말했다.

조실(祖室)채 옆에서 떠들던 소리가 경허가 거처하고 있는 방까지 들렸다. 죽음 같은 정적이 쌓인 방안의 침묵이 일순에 깨트려져 버렸다. 그 소리는 경허에게 전광석화 같은 찬란한 불빛이 되었다. 그 불빛이 경허의 전신을 불태우는 것 같았고 큰 쇠뭉치로 정수리를 얻어맞은 기분이었다. 그러나 그 불빛은 경허의 뇌리에 충격이 되었다. 경허는 '콧구멍 없는 소'라는 말을 듣는 순간 방안의 좁은 공간이 무너져 버리고 눈앞의 산하대지(山河大地)가 산산조각이 나버리는 것을 깨달을 수 있었다. 가슴 속을 가득

메우고 있던 번뇌의 구름이 걷히고 몸이 공중으로 비상하는 것같이 가벼웠다. 출신활로가 열렸다. 처음 느껴보는 자유였다.

경허는 자신도 모르게 자리에 일어나 문을 박차고 밖으로 뛰쳐나왔다. 그러나 경허 자신은 문을 박차고 나온 줄도 모르고 있었다. 그만큼 환희에 젖어 자리에서 용수철마냥 튀어나오듯 일어나 문을 박차고 나온 것이다. 그의 마음에는 안과 밖이 따로 없었다. 그리고 자신이 문을 잠궈 놓은지도 모르고 있었다. 그의 마음은 내외를 관통하고 있었고 모든 사물과 더불어 걸림이 없었다. 모든 만물이 경허를 흡수하는 것 같았다. 걸림과 거부가 없었다.

경허는 너무 기뻐 춤을 추면서 '콧구멍 없는 소라, 그렇지 이제야 그 뜻을 알겠다'며 큰소리를 치며 춤을 추었다. 대중들이 하나 둘씩 모여 경허가 춤을 추고 있는 모습을 망연자실하여 바라보고 있었다.

마치 사람이 순간적으로 미쳐버린 것이 아닌가 의심을 했지만 그 의심은 서서히 사라지고 경허가 무한한 환희에 젖어 있음을 깨달을 수 있었다. 눈빛은 불덩이가 쏟아지는 것같이 이글이글 타고 있는 것 같았고 몸은 나비와 같이 가벼운 몸짓으로 춤을 추고 있음을 깨달을 수 있었다.

"바로 이거야. 어찌 이 도리를 말로 표현할 수 있단 말인가. 말할 수도 없고, 보여 줄 수도 분간할 수도 없는 도리야. 춤을 출 수밖에 없다."

경허는 춤을 추면서 자신의 개체가 만물과 더불어 하나임을 깊이 깊이 깨달았고 불생불멸한 법신이 마음 밖에 있는 것이 아니라 만산만수(萬山萬水)가 그대로 법신임을 돈증(頓證)했다. 새로 태어난 것이다. 소멸한 육신을 버리고 걸림없는 자아를 새롭게 구성했다.

"이야기가 지루했나요. 수사상 필요한 이야기는 하지 않고 경허 스님의 오도과정만 이야기를 했군요. 큰스님께서는 자신의 내적 개안(內的開眼)과 스스로 성취한 오도내용을 다음과 같이 노래했어요.

문득 콧구멍이 없다는 사람들의 말을 듣고
온 우주가 내 집임을 깨달았네
6월의 연암산 아랫길에
시골 사람들이 일없이 태평가를 부른다.
忽聞人語無鼻孔　頓覺三千是我家
六月燕岩山下路　野人無事太平歌

그런데 경허스님은 이 오도송(悟道頌)을 노래하기 전에 '사방을 돌아보아도 사람이 없구나. 누구에게 의발을 전하랴. 사방을 돌아보아도 사람이 없구나. 누구에게 의발을 전한단 말인가' 라고 슬픈 목소리로 독백을 했다고 합니다. 이야기가 재미가 없어서……"

입승스님은 경허의 오도과정을 상세하게 설명하고 미안한 듯 눈을 지그시 감았다가 떴다.

"아닙니다. 감동적입니다. 진리의 진수를 체득하는 과정이 무척 인상적입니다."

입승의 이야기가 끝나기 전까지는 공형사 자신도 경허의 생애에 끼어들고 있었기 때문에 솔직하게 자기 심정을 말하지 않을 수 없었다.

깨침이란 스스로 체험하기 이전에는 말로써 설명할 수 없는 세계였다. 비록 그것이 본래 자아를 확인하고 증득하는 일일지라도 체험하지 않고는 본래 면목을 말할 수 없다. 경허는 육신의 병을 통해 육신에서 벗어나는 자유를 얻고 있었다. 그는 돌림병, 즉 콜레라에 걸려 임종 직전까지 자신을 몰고 가서 육체의 헌옷을 벗어 버리고 있었다. 그러나 육신의 헌옷은 그리 쉽게 벗어지는 것이 아니었다. 철저한 자기 내면 탐구와 아울러 '여사미거 마사도래'의 화두의 집중을 통해 해탈의 통로를 찾고 있었다. 졸음이 오고 굶주려 창자가 끊어지는 아픔이 있을 때마다 날카로운 송곳으로 허벅지를 찌르고 머리를 때렸다. 그때마다 피가 흐르고 엉덩이의 살이 빠져 나가는 아픔을 참았다. 경허는 누구보다 육신의 아픔을 참을 수 있었다. 경전을 통해 사대(四大)가 허망하다는 것을 알고 있었지만, 결국 돌림병을 통해 스스로 체험한 것이다.

불교는 다른 종교와 달리 잔인할 만큼 육신의 허망함과 허무함을 철저하게 강조하는 종교이다. 육신의 허망함을 강조함으로써 자성의 소중함을 깨닫게 한다. 육신의 소멸, 그것은 곧 허무의 잔해이기도 하다. 자성을 깨닫고 체험할 때 해탈의 자유는 이룩된다.

경허는 '여사미거 마사도래'의 화두를 깨닫고 춤을 추었고 사방을 돌아보아도 사람이 없다고 한탄하면서 의발을 전해 줄 사람이 없다고 아쉬워했다.

경허가 깨침의 문을 여는 직접 계기는 무비공(無鼻孔), 콧구멍이 없다는 말에 충격을 받은 것이다. 여기서 콧구멍이란 인간의 마음 속에 내재한 불성(佛性), 자기 본분을 의미한다. 그렇다고 무비공이란 숙어를 이진사가 처음 만들어 낸 것은 아니다. 중국 법안종의 종주(宗主) 법안(法眼)선사의 어록 가운데 콧구멍이란 말이 등장하고 있다.

'말 중에 메아리가 있고 말 마디마디 칼날이 간직되어 있다. 해골 바가지는 온 세계를 지배하며 콧구멍은 어느 때나 그 가풍을 불어낸다.'

경허는 깨침을 통해 콧구멍 없는 소를 찾은 것이며 아울러 콧구멍을 뚫을 소도 콧구멍 자체조차도 없는 경지를 체득했다. 그래서 경허의 육체는 육체이면서 육체의 유한성을 뛰어넘었고 육체의 고삐에서 자유스러워질 수 있었다.

"해인사까지 가서도 경허스님을 뵙지 못했군요. 육체의 고삐에서 자유스러워진 사람을 찾기가 그리 쉬운 것은 아닙니다. 경허가 자신의 오도적 삶을 무생일곡(無生一曲)이라고 표현한 것은 중생의 본질을 지적하고 있습니다. 중생의 자성은 불생불멸할 뿐아니라 무생(無生)한 것이지요. 또 불성의 본질은 형체가 없으며(佛性空無相), 진리의 실체는 말로 표현할 수 없습니다(眞如寂不言). 하늘이 한없이 넓고 넓어 끝이 없듯, 모든 부처의 모습도 또한 그러합니다(虛空無中邊 諸佛身亦然). 앞으로 경허스님은 무생의 삶을 살아갈 것입니다. 중국 오조(五祖) 홍인대사의 영정에 다음과 같은 영찬이 새겨져 있다 합니다. '마음의 포섭함에는 지혜의 궁극을 다하고 지극히 높은 정신을 획득했으며 무생의 경지를 깨달은 그대로 인간세상에 나왔다(攝心絶智 高悟通神 無生證界 現滅同塵)' 경허스님을 지나치게 미화시키는 것도 아니고 그를 은닉시키려는 저의 때문에 이런 말을 하는 것이 아닙니다. 큰스님께서 아직 살인 누명을 벗지 못하고 있으나 범인은 다른 사람일 것입니다. 그리고 파계를 일삼고 있는 일이 걸림없는 자유로 평가받고 있는 것도 이해하기 곤란하겠지만, 무생의 삶은 우리들의 안목으로 단순하게 평가할 수 없는 데 있습니다. 이제 동학사에 머무르지 않을 것입니다. 저의 예감으로 천장암에 모친이 있기 때문에 그곳에서 머무르는 시간이 많을 것입니다. 그러나 출입은 정해 놓지 않고 바람과 구름처럼 거래(去來)가 이루어질 것입니다. 더욱이 스님들은 제한받는 생활을 싫어하고 한군데 얽매이는 것 역시 싫어합니다. 계율은 스스로 지킬때 그 의미가 있지만 계율을 버린 사람에게 그것을 강조해 봤자 무의미합니다. 고기를 잡는데 망목(網目)은 필요하지만 고기를 잡고 나면 망목이 필요없을 때가 있습니다."

"천장암에 가면 경허스님을 만날 수 있겠습니까?"

공형사는 말을 해 놓고 나서 부질없는 질문을 했다는 생각이 들었다. 왜냐하면 경허의 삶이 한군데 얽매여 있지 않기 때문에 언제 구름처럼 사라질지 알 수 없기 때문이다.

"요사이는 천장암에 계신다는 소문을 들었지만 공형사가 찾아

갈 때쯤이면 안 계실 수도 있습니다. 구름처럼 사라져버린 후 찾아가면 내가 거짓말을 한 결과가 되지요."

공형사가 밖으로 나왔을 때 달빛이 계룡산 쪽으로 기울고 있었다. 한군데 집중되어 있는 달빛 때문에 숲은 흰 메밀꽃밭을 이루었고 그 가운데 얼굴을 볼 수 없는 나신(裸身)이 꿈틀거리는 것 같았다.

공형사가 집으로 돌아와 영주사미의 걸망 속에 들어있던 경허의 수기(手記)를 펼쳐보고 있을 때 경허는 천장암에 와 있었다. 그는 해인사 학명스님의 초청으로 한철을 지내다가 천장암으로 돌아온 것이다. 이때 천장암에는 경허의 백씨 태허스님이 주지로 있었을 뿐 아니라 모친이 상주하고 있었다. 경허의 맏형인 태허스님은 천장사 주지로 있으면서 모친을 모시고 있었고 경허도 이곳에서 오랫동안 주석했다. 그러나 경허는 공형사가 자신을 추적하고 있음을 모르고 있었다. 다만 자신을 시중들던 어린 사미가 살해된 것을 항상 가슴 아프게 생각하고 있었고 그 살인사건으로 인해 악성 유언비어가 널리 퍼져 있음도 경허는 듣고 있었다.

사실적 정황을 알지 못한 사람들은 경허 자신을 살인용의자로 매도하고 있을 뿐 아니라 도망다닌다는 헛소문이 유포되어 있음도 경허는 알고 있었다. 그러나 경허는 유언비어에 개의치 않았다. 다만 살해당한 영주사미를 떠올렸고 그 범인이 잡히기를 기다리고 있었다. 범인이 잡히면 자연스럽게 살인누명은 벗겨질 것이고 자기를 비방하는 무리들도 사라질 것이란 확신을 갖고 있었다.

공형사는 경허를 항상 반대쪽에서 추적하고 있었다. 그가 처음으로 동학사에 갔을 때는 경허는 해인사로 떠나 버렸고, 천장암으로 찾아 갔을 때는 경허는 다른 곳에서 만행(萬行)을 하고 있었다. 공형사가 수기물을 펼쳐 들면서 이번 사건에 미흡한 점은 초동수사에 문제가 있음을 발견했다. 처음부터 경허를 살인용의자로 단정한 것이 실수였고, 경허의 주변 인물을 철저하게 조사하지 못한 것이 실수였다. 특히 김도영이란 인물을 추적하지 못한 것 역시 이번 사건을 미궁으로 빠져들게 한 큰 원인이 되었다. 다만 영주사미의 살인사건을 통해 유력한 용의자로 떠오른 인물은 경허뿐이란 데서 문제해결을 어렵게 했다. 그래서 지나칠 만큼 수사력이 경허에게만 집중되었다.

그러나 지금까지 경허를 추적한 결과 살인용의자로서 단순하게 단정하고 있을 뿐, 구체적 증거는 아무 것도 발견되지 않았다. 오히려 경허가 살인누명을 쓰고 있다는 의견이 지배적이었다. 사실 경허는 동학사에 강사로 있으면서 등운암에 간 것이 아니었다. 그가 옛날의 스승 계허스님을 찾아가다가 돌림병에 걸려 동학사에 돌아와 용맹정진과 집중적 자기 탐구를 통해 개안(開眼)을 얻고 동학사에서 떠나 모친이 계신 천장암에서 오랫동안 머물러 있었다는 것을 공형사는 그 동안 경허의 행적조사를 통해 새롭게 발견했다.

천장암에서 경허의 수행생활은 특별한 의미를 지니고 있었다. 이때까지 경허는 파격적 삶이나 파계를 일삼지 않았다. 스스로 증득하고 체험한 오도적 삶을 보임(保任)하는 데 노력했다. 보임이란 보호임지(保護任持)한다는 의미이다. 치열한 용맹정진을 통해 성취한 오도의 내용을 다시 흩어지지 않게끔 보호하고 임지하는 실험을 계속했던 것이다. 보임기간 동안 경허는 피나는 정진과 아울러 육탈(肉脫)의 고통을 체험하고 있었다. 엉덩이에서 살이 빠져나가고 끝없는 육체의 소모가 있었지만 경허는 무섭고 잔인할 정도로 육체의 고통을 극복하고 있었을 뿐 아니라 삶과 죽음을 합일해 버리는 백치의 삼매를 이루어가고 있었다. 그것은 경허가 최초로 이룬 무아(無我)의 경지였다.

경허는 육체의 속박과 그 유한성을 뛰어넘고 마음 속에 뿌리박혀 있는 본능과 번뇌에서 자유스러워지기 위해 스스로 죽음을 각오했다. 그의 육중한 체구는 서서히 수척해 갔다. 마치 고무풍선에서 공기가 빠져나가는 것처럼 육체는 축나고 있었다. 육체가 축나고 있다는 표현은 오히려 적합하지 않는 것 같다. 자고 먹고 눕는 것을 포기해 버린 경허는 오직 가부좌를 틀고 앉아 다시 '여사미거 마사도래'의 화두를 탐구하고 있었다. 경허의 정신만 실존하고 있었고 육체는 죽어 있었다. 그래서 그의 육체는 먹는 것을 포기한 지 삼 개월이 지나 육체라고 부를 만한 것을 모두 상실해 버리고 뼈와 근육만으로 생존을 지탱하고 있었다. 중생의 본체를 드러내기 위해서 본질에 속해 있지 아니한 모든 것을 화두 탐구를 통해서 계속 지우고 깎아내었다.

경허는 완전한 자성(自性)의 실존을 드러내어 자유스러워지기 위해 깎아내고 지울 수 있는 데까지 깎아내고 지우다가 결국 가아(假我)의 허상을 파괴해 버리는 경지까지 들어갔다. 이 허상을 파괴하고 경허는 백치의 무아를 이루었다. 백치는 지혜와 우매함을 초월한다. 바보 같으면서 어리석고 어리석으면서 바보를 초월한다. 처음 용맹정진할 때 다 떨어진 누더기를 입고 삼 개월이 지나도 옷을 갈아 입지 않았을 뿐 아니라 목욕을 하지 않았다. 다 떨어진 옷과 몸에서 악취가 풍겼지만 백치의 무아를 이룬 경허는 더러운 냄새를 맡지 못했다. 귀는 열려 있었지만 새소리 바람소리도 들리지 않았다. 밖에서 사람들이 큰소리로 떠들어도 들리지 않았다. 육체와 정신적 기능이 마비되어 있었다. 그는 숨쉬는 등상불(等像佛)이었다.

경허는 일 년 가까이 몸도 씻지 않았고 옷도 갈아 입지 않았다. 땀에 찌든 누더기와 머리에는 드디어 이가 들끓기 시작했다. 이 떼가 얼마나 많았는지 마치 두부 짠 비지를 온몸에 문질러 놓은 것같이 하얗게 보였다. 그렇다고 경허는 손을 대어 긁는다거나 가렵다는 표정도 짓지 않았다. 오히려 이 떼의 번식과 더불어 즐기는 표정이었다. 경허의 마음은 움직이지 않았다. 마음 속 번뇌를 따라 생각 생각이 생멸하던 그 마음이 경계를 따라 움직이지 않았다. 제자들이 새 옷을 갖고와 갈아 입으라고 통사정해도 경허는 거절해 버렸다. 보는 사람쪽이 더럽고 추하고 마음이 편치 않았을 뿐, 경허의 마음은 더럽고 추한 것을 초월해 있었다.

경허는 마음 속에 잔존해 있는 인간이 지니고 있는 본능적 습기(習氣)와 번뇌를 모조리 불태워 버렸다. 삶과 죽음을 스스로 해체해 버리고 자신을 법신으로 재구성했다. 육체는 해체되고 빛으로 새로 자아를 이루고 있음을 깨달았다. 집중적 헌신을 통해 새로운 법신을 성취한 것이다. 그의 정신이 빛으로 충만한 어느 날 경허는 그동안 잠이 올 때마다 송곳으로 턱을 찌르던 육신을 지탱하기 위해 갖고 있던 주장자를 문밖으로 던지고 입었던 옷을 활짝 벗어 버리며 큰 소리로 자신의 오도가(悟道歌)를 불렀다.

　　문득 코구멍 없는 소란 말을 듣고
　　온 우주가 내집임을 깨달았네
　　유월 연암산 아랫길에
　　들 사람들이 한가로이 태평가를 부르네.
　　忽聞人語無鼻孔　頓覺三千是我家
　　六月燕岩山下路　野人無事太平家

　　공형사는 경허의 오도송이 동학사에서 이루어진 것이 아니고 천장암에서 이루어졌다는 새로운 사실을 발견했다. 그동안 스님들의 진술이 시간적으로 엇갈리고 장소가 명확하지 않았다는 것도 깨달을 수 있었다. 그렇다고 스님들이 거짓 진술을 한 것은 아니었다. 공형사가 만난 스님들 가운데는 경허를 친견한 사람도 있었고 구전(口傳)을 통해 막연히 알고 있던 사람들이 대부분이었다. 결과적으로 공형사가 천장암을 찾아갔을 때는 경허의 보임(保任)이 끝나 만행을 일삼고 있을 때였다. 그래서 경허를 추적하는 데 혼란이 왔음을 알 수 있었다.
　　경허의 수행생활 변화도 깨침을 이루고 나서 시작되었다. 그리고 경허의 변화된 생활 속에는 항상 양면성이 있었다. 그는 한편으로 사문(沙門)의 형색을 갖추고 있었지만 행동은 반계율적으로 하고 있었다. 그것은 경허가 체득한 오도적 행동양식이었지만, 그것을 이해하는 쪽은 매우 곤혹스러웠다.

 그러나 경허는 세상을 너그럽게 관조하고 있었다. 화려하면서도 슬픈 사람과 유전(流轉)하는 인생을 통해 생의 밑바닥에 침전되어 있는 진실을 꿰뚫어 보는 탐미자의 눈을 갖고 있었다. 그래서 그는 인생의 덧없는 무상을 수용하면서 집착없는 생활을 했고 현재 살고 있으면서 미래의 삶을 앞당겨 살고 있었다. 그리고 견성체험을 하고부터는 정신적으로 한없이 자유스러웠지만, 한편으로는 고독과 공허가 깊이 자리하고 있었다.

 "대저 사람들은 자신의 본성을 모르고 말하기를, 깨달은 경지는 나의 본분에 맞지 않는 것이라고 하며, 또 가엾게도 그런 사람들은 지옥의 찌꺼기가 되는 것이다."

 경허는 비로소 깨닫고 깨닫지 못한 안목(眼目)의 차이를 솔직하게 털어내 놓고 있다. 그는 깨닫지 못하고 남의 행동을 비방하는 무리들을 지옥의 찌꺼기라고 비난하고 있다. 그만큼 경허는 깨달음의 높은 경지를 확보하고 있었다.

 "육체를 초탈하고 작은 격식에 매이지 않으며 흐르는 자연처럼 절로 날아다니듯 자유로우면서 유유자적한다."

 오도가를 읊고 난 후 경허가 자신의 심경을 그대로 표현한 말이다. 이 구절에서 경허의 걸림없는 자유가 예고되고 있을 뿐 아니라 선언되고 있다. 첫째 육체를 초탈했기 때문에 얽매인 데가 없고 흐르는 자연처럼 절로 날아다니는 임운(任運)의 자유를 말하고 있기 때문이다. 임운자재(任運自在)의 경지, 구름처럼 바람 부는 대로 떠다니는 자유가 임운의 자유이다. 이 임운의 자유는 바로 경허의 일거수 일투족(一擧手 一投足)에서부터 시작되었다.

오도가를 부르고 난 후 경허는 며칠동안 참선을 계속했다. 바위와 같은 침묵이 그를 위압했다. 그리고 문득 어머니를 생각했다. 그는 자신을 낳아주고 길러준 은혜를 보답하기 위해 어머니에게 무진(無盡) 법문을 해 주어야겠다는 생각을 불현듯 했다. 그는 옷을 하나하나 벗었다. 드디어 알몸이 되었다. 그리고 방문을 열고 알몸뚱이채로 어머니의 품안에 안겼다. 그것도 대낮이었다. 유월의 더위가 한창일 때라 그의 모친도 문을 열어 놓고 있었다. 두번째의 천진법문이었다. 알몸뚱이인 채로 달려든 자식을 본 그의 모친은 기절을 하듯 소스라치게 놀랐다.

"동욱아! 너 갑자기 미쳤구나. 도를 깨친 것이 아니라 완전히 미쳐 버렸구나."

오랜만에 자식의 이름을 부르며 눈물을 흘렸다. 그리고 수치감에 발가벗은 아들의 육체를 눈뜨고 볼 수가 없었다. 경허의 아랫도리에는 남성의 상징이 뚜렷이 융기되어 있었다.

"아이고 흉측해라. 어서 옷을 입어라. 남이 볼까 두렵다."

그러나 경허는 어머니의 품속에서 헤어나지 않았다. 오히려 어머니의 젖무덤 속으로 파고들었다.

"빨리 옷을 입지 못하겠느냐. 남들의 이목이 두렵다."

모친은 그를 떼어내려 했지만 오히려 점점 파고드는 아들을 어찌 할 수 없었다.

"어머니 제가 동욱입니다. 그토록 사랑하던 자식입니다. 그런데 어머니께서는 이 자식을 피하려고 합니까?"

경허는 울먹이면서 말했다. 그의 울음에는 지극한 슬픔과 효성이 배어 있었다.

"어머니는 저를 낳았고 저는 어머니가 사랑하는 자식입니다. 오랜만에 어머니의 품에 안겼습니다. 어릴 적같이 젖도 만지고 싶습니다. 제가 어렸을 때 어머니는 저의 알몸을 안고 고추를 귀엽다고 만져 주시고 쓰다듬어 주시지 않았습니까? 그때 어머니와 저는 아무 부끄러움이 없었습니다. 다만 지금 달라진 것이 있다면 어머니는 늙었고 저는 장년이 되었을 뿐이지, 어머니와 자식 관계는 변함없이 그대로입니다. 그런데 어머니께서는 내 벗은 모습을 보고 소스라치게 놀랐을 뿐 아니라 남의 이목이 두렵다고 몸까지 피하려고 하고 있습니다. 어릴 때 저를 사랑하는 마음을 어디에다 팽개쳐 버렸습니까.

마치 못 볼 것을 본 것처럼 얼굴을 찡그리고 눈까지 감고 계신 것을 보니 어머니의 마음이 많이 변했습니다. 저는 오늘 어머니께 어릴적 저를 사랑하던 그 마음으로 품에 안겼습니다."

"이것은 에미를 존경하고 사랑하는 마음이 아니다. 이렇게 에미를 난처한 입장에 몰아넣으면 네 마음은 편하냐. 속세에서 결혼을 했다면 벌써 자식을 낳은 성년이 되었을 거다. 빨리 가서 옷을 입도록 해라."

경허의 모친은 돌아앉아 차분하게 말을 했다. 그녀도 울고 있었다. 목이 메인 목소리였다. 사랑하는 자식이 어머니 품에 안긴 것을 그대로 받아주지 못한 것이 안타까웠지만 이 세상 어느 부모가 삼십이 넘은 아들놈이 알몸으로 어머니 품에 안긴다고 반가워할 사람이 있겠는가. 사람의 마음은 시시각각 변한다. 어릴 때야 남녀의 부끄럼을 깨닫지 못하니까 목욕도 시켜주고 고추도 만져 보지만 삼십이 넘은 자식을 어린 날 자식같이 대할 부모는 이 세상에 없을 것이다.

경허의 모친은 계속 울먹이고 있었다. 가슴 속에서 슬픔이 치밀고 있었다. 자식 둘을 장가 보내지 못하고 출가시킨 것만 생각해도 가슴이 아팠다. 벌써 손자를 보아야 할 나이였지만 출가를 해버려 손자를 기대할 수도 없었다. 그래서 그녀의 마음 속에는 절망이 담겨져 있었다.

경허는 어머니를 두고 방에서 나왔다. 유월의 따가운 햇볕이 등뒤에 닿았고 바람이 앞가슴을 스쳐 지나가고 있었다. 울고 있는 어머니를 그대로 두고 나온 것이 가슴 아팠다. 자식 사랑하는 마음이 어릴 때와 장년이 되었을 때와 다르다는 것을 처음으로 깨달았다. 경허 자신은 어린 날 천진스럽던 그 마음으로 어머니 품에 안겼지만 그 천진을 어머니는 깨닫지 못하고 있었다.

경허의 눈에도 눈물이 고였다. 그것은 경허만이 가질 수 있는 천진스런 통곡이었다. 어머니의 마음이 달라진 것을 깨달을 수 있었지만 예와 지금이 하나도 달라진 것이 없다고 설명할 수도 없었다. 경허는 방으로 돌아와 처음으로 큰소리로 울 수 있었다. 알 수 없는 슬픔이 가슴 속에 계속 일어나고 있었다. 어찌하여 어머니가 내 마음을 헤아리지 못하고 오히려 부끄러워한단 말인가.

경허가 효도할 수 있는 방법은 어릴적 모습으로 돌아가는 일이었다. 그래서 옷을 벗고 알몸으로 어머니 품에 안겼던 것이다. 그 도리를 어머니는 모르고 있었다. 본래 모습을 보지 못한 어머니가 원망스러웠다. 어머니는 어릴 때의 동욱을 잃어버리고 출가해 있는 경허로 인식하고 있었다. 서로가 타인이 되어 있었다.

경허는 속으로 어머니가 어린 날 자신을 잃어버리고 있다고 생각했다. 그렇다고 어머니를 원망한들 어찌할 수가 없는 노릇이었다. 그만큼 마음이 변해 있었다.

경허가 울음을 그치고 깊은 고독에 빠져 있을 때 그의 친형 태허가 방문을 들어섰다. 얼굴에 노여움이 담겨 있었다.

"너는 어머니 앞에서까지 해괴한 짓을 해야 하냐. 그래 나는 아직 너처럼 깨치지는 못했다마는 어머니에게 서른이 넘은 놈이 알몸으로 뛰어들다니 누가 이 모습을 봤다면 뭐라고 하겠느냐. 분명히 너를 보고 미쳤다고 할 것이다."

"형님 말씀이 맞습니다. 제가 미친 짓을 했어요. 제가 옛날 어릴적으로 돌아가려고 한 것 자체가 미친 짓이지요. 천진한 모습을 보지 못한 사람들에게 내가 말을 한들 나는 어쩔 수 없이 정신이상자만 되고 말지요. 혼자 있고 싶습니다."

경허는 혼자 있고 싶어 친형인 태허를 빨리 나가도록 재촉했다. 태허도 그 자리에 오래 앉아 있을 수가 없었다. 갑자기 방안에 싸늘한 침묵이 엄습했다. 경허는 마음이 울적했다. 깊은 우수 속으로 빠져드는 것 같았다. 그의 등 뒤에 처절한 고독이 쌓이고 있었다. 갑자기 자신이 왜소해지는 것 같았다. 그리고 경허 자신이 윤리적으로 용납될 수 없는 행위를 한 사실을 모른 것이 아니었고 일반적으로 효도가 무엇이란 것도 잘 알고 있었다. 특히 부모은중경(父母恩重經)에서 밝힌 부모 은혜는 지대하고 광활하다. 가령 어떤 사람이 왼쪽 어깨에 아버지를 모시고 오른쪽 어깨에 어머니를 모셔 피부가 닳아져 뼈에 이르고 뼈가 닳아서 골수에 미치도록 수미산(須彌山)을 백천 번 돌더라도 오히려 부모 은혜를 갚을 수 없고 또 흉년을 당해서 부모 위해 자기의 몸 전체를 도려내어 티끌같이 잘게 갈기를 백천겁이 지날 때까지 해도 부모 은혜는 갚을 수 없다.

은중경에서 밝히고 있는 부모에 대한 은혜의 의미는 헌신적 희생의 차원을 넘어 강요와 위압적인 내용으로 가득 차 있다. 살을 베어 내고 육체의 기능인 눈과 심장까지 희사를 해도 부모 은혜를 다 갚을 수 없다고 강조하고 있다. 부모에 대한 지극한 사랑과 헌신, 꼭 그것이 살을 도려내고 팔 다리를 자를 때만이 이루어지는 것은 아니다.

어머니를 올바르게 깨우치게 하여 부처님 제자가 되게 하는 것이 보다 큰 은혜란 것을 경허는 잘 알고 있었기 때문에 그는 천진으로 귀의한 것이다. 그러나 천진의 이치를 깨우치지 못한 사람은 경허의 행위를 반윤리적이고 인륜에 어긋난 일이라고 매도해 버린다. 경허는 자리에서 일어나 어머니의 방문을 열었다. 그때까지 경허의 모친은 눈물을 흘리고 있었다.

"어머니! 노여움을 푸세요. 제가 잘못했습니다. 미친 짓을 했어요. 다만 어릴 적 마음으로 돌아간 저에게 허물이 많습니다. 어머니께서는 제가 어릴 때 저를 얼마나 사랑했습니까? 그 모습으로 돌아간 저의 모습을 어머니가 보지 못한 것이지요. 그래서 저의 행동은 미친 짓이 되어 버렸습니다."

"그래, 네 마음은 알겠다. 조금은 이해가 된다. 그러나 너의 거친 행동 속에 지극한 효심이 들어 있는지를 몇 사람이나 알겠느냐."

경허의 모친은 섭섭하고 슬프던 생각을 지우고 눈물을 닦았다. 조금씩 얼굴에 주름살이 펴지고 있었다. 그때야 경허 모친은 경허의 지극한 효심을 조금 이해했다.

문밖을 나왔을 때 마침 해가 기울고 있었다. 그는 연암산에 올라가 멀리 떨어져 있는 서해를 바라보았다. 일몰이 시작되고 있었다. 붉은 낙조가 장관을 이루었다. 그것은 자연이 만들어낸 아름다움의 극치였다.


공형사는 수기물(手記物) 한장을 넘기지 못했다. 읽고 싶은 생각이 없어서가 아니라 그동안 경허를 추적한 내용을 나름대로 분석하는데 시간을 소비해 버렸다. 결국 정확한 정보를 입수하지 못해 수사에 혼란이 왔고, 경허란 인물을 이해하는 데는 전문적 지식은 물론이고 수행적 안목이 필요하다는 결론을 내렸다. 단순한 교리로서 경허는 이해되지 않았다. 그는 처음부터 반계율적 행위를 일삼지 않았다. 오히려 깨침을 이루는 과정은 드라마틱한 감동까지 불러일으켰다. 평범한 인간의 의지로서는 감당할 수 없는 고행을 경허는 초인적 힘으로 극복하고 있었으며, 육체의 유한성을 극복하기 위해 자신을 백척간두까지 몰고 가 그곳에서 절망하지 않고 오히려 육체의 속박에서 자유를 얻고 있었다. 그러니까 경허는 출가를 해서 경전을 배우고 강사(講師)가 될 때까지의 과정은 누구보다 성실한 수행인이었다. 그리고 전국 승려들에게 존경까지 받는 인물이 될 수 있었다. 그러나 경허는 강사에 만족하지 않았다. 콜레라라는 무서운 병에 걸려 생사의 무상함을 뼈저리게 체험했고, 자신이 알고 있는 일체 경전의 지식이 자기 죽음 앞에 아무 도움이 되지 않는다는 것을 철저히 깨닫고 치열한 견성실험을 통해 해탈의 자유를 성취했다.

경허의 해탈적 자유는 곧 법신의 성취를 뜻한다. 법신은 생명이 없다. 제한과 속박도 없다. 모든 현세의 물질적·정신적 질곡으로부터 자유스런 몸이 법신이다. 그래서 경허의 삶 속에는 걸림없는 자유만 있을 뿐 소유의 흔적이 없다. 소유는 집착을 만든다. 경허 자신은 무소유의 삶을 산다고 선언한 일도 없지만 그의 행적에는 집착이 없었다. 집착이 없기 때문에 그는 바람처럼 떠돌 수 있었고 임운자재(任運自在)할 수 있었다. 또한 경허의 방황과 거친 행동은 14세 때 출가해서 부터 31세에 이르러 이루어지고 있었다.

공형사는 이러한 경허의 수행과정과 반계율적 무애행위를 수사보고서로 작성하지 않을 수 없었다. 그러나 한편으로는 두려움이 앞섰다. 수사과장이 이 보고서를 본다면 결론은 뻔했다. 이것을 수사 보고서라고 썼느냐고 집어던져 버릴 것이고 신경질이 쏟아질 것이다.

그렇다고 그동안 경허를 추적한 내용을 보고 하지 않을 수 없었다.

다만 몇가지 새로운 사실이 있다면 경허가 오도를 이루고 나서부터 동학사에서 떠났다는 사실과 그의 모친과 친형이 있는 천장암에 머물고 있다는 내용이었다. 그리고 다른 수행인과 달리 경허의 행색이 특이하다는 점이었다.

경허는 보임(保任)을 끝내고부터는 수염을 길렀고 비승비속(非僧非俗)의 차림으로 만행을 일삼고 있을 뿐 아니라 천장암을 비롯해서 개심사(開心寺) 서산(瑞山) 부석사(浮石寺) 등지를 자주 왕래하고 있다는 사실이었다. 그리고 수사과장이 경허란 인물을 이해하는 데 도움이 될 수 있는 일화(逸話) 한 토막을 삽입했다. 물론 공형사 자신도 수사과장이 보고서를 다 읽으리라 믿어지지 않았다. 오히려 이것을 보고서라고 썼느냐고 집어던질 것이라는 짐작을 했다.

경허가 해인사에 있을 때였다. 그는 어느 날 등반길에 올랐다. 거창쪽으로 발길을 옮긴 것이다. 경허의 허리에는 술통이 있었다. 목이 마를 때마다 물을 마신 것이 아니라 술을 마셨다.

경허가 마정령(馬亭嶺)에 이르렀을 때였다. 시원한 바람이 가슴을 스치며 지나가고 있었다. 이마에 맺혀 있던 땀방울이 씻겨질 만큼 바람은 신선한 향기를 갖고 있었다. 마정령 고개마루에서 잠깐 쉬었다. 그때 아이들이 나무짐을 지고 하산하고 있었다. 허겁지겁 산길을 내려오다 아이들은 술을 마시고 있는 경허를 발견했다. 그리고 아이들 가운데 하나가 빈정거렸다.

"저기 좀 봐. 술을 마시면서 담배까지 피우고 있네. 말세야."

한 아이가 빈정거리자 아이들이 한꺼번에 낄낄대며 웃어 버렸다. 경허는 아이들이 자신을 희롱하고 빈정거리고 있음을 알고 있었지만 미동도 하지 않고 술만 마셨다. 경허가 아무 내색을 하지 않고 바위처럼 술을 마시고 있는 태도가 더욱 못마땅했는지 아이들은 한꺼번에 소리를 지르며 빈정거렸다.

"중이 술을 마시면 똥물 지옥에 떨어진다고 하더라."

경허는 술을 들이키고 나서 자리에서 일어나 아이들 곁으로 걸어갔다. 육 척 거구가 움직이자 아이들은 겁에 질려 한 발자국씩 뒷걸음질을 치고 있었다. 경허는 겁에 질린 아이들을 보고 조용히 말했다.

인자한 목소리였다.

"너희들 나를 알겠느냐?"

경허란 신분을 알고 있는가 하고 물은 것이다.

"저희들이 어찌 스님을 알겠습니까?"

굳어진 아이들 얼굴 표정이 서서히 풀리기 시작했다. 경허의 목소리에 노기가 없었기 때문이었다.

"그러면 너희들이 나를 보고 있느냐?"

"예, 지금 스님을 보고 있습니다."

아이들은 경허의 물음에 솔직하게 대답했다. 육척 거구에 수염이 달린 모습을 아이들이 못 볼리가 없었다.

"이놈들아! 나를 알지 못하면서 나를 어찌 본다고 말할 수 있느냐?"

큰소리로 아이들을 꾸짖었다. 표정이 금새 굳어져 버렸다. 그리고 경허는 짚고 있던 주장자를 하늘 높이 들고 아이들을 후려 갈길 듯 흉내를 내다가 다시 인자한 목소리로 아이들에게 참으로 엉뚱한 주문을 했다. 경허는 손에 쥐고 있던 주장자를 아이들에게 건네며 말했다.

"너희들이 이 주장자로 나를 한번 때려 보아라. 만약 네놈들이 제대로 나를 때리기만 한다면 그 대가로 내가 돈을 주겠다."

아이들은 경허의 엉뚱한 제안에 어리둥절했다. 그것도 그럴 것이 주장자로 아이들을 칠 것 같았던 경허가 갑자기 태도를 바꾸어 반대로 자신을 제대로 때리면 돈을 주겠다고 제안을 하니 아이들은 쭈뼛거리며 서로의 얼굴만 쳐다볼 뿐이었다. 경허를 때리겠다고 선뜻 나서는 아이가 없었다.

"너희들이 나를 때리지 않으면 내가 때리겠다."

경허는 아이들을 향해 위협을 했다. 그때 영리한 아이가 경허 앞으로 다가서면서 주장자를 받아 쥐었다. 경허는 등을 돌려 때리기를 기다렸다. 주장자를 든 아이는 멈칫하다가 경허의 등을 후려갈겼다.

그러나 힘이 들어가 있지 않았다.

"이놈아, 힘껏 때려라. 그래 가지고는 나를 제대로 때릴 수 없다."

아이는 인상을 쓰면서 힘을 모아 경허의 등을 후려갈겼다. 둔탁한 소리가 들렸다.

"나는 아직 맞지 않았다. 제대로 나를 때리지 못했다. 다시 한

번 쳐 보아라."

  아이들은 신바람이 난 듯 나무 작대기로 경허를 후려쳤다. 그때마다 경허는 나를 제대로 때리지 못했을 뿐 아니라 자신은 맞지 않았다고 말했다. 아이들은 돈을 받지 못할까 싶어 힘을 모아 경허의 등을 후려 갈겼다. 여러 개의 나무 작대기가 보리타작하듯이 경허의 등에서 둔탁한 소리를 내었다.

  "아직 너희들은 나를 때리지 못했다. 만약 때렸다면 조사(祖師)도 때리고 나아가 삼세제불(三世諸佛)을 때렸을 것이다."

  "스님, 정신이 나간 사람 아닙니까?"

  주장자를 쥐고 있던 아이가 어이없다는 표정으로 경허에게 물었다.

  "내가 미쳤느냐고 물었느냐. 나는 미치지는 않았다. 너희들에게 매를 맞고 있을 뿐이다."

  "그런데 스님은 매를 맞지 않았다고 합니까. 돈을 주고 싶지 않아서 그렇지요."

  경허는 손에 쥐고 있던 돈을 던지며 "나를 때리지는 못했으나 돈은 가져가거라" 하고 껄껄 웃으면서 마정령을 넘으면서 시(詩) 한 수를 읊었다.


온 세상 혼탁하나 나 홀로 깨었어라.
우거진 수풀 아래서 남은 해를 보내리.
擧世渾然我獨醒
不如林下度殘年

공형사는 일화 한 토막을 삽입하고 나서 천장암에서 들었던 경허와 뱀에 대한 일화를 추가했다. 공형사 자신도 그만큼 경허에게 매료되어 있었다.

경허가 보임을 끝낸 그 해 여름이었다. 그는 화두(話頭)를 한번 들면 서너 시간씩 계속했다. 화두를 들고 있는 경허의 모습은 마치 바위와 같았고 우뢰와 같은 침묵을 깔고 있는 것 같았다.

여름 밤이었다. 경허는 누워서 화두를 들고 있었다. 그러나 얼핏 보면 경허는 자는 것같이 보였다. 실제는 잠을 자는 것이 아니라 삼매에 들어 있는 것이었다. 만공이 경허의 방문을 조용히 열었다. 촛불이 바람에 흔들거렸다. 방안의 어둠이 바람이 불 때마다 그림자처럼 움직였다. 만공이 방안에 들어섰을 때도 경허는 마치 잠이 든 사람처럼 미동도 하지 않았다.

불빛에 경허는 배를 드러내놓고 있었다. 그런데 불빛 속에 언뜻 물체가 보였다. 뱀이었다. 뱀이 경허의 배 위에서 또아리를 틀고 혀를 날름거리고 있었다. 만공은 '으악' 하고 소리를 지를 뻔했다. 숨을 몰아쉬며 조용히 말했다.

"스님, 위험합니다."

"아니야, 실컷 놀다 가게 그대로 가만 두어라."

경허는 끝내 뱀을 쫓지도 않았고 또 두려워하지도 않았다.

"스님! 그래도 위험합니다."

"위험할 것 없어. 만물과 벗할 수 있는 사람이 일체 제불과 벗할 수 있다. 공부를 할 때도 마찬가지야. 너무 조급해서도 안되고 바깥의 경계에 동요가 되어서도 안 된다. 이놈은 놀다가 갈 것이다."

뱀은 한참 후에 아무 일 없었다는 듯 유유히 사라져 버렸다.

공형사는 K서(署)로 출근하여 그 동안 경허의 행적조사보고서를 수사과장의 책상 위에 놓아 두었다. 수사과장의 출근이 조금 늦었다. 담배 한 대를 피우고 나자 과장이 제자리에 앉으면서 보고서를 펼쳐든 것을 공형사는 보았다. 수사과장은 예측과는 달리 신경질을 내지 않고 보고서를 열심히 읽었다. 수사과장의 얼굴이 굳어지고 있었다.

신경질이 폭발할 것 같은 불안감이 엄습했다.

"공형사."

"네."

"이것은 수사보고서가 아니고 소설을 썼구만. 그리고 경허란 중 광승(狂僧) 아니야."

"광승이라니요?"

"미친 중이 아니냐 말야."

"초탈인입니다. 우리보다 앞서가는 사람입니다."

"그러면 경허가 살인을 하지 않았단 말인가."

"살인혐의를 벗을 만한 구체적 증거는 없습니다. 더 조사를 해 봐야지요."

"이런 보고서를 쓰려면 소설을 쓰는 것이 나아. 공형사는 집에 가서 소설이나 쓰라고. 그리고 공형사 자신이 불교신자라고 경허를 체포하지 않고 있는 것 아니야?"

"그러면 이 사건을 다른 사람에게 맡기시지요."

"쓸데없는 소리말고 김도영의 소식은?"

"전혀 없습니다."

"그렇다면 이 보고서에 경허가 천장암·개심사·부석사 등지로 배회하고 있다는 것은 무슨 뜻이야."

"동학사 스님들에게 들은 정보입니다."

"중들 말을 믿을 수 있나. 가재는 게편인데."

"틀림없이 경허는 천장암·개심사·부석사 등지로 돌아다니고 있습니다."

"천장암을 가든 개심사로 가든 공형사는 이 사건을 빨리 해결해."

공형사는 예상보다 수사과장의 질책이 가벼운 데에 안도를 했다. 수사보고서가 수사과장의 마음을 안정시키는데 상당한 효과를 가져오게 했다. 다시 출장준비를 하지 않을 수 없었다.

K서에서 서산 천장암까지는 상당한 거리였다. 공형사는 천천히 출장 준비를 하면서 가방속에 경허의 수기물을 집어 넣었다. 수기물을 읽겠다고 첫 장을 펼치고는 아직까지 한 줄을 읽지 못하고 있었다.

차 속에서 가벼운 마음으로 읽을 수 있을 것이라고 공형사는 생각했다.

## 끝없는 만행(萬行)

경허는 해인사에서 돌아와 천장암에 머무르고 있었다. 천장암은 경허에게 고향같은 향수와 안도감을 주었다. 그래서 만행(萬行)을 하고 심신이 피곤하면 마치 어머니 품에 안기듯 천장암으로 돌아왔다. 마음이 허전하면 연암산에 오르기도 하고, 멀리 바라보이는 서해의 붉은 낙조를 오랫동안 관찰하기도 했다. 비록 벗할 사람이 없었지만 경허의 마음은 흔들리지 않았다. 처절한 고독이 엄습할 때는 화두를 들고 외로움을 극복했고 만산만수(萬山萬水)를 소홀히 보지 않았고 법신으로 파악하는 안목이 있었기 때문에 오히려 스스로 즐거웠다. 그것은 경허만이 누릴 수 있는 자락(自樂)이었고 법열이었다.

그러나 그의 행색은 다른 수행자와 달리 비승비속(非僧非俗)의 신분을 유지하고 있었다. 그리고 고집스러울 정도로 장부의 기질을 저버리지 못하고 있었다. 그는 수염을 깎지 않고 항상 헌 누더기를 입고 있었다. 다만 머리를 깎았을 뿐 수염은 깎지 않았다. 보통 수행자가 머리를 깎는 이유는 속세를 떠났다는 의미를 강조하기 위해서이다. 그래서 검은 머리털을 무명초(無明草)라고 한다. 어둠 그리고 번뇌를 상징한다는 의미이다.

조선조 시대 사명(泗溟)도 머리를 깎고 수염은 깎지 않았다. 수염을 깎지 않은 이유를 사명은 다음과 같이 강조했다.

머리를 깎는 것은 세속을 떠났음을 의미한 것이며,
수염을 기르는 것은 장부의 기상을 그대로 나타낸 것이다.
削髮逃塵世
存髥丈夫

수염을 통해 장부의 기상을 강조한 사람이 또 있다. 바로 김시습(金時習)이다. 그는 단종이 세조에게 왕위를 찬탈당했다는 소식을 듣고 울분을 참지 못해 출가한 사람이다.

그러나 김시습 역시 경허와 같이 운수의 자유를 누렸고 기행을 일삼았으며 괴로울 때는 통음(痛飮)을 서슴지 않았다. 그 역시 머리는 깎고 수염을 깎지 않았다. 그는 수염을 깎지 않은 이유를 다음과 같이 강변하고 있다.

머리를 깎아서 세상을 등졌으나
수염을 길러서 장부임을 표한다.
削髮避當世
留鬚表丈夫

사명·김시습·경허, 세사람은 수염을 통해 장부임을 강조한 대표적 인물들이다. 그리고 세사람은 유달리 턱수염이 많았다. 수염을 깎아 버리면 얼굴이 허전함을 느꼈을지 모른다. 그러나 경허는 고집스러울 정도로 수염을 깎지 않았다. 모든 것에 초탈해 있으면서도 턱수염에 집착을 버리지 못했다. 수염이 있다고 해서 장부의 기상이 일어나는 것은 아니다. 보는 사람에 따라 수염은 장부의 기상이 될 수 있고 표상이 될 수 있다.

경허의 수염은 수행자에게 화젯거리가 되었지만 선비들에게는 시비의 대상이 되었다. 천장암 아랫마을에 있던 선비들이 모여 경허의 수염을 두고 논란을 벌였다. '중이 머리를 깎고 수염을 깎지 않다니 오늘 우리가 그 중을 찾아가서 수염을 깎도록 만들어 주지' 선비들은 공모를 하고 천장암으로 경허를 찾았다.

선비들의 마음 속에는 경허를 시험해 보자는 저의도 있었다. 선비들을 맞이한 경허 역시 자신을 시험하기 위해 찾아온 것을 직감적으로 깨달았다. 마루에 앉아 있는 경허를 향해 선비 한 사람이 시비의 포문을 열었다.

"머리는 깎고 수염은 깎지 않은 것을 보니 어지간히 장부를 뽐내고 싶은 게로군."

유가(儒家)와 불가(佛家)의 논쟁이 시작되었다. 또 그것은 언어의 폭력이기도 했다. 경허는 자신을 시험하고 있다는 것을 알고 있었기 때문에 당황하지 않고 그들의 면전에 전광석화 같은 깨침의 불빛을 던지고 싶었다.

"이 어리석은 친구들아. 눈을 뜨고도 사물을 제대로 보지 못하고 있군."

대장부의 뜻이라는 것은

그 뜻 자체를 가지고 나타내려고 해도
나타내기가 부족한 것인데
하물며 수염을 가지고 대장부라고 뽐낸단 말인가.
이 졸장부들아.
有丈夫之志  卽表其志
表不足取  況存其鬚  表丈夫

　선비들은 할 말을 잃고 더 이상 시비를 하지 않고 도망치듯 마을로 내려가 버렸다. 이러한 논쟁은 불교의 역사 속에 심심치 않게 등장하고 있다. 대부분 시비는 유가의 선비쪽이 걸어오는 경우가 많았다.
　중국 문장가 중 한사람인 소동파가 어느 날 승호선사를 찾은 일이 있었다. 소동파는 변장을 했으나 그의 안하무인의 교만은 금세 승호선사에게 간파되고 말았다. 승호는 당황하지 않고 어디서 왔고 존함이 누구냐고 평범하게 물었다. 소동파는 자신만만하게 승호선사를 쏘아 보면서 말했다.
　"나의 성(姓)은 칭(秤:저울)가요."
　"칭가라니요?"
　"천하 선지식을 달아보는 칭가란 말이오."
　승호 자신을 시험하고 있다는 것을 동파는 서슴지 않고 말했다.
　승호는 이 교만스런 선비의 코를 납작하게 만들어야 되겠다고 마음을 먹고 '으악!' 하고 할(喝)을 했다. 우레와 같은 큰 목소리였다.

그리고는 '자, 이 소리가 몇 근이나 됩니까?' 하고 물었다.
 승호의 할(喝)에 소통파의 귀는 찢어지고 눈앞이 캄캄했다. 아무 소리도 듣지 못했다. 순식간에 귀머거리가 되어버렸다. 이후부터 소동파는 스스로 지적 자만을 버리고 겸손해졌다.
 선비들이 내려간 후 태허가 놀란 표정으로 경허를 찾았다.
 "무슨 일로 선비들이 찾아왔느냐."
 "턱밑에 수염이 탐나서 찾아왔다가 자기들 수염만 뽑히고 가버렸습니다."
 경허의 실력을 알고 있는 태허는 더 이상 묻지 않았다. 비록 혈육상으로 동생이었지만 경허의 안목에 자신이 못 미치고 있음을 태허는 잘 알고 있었다.
 경허는 술을 마시고 방안에 누웠다. 그러나 그의 뇌리에는 죽은 영주사미의 환영이 지워지지 않고 있었다. 가슴이 허전했다. 빨리 범인이 잡히기를 바랬다. 그래야만 자신이 살인혐의를 벗을 수 있다는 생각을 했다. 갑자기 분노가 일었고 심장이 파열될 것 같은 고통이 엄습했다. 오랜만에 남을 미워하는 생각을 했다. 도대체 살인범이 누구일까. 틀림없이 길가에서 만난 김도영이 영주사미를 죽였을 것이다.
 아니다.
 경허는 혼자 머리를 흔들면서 김도영을 살인범으로 단정하는 것도 죄라고 생각했다. 경허의 뇌리에서 죽은 영주사미의 환영은 지워지지 않았다. 혼자서 눈물을 흘리기도 했다. 마음 속에 분노가 끓고 있었다. 이때 밖에서 인기척이 났다. 방문을 열었다. 몇 번 본 태평상인(太平上人)이었다. 그는 처사로서 정진을 오래하여 높은 선지(禪旨)를 갖고 있었다. 경허의 뇌리에 영주사미의 환영이 사라져 버렸다.
"자리에 오르시지요."
반갑게 태평상인을 맞이했다. 그의 목소리에는 알 수 없는 비애와 자비가 섞여 있었다. 방안으로 들어선 태평상인은 자리를 잡고 앉으면서 포문을 열었다. 그는 경허를 궁지로 몰아넣었다. 둘 사이의 평상적 안부도 묻기 전에 태평상인이 법거래(法去來)를 했다.
"조사(祖師)가 서쪽에서 온 뜻이 무엇입니까?"
태평상인이 물었다. 경허는 질문이 떨어지자 그 순간을 틈타서 손에 쥐고 있던 주장자로 태평상인의 등을 후려갈겼다. 둔탁한 소리가 났다. 경허가 물리적 폭력을 가한 것이다. 그러나 태평상인의 얼굴에는 당황한 빛이나 분노가 조금도 일지 않았다. 오히려 태연한 자세로 다음의 말을 이었다.
"큰스님께서 저를 때렸지만 조사서래의(祖師西來意)는 때리지 못했습니다."
태평상인의 육신은 때렸지만 조사가 서쪽에서 온 뜻은 때리지 못했다는 뜻이었다. 경허는 흥분을 가다듬고 태평상인에게 "조사가 서쪽에서 온 뜻이 무엇이냐" 하고 물었다. 경허의 질문이 끝나기도 전에 태평상인은 날렵하게 주장자를 빼앗아 경허의 등을 후려갈겼다.
경허의 등에 피멍이 들었다. 그러나 경허는 상관치 않고 '하하' 하고 웃었다.
"사자는 사람을 물고 개는 흙덩이를 쫓느니라."
졸지에 태평상인은 흙덩어리를 쫓는 개가 되고 만 것이다. 사자에게 돌을 던져 보라. 사자는 돌멩이를 따라가지 않고 돌을 던진 사람을 물고 만다. 그러나 훈련받지 못한 개는 흙덩어리를 쫓는다.

태평상인은 자리에서 일어나 공손히 큰절을 하면서 '법은(法恩)을 잊을 수가 없습니다' 하고 감격했다. 서로가 똑같은 질문을 했고 주장자를 가지고 서로 후려갈겼지만 개안과 감동을 얻은 쪽이 태평상인이었다. 얼핏 보면 서로 물리적 폭력을 행사했지만 선사들의 폭력은 폭력의 차원을 넘어 깨침을 얻게 하는 도구로 상승된다. 이 주장자의 폭력을 자주 사용한 대표적 인물은 황벽(黃檗)선사이다. 황벽은 임제종을 창종한 임제의현(臨濟義玄)선사의 스승이기도 하다.

임제가 출가하여 어느 날 안휘성에 주석하고 있던 황벽선사를 찾아갔다. 그러나 임제는 황벽을 뵙지 못하고 정진만 계속했다. 황벽선사가 그를 거들떠 보지도 않은 것이다. 그만큼 임제는 돋보일 만한 재주를 갖고 있지 않았다. 마음 속에는 어두운 의혹만 짙어갔다. 다만 성실히 자기 탐구를 계속했다.

삼 년이 지나갔다. 엉덩이에서 살이 빠지고 고름이 고였다. 참으로 무지할 만큼 자리를 떠나지 않고 좌불처럼 앉아 황벽의 부름을 기다리고 있었다. 권태와 좌절 그리고 실의를 극복한 임제의 인내는 목주(睦州)선사의 마음을 움직이게 했다. 그 당시 목주는 황벽의 문하에서 제일 뛰어난 제자였다. 그는 임제에게 '여기 온지 얼마나 되었는가' 하고 물었다. 임제는 솔직하게 삼 년이 지났다고 대답했다.

"방장스님에게 가 본 적이 있습니까?"

"없습니다. 무엇을 물어야 되는지 모르기 때문입니다."

그만큼 임제는 백치의 어리석음을 갖고 있었다. 천진이 성숙되어 있음을 간파한 목주는 불법의 근본 뜻이 무엇이냐고 물어 보라고 훈시했다. 임제는 목주가 지시한 대로 방장 황벽의 방을 두드렸다. 그러나 결과는 예기치 않은 분위기로 바뀌고 말았다. 임제가 불법의 근본 뜻을 묻자 황벽은 방망이로 임제를 후려갈겼다. 이유없이 매를 맞은 것이다. 그것도 무려 삼십 방이란 매를 맞고 피멍이 든 채로 방으로 돌아왔다. 온몸에 장독(杖毒)이 각인되어 있었다. 분노가 치밀었지만 참을 수 밖에 없었다.

목주는 다시 질문을 하도록 부추겼다. 이번에는 좋은 일이 있을 것이란 기대를 갖고 다시 황벽을 찾아 질문을 했으나 전날같이 몽둥이 세례만 받고 말았다. 3일 째 되던 날도 똑같이 매질만 했다. 온몸에 푸른 멍이 수를 놓은 것 같았다. 살갗은 찢어지고 피가 낭자했다. 가슴 속에서 참을 수 없는 분노가 치밀었다. 더 이상 이곳에 머물 필요가 없음을 깨닫고 목주에게 떠날 뜻을 밝혔다.

이때 목주는 황벽의 교수방법이 방망이로 매질하는 것이라고 가르쳐 주었다. 그리고 그냥 떠나지 말고 황벽에게 인사를 드리고 가도록 권유했다. 임제에 대한 목주의 애정은 지극했다. 목주는 방장에게 가서 '임제는 비록 어리지만 앞으로 대기만성할 인물입니다' 하고 귀띔을 해 주었다.

잠시 후 임제가 작별 인사를 하려고 황벽을 찾았을 때 황벽은 전날과 달리 '자네는 다른 곳으로 가지 말고 바로 대우(大愚)스님을 찾아가서 가르침을 받도록 하라. 그러면 반드시 소득을 얻게 될 거야' 하고 말했다.

임제는 그 길로 대우스님을 찾아가 황벽에게 매맞은 일, 즉 폭력을 당한 일을 소상하게 말했다. 임제는 울먹이면서 말했다. 이 때 대우스님은 엉뚱하게 다음과 같이 말을 이었다.

"사실은 황벽스님이 지극한 사랑으로 자네를 대한 것이고 자네로 하여금 일체 집착에서 벗어나게 자상하게 가르쳐 주었는데 그것도 모르고 이곳까지 왔단 말인가!"

임제는 이 말을 듣고 홀연히 깨닫게 되었다. 그리고 다음과 같이 큰소리로 말을 했다.

"원래 황벽의 불법은 별것이 아니군."

대우는 임제의 오만한 태도를 보자 분노가 치밀었는지 임제의 멱살을 잡고 말했다.

"이 거지 발싸개 같은 놈아. 조금 전에는 자기에게 잘못이 있었느냐고 묻더니 이제는 황벽의 불법이 별것이 아니라고? 무슨 진리를 발견했나, 말해보라."

이때 임제는 대우의 옆구리를 주먹으로 세 번 쳤다. 대우는 임제의 멱살을 잡고 있던 것을 풀면서 말했다.

"자네의 스승은 황벽이지 내가 아니야."

결국 그렇게 임제를 황벽에게 보내고 말았다.

선사들이 사용한 주장자나 방망이는 물리적 폭력을 위해서가 아니다. 그래서 분노가 일지 않는다. 그러나 그 방법은 매우 거칠고 격렬하다. 그러나 선사들의 거칠고 돌발적인 행위에서 오는 강렬한 섬광의 불빛이 눈먼 제자의 자성을 깨치게 하고 이러한 교섭을 통해 선기(禪機)의 비밀이 나타난다.

그래서 개오(開悟)를 위해 맞는 매는 환희와 희열을 동반한다. 매를 맞고 활연대오한 임제는 훗날 방(棒)을 쓰지 않고 할(喝)로써 자기의 교수 방법을 선택했다. 그의 고함소리에 영혼이 찢겨 나가고 마음 속에 자리한 번뇌와 절망의 구름이 걷혔다.

대우선사의 권유에 따라 임제는 다시 황벽을 찾았다. 임제를 쳐다본 황벽은 '어디 갔다 왔느냐'고 능청스럽게 물었다.

"스님 지시대로 대우스님을 뵙고 오는 길입니다."

"대우가 뭐라고 하더냐?"

임제는 그동안 있었던 일을 숨기지 않고 말을 했다.

"대우 이놈. 오기만 해봐라. 그냥 묵사발을 내버릴 것이다."

이제 황벽의 제스처에 현혹되거나 빠질 임제가 아니었다.

"뭐 오래 기다릴 것까지 없습니다. 지금 당장 묵사발을 내십시오."

말이 채 끝나기도 전에 임제는 황벽의 뺨을 후려갈겼다. 순식간에 황벽은 봉변을 당하고 말았다. 그러나 황벽의 얼굴에는 분노의 빛이 없고 오히려 미소를 짓고 있었다.

"이런 미친 놈. 범의 수염을 잡다니……."

황벽의 말이 끝나기 전에 임제의 벼락치는 고함소리가 황벽의 귀를 찢고 귀를 멀게 했다.

황벽은 시자를 불렀다. 즐거운 표정이 역력했다.

"이 미친 놈을 데려가거라."

이렇게 황벽과 임제의 사자(師資)관계는 맺어졌다. 깨침의 교수 방법이 매우 거칠고 격렬했다. 반윤리적 혐오감까지 불러일으키게 했다.

경허는 태평상인의 기뻐하는 모습을 보고 자신도 즐거웠다.

"자네는 임제에 비하면 행복한 사람이야!"

"왜요?"

"임제는 90방을 맞고 깨침을 얻었지만 자네는 주장자 한번 맞고 일대사 인연을 해결했지 않나."

"저만 맞은 것이 아닙니다. 큰스님도 저에게 맞았습니다."

"그래, 서로 빚을 갚은 셈이군."

태평상인이 돌아간 후 경허는 오랜만에 동학사에 들렀다. 이때 동학사에는 진암노사(眞岩老師)가 주석하고 있었다.

"노스님, 경허입니다."

경허는 문안인사를 했다.

"그렇지 않아도 소식이 궁금했다. 시방법계를 휘젓고 다니는 과객(過客)을 만나 기쁘군."

경허는 동학사의 옛 모습을 하나하나 빠짐없이 살폈다. 철쭉꽃이 피어 있었다. 벌써 몇 년이 지났는데도 철쭉은 시공을 초월해 꽃을 피우고 있었다. 그것은 환생(還生)이었다. 생멸과 소멸이 있는 자리에 허무가 있었지만 변하지 않는 섭리는 항상 꿈틀거리고 있었다.

"자네한테 사람 하나를 소개해야겠어. 비범한 데가 있어. 잘 다듬으면 반드시 큰 그릇이 될 거야."

진암노사는 만공(滿空)을 소개했다. 아직 어린 나이였다. 이때 만공의 나이는 15세를 넘지 않았다. 경허를 본 만공은 인사를 드리고 자신이 갑자기 왜소해지는 것 같았다. 육척 거구에다가 눈에는 불빛이 이글이글 타는 것 같았다.

"경허스님을 따라 가거라."

만공은 겁에 질린 듯 말을 하지 않았다. 가고 싶지 않았다. 자애스런 진암노사 곁에 있고 싶었다.

"왜 말이 없느냐?"

만공은 끝내 입을 열지 못하고 고개를 저었다. 가고 싶지 않다는 의사를 표시했다.

"이놈아! 훗날 후회하지 말고 빨리 짐을 챙겨라."

만공은 진암노사의 말을 거역할 수 없었다. 할 수 없이 경허를 따라 천장암으로 갈 수 밖에 없었다. 그러나 두 사람의 만남은 운명적이었다. 만공은 훗날 경허의 법제자가 되어 누구보다 스승을 존경하고 사랑했다. 스승을 위해서는 자기 살점을 도려내겠다는 헌신적 의지를 내보인 일도 있었다.

그리고 경허가 만공을 만난 것은 달마가 혜가(慧可)를 만나는 것과 비교될 만했다. 그러나 경허는 만공을 자신의 상좌로 삼지 않고 친형인 태허의 제자가 되게 했다. 이때도 태허는 천장암 주지로 있었다.
 "형님 상좌로 삼으세요. 비범한 데가 있어요."
 "너를 따라왔지 않느냐?"
 "형님에게 인연을 맺으면 내가 가르치고 눈을 뜨게 해야지요."
 경허는 만공을 법제자로 삼겠다는 의사를 표시했다.
 만공은 경허의 친형인 태허를 은사로, 경허를 계사(戒師)로 하여 사미계(沙彌戒)를 받게 되었다. 경허는 법상에 올라 훗날 법제자가 될 만공에게 직접 사미계를 설했다. 경허의 목소리는 어느 때보다 우렁차고 준엄했다. 마치 검사의 논고와 같이 사미가 지켜야 할 십계(十戒)를 자세히 설명했다.
 살생하지 말 것, 도둑질, 음탕한 짓, 거짓말, 술을 먹는 일, 사치스럽게 몸단장하는 일, 노래하고 춤추는 곳에 가는 일, 화려한 자리에 앉고 눕는 일, 때아닌 때에 먹는 일, 금·은·보배를 몸에 지니는 일을 하지 말라고 준엄하게 말했다. 살생을 하면 자비의 씨앗이 없어지고 도둑질을 하게 되면 복덕의 씨앗이 없어진다. 그리고 차라리 독사 아가리에 남근을 넣을지언정 음행을 하지 말라고 강조했다.
 옛날 보련향(寶蓮香)이라는 비구니는 여자가 자위행위를 하는 것은 살생과 도둑질하는 것과 다르므로 죄가 되지 않는다고 말한 후 얼마있지 않아 음부에 불이 일어나 타서 죽어 지옥에 떨어졌다는 인과를 말했고, 사치와 높은 벼슬을 해서는 안된다고 강조했다.
 당나라 혜휴(慧休)는 신 한 켤레를 가지고 30년을 신고 다녔다.

스스로 검소와 무소유를 실천했다. 반면 오달(悟達)국사는 '의종'에게서 침향(沈香)나무 등 보좌(寶座)를 하사받아 사치를 누리다가 인면창(人面瘡)을 앓은 일이 있다. 인면창이란 무릎·팔 등에 사람의 얼굴 모양처럼 부스럼이 나는 병이다.

계율 하나하나를 파하게 되면 그 과보가 크다는 것을 예증을 들면서 경허는 말했다. 그리고 중노릇하는 법을 설했다. 술과 여자, 고기, 섹스를 즐기면서 경허는 이율배반적으로 만공에게는 지계정신을 준엄하게 강조했다. 경허의 이중적 인격의 단면을 보는 대목이었다.

그러나 훗날 만공도 계율의 속박에서 벗어나 무애의 자유를 누렸다.

경허와 만공 두 사람 다 승가의 도덕적 책임과 윤리를 저버리면서 무애의 자유를 누리는 달인(達人)이 되었다. 바로 여기에 경허와 만공을 평가하는데 사람들은 각자 시각을 달리한다. 경허의 중노릇하는 법문은 상당히 논리적이었다.

술을 먹으면 정신이 혼미해지니 먹지 말아야 한다. 음행을 하게 되면 애욕이 일어나 자신을 불태우게 된다. 살생은 마음에 탐심과 분심을 일으키게 하여 끝내 자신을 상처낸다. 거짓말을 하게 되면 삿된 마음이 일어나고 모든 사람에게 신뢰를 받지 못한다. 경허는 십악(十惡)을 통해 십선(十善)을 강조했다. 이러한 경허가 스스로 술을 마시고 여자를 품에 안고 고기 먹는 일에 탐닉했다는 것은 이해가 되지 않는다.

경허의 법문을 듣고 있던 만공은 자리에 쓰러질 것 같았다. 저토록 많은 계율과 인과가 분명한 계율을 지켜 나갈 생각을 하니 두려움이 가슴 속으로 엄습했다. 초조와 불안감 때문에 몸이 균형을 잃고 있었다. 만공은 이를 악물고 끝까지 경허의 준엄하고 서릿발 같은 법문을 경청했다. 마치 태풍이 만공 전체를 할퀴고 지나가는 것 같았다.

사미계를 받고 난 만공은 이튿날 경허의 부름을 받았다. 법명과 법호를 받았는데, 만공(滿空) 월면(月面)으로 부르도록 했다.

"내일부터 부목과 공양주를 하도록 해라. 남을 위해 헌신하는 데는 먼저 하심하는 법을 배워야 돼. 일체보살은 중생을 위하고 자신을 위해 하심(下心)을 하고 있지 않느냐."

만공은 경허에게 한 마디 말도 못하고 자리에서 일어섰다. 그만큼 경허의 위엄은 당당했고 바다와 같은 침묵이 있었다. 자리에서 일어서면서 만공의 가슴 속에는 한 가닥 의심이 있었다. 술 먹지 말라, 여자와 음행하지 말라 해놓고 왜 스님은 즐기고 있는가를 묻고 싶었지만 꾹 참고 말았다. 자리에서 일어서고 있는 만공을 보고 경허는 '하고 싶은 이야기가 있느냐'고 물었지만 '없다' 하고 문밖으로 나왔다.

밖은 햇살이 빗줄기처럼 쏟아졌다. 갑자기 눈앞이 현란해졌다. 자애스런 진암노사의 가르침과 달랐다. 매우 거칠고 인정이 없었다. 경허가 한 번 눈을 부릅뜰 때면 만공은 주눅이 들었다. 경허의 눈빛은 일체사물을 흡수해 버리는 흡인력을 갖고 있었다. 그래서 만공은 천장암에 온 이후로 경허를 한번도 똑바로 쳐다보지 못했다.

사미계를 받고부터 만공의 고행은 새로이 시작되었다. 산에 가서 나무를 해야 하고 밥을 지어야 했다. 그리고 경허의 시중도 들어야 했다. 출가한 사람은 누구나 거쳐야 하는 과정이었다.

대개 처음 산에 들어오면 공양주를 해야 한다. 밥짓는 일을 통해 마음 다스리는 공부를 해야 하는 것이다. 그리고 채공, 즉 반찬 만드는 일을 한다. 부목과 공양, 채공의 역할을 통해 하심을 배우고, 평등의 섭리를 깨달아야 한다. 고행과정에는 편애가 통하지 않는다. 재상(宰相)이건 살인강도이건 현사(賢士)이건, 여기에 한번 들어오면 제불보살 그리고 삼천대천세계의 미진중생이 다 스승이 되어 그들에게 하심을 가르친다. 바위도 스승이요, 꽃잎도 스승이요, 부처 아님이 없고 스승 아님이 없다.

만공이 공양주·부목을 3개월 남짓 했을 때 그 유명한 혜월이 천장암으로 찾아왔다. 그도 경허를 찾아온 것이 분명했다. 그는 만공 자신보다 먼저 정혜사로 출가를 해 중이 되어 있었다. 나이도 만공보다 위였다. 그의 얼굴에는 고집스러운 데가 없었다. 매우 헌신적이고 남을 위한 희생적인 애정을 갖고 있었다.

두 사람의 만남은 처음부터 아무 격식없이 적나라한 우정으로 맺어졌다. 그만큼 혜월의 인격은 애정으로 충만해 있었다. 누구를 미워할 사람이 못 되었다.

경허는 혜월과 만공을 불렀다. 처음 본 인상보다 경허의 표정은 한층 부드러웠다.

"혜월이 부목을 해라. 그리고 만공은 공양주를 하고……."

혜월은 아무 저항없이 경허의 말에 순종했다. 경허를 위해 자신의 동정(童貞)까지 바칠 각오가 되어 있는 것 같았다.

혜월은 나무를 했다. 때로는 생목(生木)을 해오기도 하고 시목(柴木)을 잘라오기도 했다. 어느 날 만공은 늦잠을 자다가 아침 공양을 늦게 하고 말았다. 마음이 급해 설익은 밥을 상에 올리게 되었다.

밥상을 받은 경허는 몇 숟가락을 들다가 밥상을 물리고 혜월과 만공을 불렀다. 그의 손에 주장자가 쥐어져 있었다.

두 사람이 꿇어앉자 경허는 큰소리로 '밥 하나 똑바르게 짓지 못한 놈이 어찌 일체중생을 위해 공양을 올릴 수 있겠느냐' 하며 주장자로 만공의 등허리를 후려쳤다. 둔탁한 소리가 났다. 그리고 혜월의 등허리에도 둔탁한 소리가 났다. 두 사람은 '억' 소리를 지르며 경허의 꾸중을 들었다.

이후부터 만공은 밥짓는 일에 정성을 다했다. 정성이 깃들자 밥이 설익지 않았다. 그런데 혜월은 밥을 먹지 않았다. 누룽지만 찾았다. 남이 먹다 버린 음식이 있으면 그것을 다시 깨끗이 씻어 먹었다.

마치 두 사람은 한산(寒山)과 습득(拾得) 같았다. 습득이 국청사에서 공양주를 할 때 습득은 누룽지를 모아 한산에게 건네주었다. 누룽지가 없는 날은 한산은 구정물통을 주장자로 휘저었다. 밥티끌이 나오면 그것을 건져 씻고 또 씻어 맛있게 먹었다. 짐승들이나 먹어야 할 버려진 음식을 한산은 거리낌없이 먹어치웠다. 그래서 두 사람에게는 화려함도 없었고 구하는 것도 없었다. 언제나 밝은 표정이었다.

어느 날 그 고을 자사(刺史)가 한산의 무소유 소식을 듣고 비단과 쌀을 싣고 와 시주를 했다. 한산은 토굴에서 나오지도 않았다. 국청사 스님들이 와서 한산을 부르자 그때야 얼굴을 내밀었다. 이 고을 자사라고 인사를 하라고 권하자 한산은 고개를 저었다. 모르는 사람이라고 외면해 버렸다.

스님을 위해 비단과 쌀을 싣고 왔지 않느냐고 말을 하자 한산은 '이 도둑놈아! 빨리 물러가라' 고 소리를 지르고 토굴 속으로 사라져 버렸다.

혜월과 만공은 하심을 배웠다. 자기를 낮추고 남을 존경하는 마음을 닦았다. 만산만수(萬山萬水)가 부처이고 법신이고 스승이 아닌가. 그렇다면 모든 이웃은 내가 존경할 부처이다. 좋다 나쁘다는 생각을 버리고 마음 속에 아만(我慢)과 교만심을 버려야만 만물과 더불어 평등해질 수 있다. 나란 존재를 먼저 지우고 없애야 한다. 마음 속에 인내를 길렀다. 인내가 깊어지면 인욕이 성취될 것이다. 인욕은 단순히 참는다는 의미만이 아니다. 상대의 잘못을 용서하는 자비가 있다.

천장암의 살림살이는 궁핍했다. 대중이 늘자 양식이 부족했다. 혜월과 만공은 탁발을 나서기도 했다. 스스로 두타행(頭陀行)을 실천한 것이다. 두 사람이 얻어온 양식으로 며칠을 버티고 나면 금새 양식이 떨어져 버렸다. 드디어 경허가 탁발에 나설 준비를 했다. 혜월은 나무를 하도록 일렀다.

만공은 경허를 따라 처음으로 탁발을 나섰다. 그날의 탁발 성적은 매우 좋은 편이었다. 걸망에 쌀이 가득했다. 만공은 흐뭇했다. 역시 큰스님의 탁발이 어딘가 다르다고 생각했다. 그러나 짐이 무거웠다. 자신도 모르게 힘에 부쳐 끙끙거렸다. 경허는 그 모습을 알아차리고 있었지만 모르는 척했다.

해가 기울고 땅거미가 서서히 엄습해 오고 있었다. 쌀짐을 지고 경허의 빠른 걸음을 따라 가기에는 만공의 힘이 부쳤다. 쉬어 가기를 기대했지만 경허의 걸음은 더욱 빨라지는 것 같았다. 마을을 지나야 절로 들어가는 입구로 들어설 수 있었다. 두 사람은 마을을 지나게 되었다. 길모퉁이 집에서 살짝 문이 열리며 꽃다운 처녀가 물동이를 이고 나왔다. 처녀를 본 만공의 마음은 갑자기 동요가 되었다. 자꾸 눈길이 처녀의 젖가슴에 가 닿았다. 십칠팔 세가 넘은 처녀였다. 얼굴에 봉숭아 같은 붉은 홍조가 있었다. 미인이었다.

경허는 만공이 처녀에게 눈길을 팔고 있는 것도 모르고 걷고 있었다. 처녀가 서서히 경허 곁으로 다가서고 있었다. 그때였다. 경허는 느닷없이 처녀를 부둥켜 안은 채 키스를 해버렸다. 처녀는 혼비백산을 하고 물동이를 놓고 말았다. 물동이는 박살이 나고 말았고 처녀도 엉겁결에 입술을 맞춘 바람에 혼을 잃고 땅바닥에 쓰러져 버렸다.

여자의 비명을 들은 동네 사람들이 나와 '저 노망스런 중놈 잡아라' 고 소리를 쳤다. 사람들이 흥분해 몽둥이와 쇠갈퀴를 들고 집에서 뛰어 나왔다. 저놈 잡으라고 소리를 쳤다.

경허는 마치 도망을 치듯 산을 향해 뛰어가고 있었다. 만공도 뛰지 않을 수 없었다. 잡히면 큰 봉변을 당할 것이 틀림없었다.

만공은 혼신의 힘을 다하여 '다리야, 나 살려라' 는 심정으로 뛰었다. 사람들이 뒤따라오고 있었다. 만공은 필사적으로 뛰었다. 처음 느끼는 위기였다. 숨을 짐승처럼 몰아쉬며 한참동안 뛰었을 때 사람 소리가 들리지 않았다. 마치 비호와 같이 달렸다.

 30분이 지났을 무렵 마을을 빠져나올 수 있었다. 앞서가던 경허가 보이질 않았다. 숨을 헐떡거리면서 산길로 접어들었을 때 '만공아!' 하고 부르는 소리가 들렸다. 경허의 목소리였다. 반가웠다. 스승이 자기를 기다리고 있다는 생각에 안도감이 들었다. 만공의 옷은 땀으로 젖어 비를 맞은 것 같았다. 경허가 혼자 쉬고 있었다. 만공이 숨을 헐떡거리며 경허 앞으로 다가서자 경허가 물었다.

 "너 지금도 그 쌀짐이 무거우냐?"

 얄미운 질문이었지만 솔직하게 대답을 하지 않을 수 없었다.

 "무겁다는 생각을 잊어버렸습니다. 잡히면 저는 오늘 살아남지 못했을 겁니다. 잡히지 않겠다는 생각으로 이렇게 달려왔습니다."

 "그래. 무겁다는 생각을 하지 않으면 무겁지가 않지. 너는 그 도리를 모르고 쌀짐이 무겁다고 끙끙거리면서 속으로 쉬어가기를 바라지 않았느냐?"

 경허의 말이 틀리지 않았다. 처음에는 처녀를 보고 가슴에서 욕정이 일었고 눈길이 젖가슴에 가 있었던 것도 사실이었고 짐이 무거워 쉬어가기를 바랐던 것도 틀리지 않은 사실이었다. 그러나 경허가 갑자기 처녀를 껴안고 입술을 맞춘 바람에 동네가 발칵

뒤집어졌고 사람들이 중 잡으라고 소리치자 잡히지 않겠다고 달음질칠 때는 실제 무겁다는 생각을 하지 못했다.

"나하고 탁발을 다니다가는 봉변을 당하기가 쉬운데 앞으로도 따라 나서겠느냐?"

"지옥이라도 따라가서 큰스님 법을 배우겠습니다."

"그래 그래, 지옥에 가 보아야 지옥 고통을 알 수 있지. 지옥에 가지 않고 어떻게 지옥 중생을 제도하겠느냐?"

천장암으로 들어서자 저녁 종소리가 솔바람을 타고 서천(西天)으로 가고 있었다. 그날 밤 만공은 혜월에게 낮에 있었던 일을 낱낱이 숨기지 않고 말을 했다. 혜월은 한바탕 웃고는 깨침이란 그렇게 이루어지는 것이라고 일러주었다. 한 생각 속에 무량한 시간이 숨어 있다. 그리고 한량없는 시간도 순식간에 이루어진다는 것을 혜월은 상세하게 설명해 주었다.

탁발을 하고 난 다음 날 경허는 대중을 모아 놓고 중노릇하는 법을 설했다.

"무릇 출가 수행하는 것은 작은 일이 아니다. 잘 먹고 잘 입기 위해 출가한 것이 아니다. 부처가 되어 살고 죽는 일을 면하기 위해 출가한 것이다. 그러므로 부처가 되려면 자신 속에 있는 마음을 찾아야 한다. 본래 마음을 찾으려면 먼저 몸뚱이를 송장으로 알고, 세상일 모두 좋든 나쁘든 꿈으로 알라. 마음 찾아 깨닫지 못하고 죽으면 지옥에도 가고 짐승도 되고 귀신도 되어 윤회의 고통을 받게 되니 세상의 모든 일을 잊어버려라. 방하착(放下着)하라.

그리고 항상 마음을 참구하되 보고 듣고 일체의 일을 생각하는 주체 그놈의 모양이 어떻게 생겼는가, 모양이 있는가 없는가, 큰가 작은가, 생각이 있는가, 밝고 어둠이 있는가, 의심하여 참구하되 고양이가 쥐 잡듯 하고 닭이 알을 품듯 하고 항상 한군데 집중하여 참구하라. 그리고 집중적 탐구를 흩어지게 하지 말라. 또 의심을 풀지 말 것이며 오직 탐구와 의심이 깊어지면 마침내 마음을 깨닫게 될 것이다.

무릇 사람되기 어렵고 사람이 되어도 사나이가 되기 어렵고 사나이가 되어도 출가 수행하기 어렵고 승려가 되어도 부처님 바른 법을 만나기 어려우니 수행을 게을리하지 말라……. 공부하는 사람이 마음 쓰기를 산과 같이 하고 마음을 넓게 쓰기를 허공과 같이 하고 남이 나를 옳다고 하든지 그르다고 하든지 상관치 말고 나아가 다른 사람의 옳고 그름을 참견 말고 또 좋은 일, 나쁜 일을 당하여도 마음을 편히 해야 할 것이며, 무심한 마음을 가지고 백치와 같이, 병신 벙어리같이 소경 귀머거리같이 어린애 같아야 마음 속에 망상이 없어진다…….

보조스님이 말씀하시되 재물과 여색의 무서움은 독사보다 심하니 몸을 살펴 항상 조심하라. 그리고 한 번 성을 내면 백만 가지나 죄가 생긴다. 그러니 성내는 마음을 참아야 한다. 옛날 조사스님은 성내는 마음이 있게 되면 호랑이와 뱀과 벌과 같은 독한 물건이 되고, 자애스런 마음을 갖고 있으면 그 마음이 마치 나비와 새와 같이 된다 했다."

경허의 법문을 듣고 있던 만공은 깊은 회의에 빠져들었다. 그것은 경허의 이중적 태도 때문이었다. 스스로 반윤리적 행위를 하면서 재물과 여색을 탐하게 되면 그 화가 독사보다 심하다고 강조하는 자체가 그러했다. 무애로 치부되는 것도 만공은 이해가 되지 않았다.

경허는 개안으로 삼천대천세계의 부처를 보고 있었다. 그래서 그의 교리의 논리는 빈틈이 없었고 감동을 불러일으켰다. 그러나 만공 자신의 안목이 좁고 집착되어 있음을 깨치지 못하고 있었다. 만공의 안목에는 경허가 파계자로 보였다. 삼계(三界)에 자유인이 되어 있음을 보지 못했다.

사실 경허는 불교의 윤리적 도덕적 속박에서 벗어나 파계자라고 지탄받고 있었지만 중생 속에 자유인이 되어 있었다. 술 한 잔, 고기 한 점 먹었다고 해서 경허가 성취한 법신에 흔들림이 있을 수 없음을 만공은 깨닫지 못했다.

수행인이 파계만 일삼는 것은 인간으로서나 사문으로서 자격이 없지만 한편으로는 파계적일 때 너무나 인간적인 고뇌와 자유가 돋보일 때가 있다. 그만큼 인간을 알고 실험하고 있기 때문이다. 그리고 따지고 보면 구도(求道)란 집중적 헌신이다. 이 집중적 헌신을 통해 새로운 탄생이 이루어진다. 그리고 수행의 본뜻은 목적을 향해 도달하는 뜻으로 이해되고 있지만 실제는 무엇이 되게끔 되어 있음을 구현하는 일이다.

경허는 무엇이 되겠다는 자만을 버리고 중생 속에 자유인이 되어 있었다. 그래서 경허의 만행을 잘못 인식하면 그의 영혼이 정처없이 떠돌고 있는 것이 아닌가 의심할 수 있지만 실제 그는 집착없는 마음을 갖고 삶을 누리고 있었다. 한군데도 집착하지 않고 있기 때문에 경허의 자성은 어느 곳에도 얽매이지 않았다. 만공은 잠을 이루지 못하고 고민에 빠져 있었다.

"잠이 오질 않느냐?"

부드러운 목소리로 혜월이 물었다. 혜월의 목소리는 만공의 가슴 속에 와 닿았다.

"큰스님의 무애를 이해할 수가 없습니다. 술 먹지 말라, 여자를 범하지 말라고 해놓고 큰스님은 즐기고 계시지 않습니까?"

"너는 젊은 여자를 보면 마음이 동하지 않느냐?"

"동합니다. 여자의 냄새는 향긋한 향기로 다가올 때가 많습니다."

"그래, 여자가 아름답게 보일 때 여자를 범하고 싶은 충동이 일어난다. 큰스님은 좋고 나쁜 것을 초월해 있어. 너처럼 범하고 즐기고 싶은 생각이 없어. 때로는 축생이 되고 싶으면 짐승 같은 행동을 해도 축생에 머물지 않고 지옥의 고통을 받아도 지옥에 빠지지 않는다. 육도윤회를 자유스럽게 왕래하고 있는 셈이지. 큰스님은 육체의 거추장스런 허물을 벗어버리고 자성의 자유만을 갖고 있지."

만공의 가슴에는 공허한 비애가 스며들었다. 그리고 참을 수 없는 번민들이 심장 속에서 고동치고 있었다. 이후 만공은 깊은 회의에 빠져 있었다. 그런 어느 날 객스님이 천장암으로 찾아왔다. 만공에게 무엇을 공부하고 있느냐고 물었다. 만공은 아무 대답을 하지 않았다.

자기보다 나이가 어린 사미였기 때문이었다.

"스님!"

"왜 그럽니까!"

"만법이 하나로 돌아가는데 그 하나는 또 어디로 돌아갑니까?"

만공은 정신이 들었다. 섬광이 뇌리를 스치는 것 같았고 쇠뭉치로 뒤통수를 맞은 기분이었다. 만공의 회의는 깊어졌다. 그것은 참구였다. 그 길로 온양 봉국사로 옮겨 기도를 하면서 만법귀일 일귀하처(萬法歸一 一歸何處)의 공안을 참구했다. 철야 정진을 계속했다. 먹고 자는 일도 외면해 버렸다. 그의 뇌리에는 오직 만법귀일 일귀하처의 화두만이 있었다.

집중적 탐구는 계속되었다. 번민과 산란이 마음 속에 사라져 버렸다. 몸과 마음이 가벼워졌다. 마음 속에 텅 빈자리가 만들어졌다. 그것은 공허가 아니었다. 무념무상의 경지가 이루어지고 있음을 만공은 깨달을 수 있었다.

만공의 정진이 계속되던 어느 날 동쪽 벽에 의지하여 서쪽 벽을 바라보던 중 뇌리에서 섬광이 일었고 일체 형상이 사라졌다. 무념무상은 아침 새벽까지 계속되었다. 그는 아득한 심정으로 새벽 종소리를 들을 수 있었다. 그리고 장엄한 염불소리가 가까이서 들리고 있었다.

만일 사람들이 삼세의 부처님을 알고자 한다면
마땅히 법계의 성품을 관하여 마음의 조작임을 알라.
若人欲了知 三世一切佛

應觀法界性　一切唯心造

만공은 염불소리에 영혼이 맑아졌다. 마치 뇌성이 스쳐간 후에 느낄 수 있는 깊은 침묵이 찾아들었다. 만공의 오도는 이루어졌다.

빈 산의 이기(理氣)는 고금 밖이요
흰 구름 맑은 바람 스스로 왔다가 사라지네
무슨 일로 달마는 서천을 넘었는고
닭은 축시에 울고 해는 인시에 뜨네
空山理氣古今外　白雲淸風自去來
何事達磨越西天　鷄鳴丑時寅日出

만공은 자신의 오도를 보임하기 위해 토굴에서 삼 년을 정진했다.
그리고 다시 천장암으로 스승 경허를 찾았다.
"그래, 공부를 많이 했다구, 눈빛이 맑아졌어. 마치 불 가운데 피어난 연꽃 같아."
"불 가운데 연꽃이라고요?"
"만약 여기 등토시와 부채가 하나 있다고 하자. 만공 자네는 토시를 부채라고 하는 것이 옳으냐, 부채를 토시라고 하는 것이 옳으냐?"
경허의 질문 앞에 만공은 당황하지 않고 다음과 같이 대답했다.

"토시를 부채라고 해도 옳고 부채를 토시라 해도 옳습니다."
 "다비문(茶毘文)을 읽었느냐?"
 "네."
 "그러면, 눈뜬 돌사람이 눈물을 흘린다(有眼石人齊下淚)하니 이 뜻이 무엇인고?"
 만공은 눈앞이 갑자기 캄캄해졌다. 몸에서 식은땀이 흐르고 소름이 끼쳤다. 무거운 침묵이 두 사람 사이를 메우고 있었다.
 "어찌, 이 뜻도 제대로 알지 못하면서 토시를 부채라 하고 부채를 토시라 하느냐? 만법귀일 일귀하처의 공안을 가지고는 진보가 없겠다. 조주의 무자(無字) 공안(公案)을 참구토록 하라."
 경허는 만공을 인가하지 않았다. 미진한 것이 너무 많았다. 그래서 조주의 무자(無字) 화두(話頭)를 참구토록 했다. 조주의 무자 화두는 많은 수행인들이 참구하는 화두였다.
 어느 날 조주선사와 시자가 길을 가다가 지나가는 개를 발견하고 시자는 느닷없이 조주에게 개에게도 불성(佛性)이 있느냐고 묻자 조주는 태연스럽게 없다고 말했다. 일체만물이 두루 불성을 갖추고 있다고 한 교리를 조주는 일순에 부정해 버리고 불성이 없다고 했다.
 그래서 무자(無字)는 공안(公案)이 되고 의심덩어리가 되었다.
 이때 경허는 천장암에서 잠깐 서산 부석사로 자리를 옮겨 있었다. 만공도 경허를 따라 부석사에서 무자 화두에 몰두하고 있었다. 부석사에서도 경허는 술만 마셨다. 술 심부름은 만공이 해야 했다. 만공은 술 심부름을 하면서도 무자 화두를 놓지 않았다. 만공은 경허의 시중에 익숙해 있었다. 저녁 공양이 끝나면 반드시 마을 주막으로 내려가 술을 사다가 경허 곁에 놓아 두었다.

때로는 술 심부름이 짜증이 나기도 했다. 하루는 물동이를 비워 술을 가득 채워 놓았다. 경허는 그날 저녁 물동이에 채워져 있는 술을 단숨에 마셔 버렸다. 그리고 가부좌를 틀고 앉아서 졸다가 깨었다. 만공은 경허가 취해서 곯아떨어져 있을 것이라는 생각을 하며 문틈으로 보았다. 그런데 경허는 가부좌를 틀고 앉아 있었다. 바위처럼 앉아 있는 경허의 눈에서 광채가 번뜩이고 있었다. 스승을 의심한 것을 후회했다.

경허는 부석사에서 다시 범어사 계명암으로 자리를 옮겼다가 통도사 백운암에서 한철을 지냈다. 만공도 경허를 따라 정진을 계속했다. 만공의 정진은 깊어져 가고 있었다. 깨침을 배태(胚胎)할 경지를 이루고 있었다. 드디어 만공은 통도사 백운암에서 확철대오 할 수 있었다. 이때 만공의 나이가 34세였다. 경허는 백운암에서 한철을 지내고 다시 천장암으로 자리를 옮겼다.

만공은 술 심부름을 계속하다가 어느 날 경허와 같이 천장암 마을에 내려갔다. 경허는 서슴없이 주막으로 들어섰다. 선비들이 술을 마시고 있었다. 서로가 안면있는 선비들이었다. 그 가운데는 경허의 수염을 가지고 시비를 걸던 선비도 있었다. 술좌석은 순식간에 합석이 되어 버렸다. 그리고 친소를 초월해 뜨거운 우정이 넘쳤다.

"헤에, 오늘은 부처와 공자가 같이 어울려 술을 마시는군. 그런데 공자만 취하고 석가는 취하지 않네."

선비의 술주정하는 모습을 보고 경허가 말했다. 경허 앞에 많은 술잔이 놓였다. 선비들이 건네준 술잔이었다. 경허는 거절하지 않고 술잔을 순식간에 비워 버렸다. 운동선수가 서로 공을 주고 받는 것같이 술잔은 집중적으로 경허에게 건네졌다. 그러나 경허의 자세는 조금도 흔들림이 없었다. 유생들은 술에 취해 헛소리를 뱉고 있었고 슬슬 빠져나가는 사람들도 있었다.
　"스님은 출세하시지요. 그만한 실력이면 높은 자리 하나쯤은 차지 할 수 있을 것이오."
　경허 앞에 술잔을 건네면서 선비 한 사람이 말했다.
　"이 세상에 높은 자리가 백두산보다 높습니까? 한라산 봉우리보다 높습니까? 삼계의 스승이면 됐지, 이보다 더 높은 자리가 어디있겠소."
　"삼계의 스승이라. 그렇지만 권력은 없지 않습니까?"
　"권력이라, 나는 그런 속된 권력은 싫소. 중생이 잘못하면 자비로 조복(調伏)받고 섭수(攝受)하면 됐지, 무고한 백성을 잡아다가 고통을 가하고 자기의 치부를 위해 온갖 권모술수를 부리는 것은 권력이 아니라 부패요. 부처님은 팔만사천 신통력을 갖고 있을 뿐 아니라 중생을 제도하는 방편도 갖고 있었고 또 중생을 조복받는 방편도 갖고 있었지만 오직 대비(大悲)만으로 힘을 삼았소.
　그리고 세상 사람들이 벼슬을 좋아하고 그 벼슬에 얽매이는 사람은 그가 좋아하기 때문에 얽매이는 것이오. 그러나 나는 그러한 벼슬에 얽매이지 않기 때문에 누가 나를 속박하지 못합니다."
　"스님은 무슨 즐거움이 있습니까?"

"하하…… 모든 것이 즐거움이요. 이렇게 술 마시는 것도 즐거움이요, 중생을 교화하는 것도 즐거움이지. 다만 구하는 것이 없어 자족할 줄 알기 때문에 비록 가진 것이 없어도 근심 걱정이 없어, 그것 역시 즐겁소."

경허는 자리에서 일어나 밖으로 나갔다. 달빛이 나뭇가지 위에서 반짝이고 있었다. 숲 위에 깔려 있는 달빛이 메밀꽃밭 같은 인상을 주었다. 경허는 발길을 옮겼다. 육중한 체구가 흔들렸다. 많이 취해 있었다. 금방이라도 몸의 균형을 잃고 쓰러질 것 같았다.

만공이 경허 곁으로 가 부축을 했다. 그러나 경허는 만공을 밀어냈다. 바람에 흔들리는 나뭇가지처럼 경허는 흔들렸지만 쓰러지지 않았다. 오히려 술을 마심으로 인해 그는 힘을 발휘했다. 그것은 무서운 광기와 같은 힘이었다. 눈에서는 바람을 가를 듯한 푸른 열망이 별빛처럼 불타고 있었다. 달빛이 어둠을 밝히고 있었지만 그 달빛은 경허의 눈빛만큼은 밝지 못했다. 한참 동안 길을 걷던 경허는 논바닥이 있는 곳으로 발길을 옮겼다.

"스님, 그곳으로 가면 안 됩니다. 절로 가는 길은 이 길입니다."

만공이 경허의 발길을 제지했다.

"이놈아! 길은 곳곳에 있어. 이렇게 가도 절로 갈 수 있다. 오늘은 축생(畜生)이 있는 길로 가련다."

논바닥이 있는 곳으로 다가서자 만공이 경허를 제지했다. 왜냐하면 말이 논바닥이지 똥오줌을 버린 시궁창이었다. 경허는 만공을 밀어버렸다. 무서운 힘이었다. 만공은 힘없이 자빠지고 말았다. 만공의 힘으로는 경허를 당할 수가 없었다. 경허는 한 발을 시궁창 속에 담았다. 또 한 발을 옮기자 경허는 물 속으로 빠져들어 자맥질을 했다. 더러운 악취가 코끝을 스쳐 갔다. 만공은 더 이상 악취를 맡고 있을 수가 없었다. 창자 속에 담겨 있는 음식물이 목구멍을 타고 넘어오고 있었다. 그런데 경허는 수영을 하는 사람처럼 오물 속에서 계속 자맥질을 하고 있었다. 똥 오줌 음식 썩은 물이 가득한 시궁창 속에서 허우적거리면서 경허는 혼자 독백을 하고 있었다.

"참 시원하다. 축생 세계는 구하고 탐하는 것이 없으니까 이렇게 마음이 편할 수가 없구나."

만공은 뱃속에 있는 모든 음식물을 토해 버렸다. 더럽다는 생각을 이기지 못하고 있었다. 그러나 경허는 더러움과 몸을 섞으면서 오히려 시원하다고 독백을 했다.

자신을 가장 추악한 곳으로 추락시키면서도 경허는 더럽고 추한 것에 얽매이지 않고 자유스럽게 행동하고 있었다. 그만큼 경허의 영혼과 자성은 자유스런 경지를 획득하고 있었다. 아무리 자신을 더럽고, 낮은 곳으로 끄집어 내려도 그의 영혼은 오염되지 않았다. 오히려 추한 것과 몸을 섞고 있을 때 경허의 눈빛은 더욱 맑아 보였다. 그리고 성직자만이 갖고 있는 오만과 독선도 경허는 갖고 있지 않았다.

또 위선과 허영도 키우지를 않았다.

경허는 한참 동안 오물 속에서 허우적거리다가 술이 깨어 버렸는지 길가로 나와 '나 오늘 축생이 되었다. 그곳도 살만하더라'

하고 만공을 향해 말했다. 그러나 만공의 머리는 혼란스러웠다. 도대체 미친 사람이 아니면 할 수 없는 행동을 해놓고 경허는 좌절하거나 절망하지 않고 스스로 자족하는 여유를 갖고 있었다.

"스님, 무애행을 하셨습니다."

만공이 경허를 극찬하자 그는 고개를 저었다. 만공의 말에 동의하지 않았다.

"이것은 무애행이 아니다. 스스로 축생이 되어 본 것뿐이야. 내가 행동한 것을 보아라. 술이 있으면 술을 마시고 여자가 있으면 즐기고, 고기가 있으면 고기를 먹었으니, 과보를 받아야 되지 않느냐. 축생의 과보를 받아도 마땅하지. 그래서 오늘 내 스스로 축생의 세계로 뛰어든 것이다. 그래서 이것은 무애행이 아니고 축생행이지. 개 돼지를 비롯해서 벌레가 사는 곳에 잠깐 몸을 섞었다. 깨닫고 보면 삼라만상이 그대로 법신이고 일초일목에 불성(佛性)이 있다면 좋은 곳 나쁜 곳 가릴 것 없지. 나의 세계는 부처에서부터 짐승의 세계까지 이르고 있어."

경허는 스스로 인간이 뛰어넘을 수 없는 한계를 극복하면서 스스로 축생의 세계까지 들어갈 수 있음을 구체적으로 보여주었다. 만공은 고개를 숙였다. 똑바로 경허를 바라볼 수 없었다. 자신이 갑자기 왜소하게 느껴졌다. 그리고 경허는 너무 자유스럽고 거대한 법신을 이루고 있음을 깨닫지 않을 수 없었다. 경허의 옷에서 더러운 악취가 풍겼다. 그러나 경허는 그것을 상관하지 않고 유유히 걸으면서 노래를 불렀다.

"오호라. 세상 사람 나의 노래 들어보소. 헛되이 생각하지 말고 자세히 생각하소. 고금을 왕래함이 한량없고 천지가 광활한데 사람의 존재를 생각하면 부질없는 존재가 아니오.

허망하다 이 몸이여, 더운 것은 불 기운, 동하는 것은 바람 기운, 눈물, 콧물, 피와 오줌, 축축한 습기, 손톱, 발톱, 살과 뼈는 모두 다 흙 기운, 오장육부 살펴보니 구비구비 똥오줌, 지렁이와 촌충이 한량없이 저장되어 있고, 밖으로 살펴보니 모기, 벼룩, 이와 빈대, 허다한 짐승들이 주야로 침범하네. 가사 백년을 산다 해도 삼만육천 일이 잠깐이요, 인생 칠십 고래희(古來稀)라 칠십 살기 어렵도다. 중수자(中壽者)는 사오십, 단수자는 이삼십, 서너 살에 죽는 인생, 두루두루 생각하니 한심하다 이 몸이여, 움도 싹도 아니 난다. 인생 한번 죽어지면 황천객이 되는 구나…….(중략) 꿈 깨는 이 누가 있는가, 가련하고 한심하다. 삼계도사 부처님이 생사에 해탈한 이치 깊이 알아 훈도하니 자세한 전후 말씀 소원하기 일월 같다. 천만고 명현달사(名賢達士) 견성득도한 사람이 항하사 모래수라. 견성득도하게 되면 생사에 해탈하게 되나니 천경만론(千經萬論) 옳은 말씀 조금도 의심말라. 나도 일찍이 입산하여 지금까지 탐구하여 모두 번뇌 끊고 의심을 끊고 보니 어두운 길에 불 만난 듯, 주린 사람 밥 만난 듯, 목 마른 사람 물 만난 듯, 중병들어 앓는 사람 명의를 만난 듯, 상쾌하고 좋을씨고, 이 법문을 전하노니 사람사람 모두 성불하여 생사윤회 면하소서. 이내 말씀 자세히 들소. 사람이라 하는 것 몸뚱이는 송장이요, 허황한 빈 껍데기 그 속에 신령스런 부처가 분명히 있음을 깨달아야 합니다!"(경허 참선곡 일부)

경허는 춤을 덩실덩실 추면서 법문곡(法門曲)을 우렁찬 목소리로 부르며 길을 걷고 있었다. 그의 목소리에는 인생의 무상과 허무가 섞여 있었고 육체의 유한성을 뛰어넘은 깨달음과 넉넉한 자재의 의미가 담겨져 있었다. 경허는 세상을 달관하고 있었다. 비록 행동은 거칠고 야성적이었으나 세상 구석구석을 살피고 허무의 잔해가 있는 곳까지 살피고 있었다.

경허의 해탈 의지는 집착을 거부했고 인간의 혐오까지 뛰어넘고 있었다. 그리고 육체의 허망성과 끝내는 허무의 잔해가 되고 만다는 사실을, 경허는 인간의 몸뚱이는 송장이요, 허황한 빈 껍데기로 단정하고 있었다. 비록 자신이 때로는 본능적 욕구를 자제치 못하고 육체의 희열을 즐기고 있지만 그 허황한 즐거움에 집착하지 않았다.

그래서 경허가 가는 곳에는 비록 거칠지만 자유가 만들어지고 있었다.

천장암까지 오면서 그는 노래를 불렀다. 그의 노랫소리는 만공의 가슴을 시원하게 했다. 슬픈 목소리가 아니었다. 인생을 달관한 노래였다. 그러나 경허 자신에게는 소멸되지 않은 슬픔이 남아 있는 것 같았다. 천장암에 도착한 경허는 우물가에 이르러 옷을 홀랑 벗어 버리고 오물에 더렵혀진 몸을 씻고 누더기를 입고 방에 들어가 가부좌를 틀고 앉았다. 보통 사람의 힘으로 할 수 없는 능력을 발휘하고 있었다. 그의 초월적 힘은 아무리 써도 탕진되지 않았다. 오히려 육체 어느 한 구석에 힘을 비축해 놓았다가 서서히 발휘하는 것 같았다.

경허의 정진은 날이 밝을 때까지 계속되었다. 아침 공양도 하지 않았다. 그리고 다시 술을 마셨다. 만공은 경허의 거친 행동에 잘 익숙해졌고 서서히 걸림없는 무애에 동화되어 갔다.

이때 술 심부름은 관섭(寬燮)이라는 행자가 했다. 관섭의 일과는 날이 밝으면 술과 안주를 장만하는 일이었다. 마을로 내려가 술을 사고 고기를 장만하여 항상 경허 곁에 놓아 두었다. 몇 달을 계속한 관섭의 술 심부름은 권태를 가져오게 했고 급기야는 그 권태가 증오로 변했다. 하루 이틀도 아니고 술 심부름하는 일이 귀찮았고 도대체 도인(道人)이란 분이 술을 마시고 있는 것도 관섭에게는 불만이었다.

관섭은 술 심부름의 권태와 증오를 참지 못하고 경허를 살해하겠다는 생각을 했다. 무서운 살의가 관섭의 가슴에서 치밀었다. 드디어 독약 비상(砒霜)을 사서 고기 안주에 뿌렸다. 경허가 문을 열고 관섭을 부르자 미리 준비해 둔 술과 안주를 갖다드렸다. 가슴이 고동쳤다. 안주 속에 비상을 뿌려둔 것을 한편으로는 후회했지만 저런 술주정꾼은 빨리 사라져야 한다는 무서운 분노를 일으켰다.

경허는 술을 마시고 안주를 입 안에 집어넣었다. 고기 맛이 이상했고 소금처럼 씹히는 것이 있었다. 씹고 있던 고기를 뱉어내었다. 관섭이 비상을 섞어 놓은 것을 알았지만 내색은 하지 않았다. 고기를 먹을 때마다 경허는 먼지를 털듯 비상을 털어내고 씹어먹었다. 그 광경을 관섭은 문구멍으로 살피고 있었다. 술 한 병과 고기 안주를 다 먹고 난 경허는 '오늘 안주맛은 특별한 데가 있었다. 그리고 관섭의 지극한 정성이 담겨 있음을 알았다' 하고는 다시 가부좌를 틀고 앉아 정진을 계속했다.

관섭은 몸둘 바를 모르고 안절부절했다. 그러나 끝내 경허는 시자를 책망하거나 꾸짖지를 않았다. 남을 증오하는 마음을 오래 전에 버렸기 때문에 관섭을 미워하지도 않았다. 분심이나 미워하는 마음이 커지면 그것이 끝내 원한을 만든다는 것도 경허는 잘 알고 있었다.

사람을 사랑하는 일도 어려운 일이지만 남을 미워하는 일 역시 어려운 일이다. 분심을 가지고는 상대를 감동시킬 수 없다. 지극한 애정이 있을 때만 상대의 마음을 움직일 수 있고 감동을 일으키게할 수 있다. 그래서 중생을 제도하는 근본은 자비이다. 자비는 단순한 애정이 아니다. 자신을 미워하는 사람까지 사랑할 수 있는 정신이 자비이다. 관섭이 스스로 자기 잘못을 깨닫도록 경허는 내색을 하지 않았다.

그 뒷날 날이 밝아 만공은 관섭 행자가 안주에 비상을 섞어 경허를 살해하려 했다는 사실을 알았다. 관섭 행자 자신이 만공에게 사실을 고백하고 참회를 했기 때문이었다. 만공은 충격과 분노에 사로잡혔지만 스스로 잘못을 뉘우치고 있는 관섭 행자를 더 이상 나무랄 수 없었다.

그러나 만공 자신이 놀란 사실은 비상이 섞인 안주를 경허 자신이 먹고도 아무 탈이 없었다는 사실이었다. 관섭을 용서했지만 만공은 호된 꾸지람을 했다. 경허는 방에서 만공이 진노하고 있음을 알고 조용히 불렀다.

"관섭은 마음에 살기를 제거했다. 그리고 한 사람을 제도하고 구제했으니 진노를 풀어라. 나는 그것을 알고도 이렇게 있지 않느냐. 이 세상 사람들이 고통에서 헤매이는 것은 자기 마음을 스스로 잘 다스리지 못해서 그렇다. 사람들은 남의 잘못을 보기 쉬워도 자기 잘못은 보지 못하고 있다. 그래서 사람의 마음을 헤아리기 어렵다고 하는 거다.

달마스님은 '마음 마음 마음이여, 참으로 알 수 없구나. 너그러울 때는 온 세상을 다 받아들이다가도 한번 옹졸해지면 바늘 하나 꽂을 자리가 없다'고 했다. 그래서 마음은 성자가 되는 근본이며 만 가지 악이 되는 근본이기도 하다. 열반의 즐거움도 자기 마음에서 오는 것이고 윤회의 고통도 또한 마음에서 일어난다. 그러므로 마음은 세간을 뛰어넘는 문이고 해탈로 나가는 나루터이다."

달마만큼 중국 불교에 커다란 충격을 준 인물도 없다. 달마가 중국에 온 것은 전법(傳法) 이상의 의미를 갖고 있다. 그것은 중국불교에 커다란 충격을 주었고 새로운 경이를 일으켰다. 부처님 법을 마지막으로 전수받은 제자로서 그 의미도 크지만 그가 중국 땅에 도착하여 내뱉은 발언은 중국불교 전체를 흔들어 파문을 일으키게 했다. 문자를 세우지 말라. 사람마다 지니고 있는 마음 그대로가 부처이다. 그리고 부처를 이루는 일은 견성하는 일이다. 아무리 경전을 열심히 보아도 견성을 하지 않고는 모두가 부질없는 일이다.

달마는 문자에 집착하는 것을 매우 못마땅하게 생각했고 경전의 노예가 되어 있는 중국 불교의 현실이 잘못되어 있음을 지적했다.

정곡을 찌른 것이다. 심장에다 비수를 들이댄 것 같은 충격이 곳곳에서 일어났다. 황색 인종 한 사람의 발언치고는 그 파장이 컸다. 이로 인해 달마는 서서히 화제의 인물로 등장되었고 드디어 왕권을 잡고 있는 양무제의 부름을 받았다.

양무제는 신심이 돈독하여 남달리 불교 중흥에 혼신의 힘을 쏟고 있었다. 양무제는 달마를 공손히 대접했고 권위를 버리고 청법을 했다. 오히려 달마의 자세가 오만불손할 정도로 거칠었다. 그러나 양무제는 아무 내색도 없이 그 동안 자신이 실천한 각종 불사가 무슨 공덕이 있느냐고 물었다. 대부분 불사에는 공덕이 따르고 복전의 씨앗이 된다고 양무제는 들어왔기 때문에 다시 한번 달마를 통해 확인받고 싶었다.

그러나 달마의 대답은 양무제의 기대와는 정반대의 대답이었다. 칭찬받고 싶었던 기대가 무너져 내렸다. 왜냐하면 달마는 아무 공덕도 없다고 대답했기 때문이다. 달마에게는 유형적 불사는 관심이 없었다. 그것은 언제든지 소멸되고 말 유루공덕(有漏功德)임을 잘 알고 있었기 때문에 참다운 공덕의 의미를 깨우쳐 주기 위해 공덕이 없다고 했다.

요즈음 수행인 같으면 무어라고 말했겠는가. 틀림없이 아부의 근성이 드러나고 말았을 것이다. 그리고 침이 마르도록 공덕을 칭찬했을 것이다. 그러나 달마는 바른 말을 해버린 것이다. 어전임을 알면서도 한 사람이라도 참다운 깨침이 필요함을 달마는 알고 있었기 때문에 바른 말을 해버렸다. 달마는 직언을 한 셈이었다.
 달마와 양무제의 만남은 아무 소득없이 끝나 버렸다. 두 사람이 서로를 이해하는 안목이 없었고 달마의 참다운 뜻을 깨닫는 데 양무제는 개안(開眼)이 없었다.
 달마는 양무제를 더 이상 설득하지 않고 깊은 산 속으로 들어가 버렸다. 그리고 벽을 향해 명상에 잠겼다. 여기서 달마의 벽관(壁觀)은 이루어졌고 혜가(慧可)를 만날 수 있었다. 혜가는 눈이 오는 날 달마를 찾았다. 설해목 꺾이는 소리가 깊은 산중의 적막을 깨고 있었다. 눈은 그치지 않고 한길이나 쌓였다. 그러나 달마는 방문객을 거들떠보지도 않고 명상에 잠겨 있었다.
 밝은 햇살이 은가루처럼 눈 위에서 부서지고 있었다. 간간이 바람이 눈가루를 쓸고 지나갔다. 그것은 비질로써도 할 수 없는 정교한 데가 있었다. 땅거미가 짙어 갔다. 그때까지 달마는 눈을 뜨지 않고 자기 탐구의 정진만 계속했다.
 혜가는 할 수 없이 '스님!' 하고 소리를 쳤다. 그때야 달마는 눈을 뜨고 혜가를 쳐다 보았다. 그리고 무엇 때문에 찾아왔는가를 물었다. 혜가는 마음이 편치 않아 안심법(安心法)을 묻고자 찾아왔다고 솔직히 대답했다.
 달마는 다시 지그시 눈을 감은 채 불안한 마음을 내놓으라고 소리쳤다. 우뢰와 같은 커다란 목소리였다. 혜가의 뇌리에 섬광 같은 불빛이 일었다. 그리고 솔직하게 마음을 찾아도 찾을 수 없다고 말하자 벌써 너는 마음을 편안하게 했다고 말했다.
 이 순간 혜가는 자성을 깨닫고 본질의 문을 열고 들어설 수 있었고 달마의 첫 제자가 될 수 있었다.

그 후에 승찬이 찾아왔을 때 혜가는 스승 달마가 사용하던 안심(安心)의 논리로 승찬을 궁지로 몰았다. 승찬은 불치의 병으로 고생을 하고 있었고 그래서 죄업을 참회하고 싶다고 말했다. 혜가는 그 죄업이 있으면 내놓으라고 추궁했다.

승찬도 전날 혜가가 대답한 것처럼 그 죄업을 찾을 수 없다고 말했다. 그때 혜가는 죄업을 벌써 참회했다고 인가를 했다. 이 말에 승찬은 육체적 고통에서 해방되어 훗날 자신의 제자가 된 도신(道信)에게 똑같은 방법을 되풀이했다.

도신이 처음 찾아와 고통에서 해탈될 수 있는 길을 가르쳐 달라고 애원하자 승찬은 능청스럽게 해탈이라니 아무도 너를 속박한 일이 없다고 대답했다. 마음 자체에 결박이나 속박이 있을 수 없음을 암시했다. 바로 이 뜻을 도신은 깨닫게 되었다.

달마의 이러한 안심론법(安心論法)은 혜능에 이르러 달라졌고 이때부터 견성체험이 강조되었다. 마음 찾는 일은 견성실험 없이는 불가능하다. 마조(馬祖)선사가 남악(南嶽)에게 질타당한 것도 따지고 보면 좌선에만 얽매여 있었기 때문이다. 그 일화의 내용은 다음과 같다.

남악은 마조에게 수레가 움직이지 않을 때 소를 때려야 하는가 달구지를 쳐야 하는가 물었다. 그리고 남악이 기왓장을 갈고 있을 때 마조는 무엇 때문에 기왓장을 가느냐고 힐난하듯 묻자 거울을 만들기 위해서라고 거짓으로 대답했다. 마조는 어떻게 기왓장이 거울이 될 수 있냐고 재차 추궁했다.

이때 남악은 좌선해서 부처되려는 것과 무엇이 다르냐고 면박을 주면서 소를 때려야 하는지 달구지를 쳐야 하는지를 물었던 것이다. 살아있는 부처는 좌불이 아님을 남악은 마조에게 깨우쳐 주었던 것이다.

경허는 계속 말을 이었다. 만공의 안목을 넓혀 주기 위해 몇 선사들의 깨침의 과정을 구체적으로 설명하고 있었다.

마조는 남악을 통해 마음이 곧 부처란 것을 깨닫고부터 즉심즉불(卽心卽佛)을 주장했다. 마음 밖에 따로 부처가 존재치 않는다(心外無佛)고 누누이 강조했다. 어느 날 스님 한 분이 '이 마음을 왜 부처라고 합니까?' 하고 묻자 마조는 태연스럽게 '어린애 울음을 그치게 하기 위해서지'라고 대답했다. 그의 대답을 이해하지 못해 다시 물었다.

"울음이 그치면 어쩌시려는 겁니까?"

"부처인 바로 이 마음이 실제로는 마음도 아니고 부처도 아니라고 말해 주겠네."

마조는 처음 대답과 달리 마음이 부처가 아니라고 부정해 버렸다. 비심비불(非心非佛)을 최초로 말한 것이다. 사람의 근기에 따라 마조의 교육방법은 달라졌다. 마조에게 법을 깨달은 대매(大梅)스님이 있었다. 그가 마조를 처음 방문했을 때 '무엇이 부처입니까?'라고 물었다. '바로 마음이 부처이지' 하고 마조가 대답했을 때 대매는 일체를 깨닫게 되었다. 그리고 마조 곁을 떠나 몇 년이 지난 후 마조는 대매를 시험해 보기 위해 어떤 중을 보냈다. 대매는 중을 정중히 맞이했다.

그는 대매에게 물었다.
"그래, 마조 문하에서 그대는 무엇을 배우셨소."
"마조는 나에게 마음이 부처라고 말씀하셨습니다."
"그래요, 요즈음 마조스님의 교육방법이 달라졌습니다."
"어떻게 변했는데요?"
"지금은 바로 부처인 이 마음이 마음도 아니요, 부처도 아니라(非心非佛)고 가르치고 계십니다."
대매는 화가 치밀었다. 순간 자신이 마조에게 속았다는 생각이 들었다.
"그 늙은 영감이 언제나 사람 마음을 당혹케 하는 것을 중지하려나? 그는 비심비불(非心非佛)이라고 주장하더라도 나는 즉심즉불(卽心卽佛)을 고수할 것이오."
중이 돌아와 대매와 있었던 일을 보고했다. 마조의 얼굴에 환한 웃음이 번졌다.
"과연 매실이 익었군!"
매실(梅實)이 익었다는 것은 대매의 깨침에 의심할 바가 없다는 의미이다. 이렇게 마조의 교육방법은 사람의 근기에 따라 때로는 부정과 긍정을 혼용했다. 마음이 곧 부처란 말에 집착하고 있는 사람들을 향해서는 마음도 부처도 아니라고 부정해 버린 마조의 뛰어난 선지에 감동된 듯 경허는 계속 말을 이어갔다.
"재주가 뛰어난 선사들이야. 근기가 수승한 사람들은 말 한마디에 일대사(一大事)를 해결하는데 미련한 사람들은 그 말에 얽매여 자신을 잃어버리거든."

마조에게 깨달음을 얻은 또 한 사람이 있었다. 바로 그가 대주(大珠)선사이다. 대주를 처음 본 마조는 귀찮다는 표정으로 '그대는 여기까지 무엇하러 왔소?' 하고 물었다. 평범한 질문이었다. 그러나 마조의 질문 속에는 자성(自性)을 추궁하는 의미가 담겨 있었다.

"저는 불법을 구하러 왔습니다."

솔직한 답변이었다. 대주의 답변 속에는 난해한 비유도 없었다.

"나는 그대에게 아무것도 줄 것이 없네. 나에게서 무슨 불법을 배울 수 있으리라고 생각하는가? 왜 그대는 자기 집의 보배를 돌보지 않고 멀리 떠나 방황하는가?"

대주는 당황한 표정으로 물었다. 무엇보다 자신에게 보배가 있다는 말에 경악을 금치 못한 것이다.

"저에게 보배가 있다니 무슨 말씀입니까?"

대주는 반문했지만 그 말 속에는 힘이 빠져 있었다.

"다른 사람이 아니라 내게 질문하는 바로 그 사람이 보배이지. 그 보배 안에 일체 모자람이 없이 다 갖추어 있네. 그대는 그것을 자유롭게 사용할 수 있으며 그 원천은 고갈되지 않네. 구태여 밖에서 찾을 필요가 어디 있겠나?"

이 말을 듣고 대주는 추리와 사유에 의해서가 아니라 직관에 의해 자심(自心)의 돈오에 이를 수 있었다. 이것은 마조가 자성을 깨닫게 하기 위해 마음이 곧 부처이고 그대의 보배라고 가르친 방법 가운데 하나이다. 또 마조가 자신의 보배라고 지적한 것은 중생이 각자 지니고 있는 자성을 가르킨 것이며 혜능이 말한 자불을 뜻한다. 이 자불(自佛)은 밖에서 구해지는 것도 아니고 찾고 있는 바로 그 사람임을 마조는 철저하게 인식시키고 있다.

마조의 이러한 가르침에 개안을 얻은 또 한 사람이 있다. 바로 그가 분주무업(汾州無業)이란 선사이다. 무업(無業)선사는 처음에는 선(禪)에 대한 관심보다는 율종(律宗)에 소속되어 있었고 해박한 경전지식을 갖고 있었다.

어느 날 마조는 자리에 누워 있다가 느닷없는 방문객 때문에 벌떡 일어났다. 방문객의 체구가 육척 장신에다 비대한 살점이 지나칠 정도로 육중했기 때문이었다. 마조는 위압을 느낄 만한 우람한 체구를 다진 무업을 강타하고 싶은 충동이 일었다. 그렇다고 힘으로 때릴 수도 없었다.

"웅장한 법당이구나! 다만 그 안에 부처가 안 계시는군!"

덩치만 컸지 그 안에 부처가 없다고 무업을 질타해 버렸다. 육중한 체구가 통나무 쓰러지듯 마조의 일격에 넘어졌다. 무업은 무릎을 꿇고 말했다.

"저는 삼승(三乘)에 관한 경전들은 대략 공부하고 또 이해했습니다. 그러나 가끔 이 마음이 부처라는 선가(禪家)의 교의를 들을 때면 잘 이해가 되지 않습니다. 이것은 정말 저의 이해력을 초월합니다."

"아직 이해하지 못한 그 마음이 부처요, 그 밖에 따로 무엇이 있겠는가?"

무업의 어리석음은 깊었다. 삼승의 교의를 알고 있는 사람치고는 번뇌의 비대한 살점이 너무 많았다. 무업은 다시 질문했다.

"그러면 서쪽에서 조사에 의하여 비전(秘傳)된 심인(心印)은 무엇입니까?"

마조는 약간 신경질적으로 말을 했다. 참으로 둔한 놈이라는 생각을 떨쳐버리지 못했다.

"스님은 아직 아무것도 아닌 일로 분주하군. 잠깐 물러갔다가 다시 오게."

무업은 아무것도 얻지 못하고 자리에서 일어나 떠나려고 했다.

그 모습을 본 마조의 마음이 아팠다. 그것은 마조가 지닌 애정이었다.

그래서 마조는 다시 무업을 불렀다.

"스님!"

무업이 고개를 돌리자 마조는 재차 물었다.

"이것이 무엇인가?"

이 질문에 무업은 번뇌의 살점과 어둠을 털어내고 깨달을 수 있었다.

선(禪)이란 이렇게 우리 마음 속에서 초월의 문을 열게 한다. 생사에 대한 자유는 우리 자신 밖에 있는 것이 아니다. 우리 스스로 본래부터 구족해 있는데도 그것을 발견치 못하고 또 체험하지 못하고 있는 것이다. 그러니까 중생을 고쳐 부처가 되려고 하지 말라. 탐욕과 무지(無知) 그대로가 부처를 이룰 수 있는 근본임을 깨달아야 한다. 모든 사물은 청정한 법신이며 또한 화신(化身)이고 묘용(妙用)이다. 이제 칙칙한 번뇌의 숲으로 차 있는 머릿 속을 빗질하여 신령스런 자아를 발견해야 한다.

번뇌는 항상 어둠을 만들고 거울 속의 먼지처럼 존재한다. 영혼의 창이 침침하고 안개가 낀 것처럼 투명한 빛을 발하지 못한 것은 바로 번뇌와 산란한 마음 때문이다. 그러나 자기를 부처로 인식하는 데는 돈오적(頓悟的) 훈련이 필요하고 이는 마음 속에 있는 일체 집착을 버릴 때 가능하다.

경허는 계속 이어갔다. 제자를 깨우쳐 주기 위한 지극한 애정을 발휘하고 있었다.

백장선사(百丈禪師)의 문하에 신찬(神贊)이란 중이 있었다. 이 분이 스승의 등을 두드리며 무지를 깨우쳐 준 유명한 인물이었다. 그는 계현(戒賢)스님에게 경학을 배웠으나 교리 연구에는 별 흥미를 갖지 못했다. 그러나 뛰어난 돈오적 지혜로 스승을 능가하는 안목을 갖게 되었고 어느 날 경전을 버리고 백장의 문하에 들어가 피나는 정진을 했다.

처음으로 무언(無言)의 바다에 발길을 들여놓았다. 무언의 심해에는 파도자락 같은 번뇌가 일지 않았다. 우주와 합일해 있는 소소영령(昭昭靈靈)한 신령스런 자아를 만날 수 있었고 그것은 신찬이 처음 소유해 보는 환희였다. 이때 그는 경전이란 읽은 사람으로 하여금 개안을 주지 못하면 서물(書物)에 불과함을 깊이 깨달을 수 있었고 자가보장(自家寶藏)을 스스로 구족해 있음을 자각할 수 있었다. 신찬은 스승 계현 곁으로 돌아왔다. 그때까지 스승은 경전에 몰두해 있었고 즉심즉불(卽心卽佛)을 직접 체험치 못하고 있었다.

삼 년 만에 제자를 만난 스승은 제자를 향해 그 동안 무슨 소득이 있었느냐고 물었다. 그러나 신찬은 아무것도 얻은 것이 없다고 솔직히 말했다. 본래 아무것도 지니지 않은 자성의 본질에서 본다면 소득이 있을 수 없다. 스승은 제자가 아무 소득이 없었다고 말한 깊은 뜻을 이해하지 못했다. 오히려 허송 세월을 보낸 것을 못마땅하게 생각했다.

어느 날 스승 계현은 신찬에게 목욕물을 데우게 하고, 또 등을 밀라고 했다. 이 순간을 신찬은 놓치지 않았다.

"법당은 좋은데 부처가 영험이 없구나(好好法堂 無佛靈驗)."

하고 스승의 등을 두드리면서 신찬은 말했다. 제자로서 무례한 짓을 서슴없이 했지만 그 이면에는 스승을 깨우치기 위한 간절한 소망이 담겨 있었다. 제자의 말을 들은 스승 계현은 어이가 없다는 듯이 고개를 돌려 신찬의 얼굴을 힐끔 쳐다보았다. 이때 제자는 더욱 잔인한 말을 스승의 면전에 내뱉고 말았다.

"부처가 영험은 없지만 방광(放光)은 할 줄 아는군."

스승의 자존심마저 생각지 않는 준엄한 힐난이었다. 윤리적으로는 용납될 수 없는 제자의 난폭한 횡포였으나 계현은 마음 속에 짐승처럼 꿈틀거리는 분노를 눌러 버리고 섬광처럼 뇌리를 스쳐가는 불빛을 뜨겁게 깨달을 수 있었다. 그리고 제자의 범상치 않은 행동을 알아차린 계현은 제자의 무례함을 용서하고 말았다. 그러나 그것은 계현에게 참을 수 없는 고통이었고 경전의 지식이 허망하다는 것을 깨닫는 순간이기도 했다. 다음 날 계현은 깊은 명상에 잠겼다. 침묵이 저녁 어둠처럼 다가서고 방안은 갑자기 사람이 살지 않는 것처럼 삭막한 분위기로 바뀌어져 버렸다.

그때 침묵을 깨트리는 벌 한 마리가 갇혀 있는 창문을 향해 몸을 부딪쳤다. 일순 침묵이 깨어져 버렸다. 계현은 제자를 불러 자신을 향해 법을 설해 달라고 청했다. 신찬은 창문을 향해 몸을 부딪치고 있는 벌에다 스승을 비유했다.

어리석은 벌이여!
활짝 열린 저 문은 마다하고
굳게 닫힌 창문만을 안타까이 두드리뇨
백 년을 쉼없이 경전을 뚫어지게 본 들
어느 날 어느 때에 깨치기를 기약할 것인가.

    제자의 게송을 듣고 계현은 활연대오할 수 있었다.
    이렇게 선(禪)은 부처를 의타화(依他化)시키는 것을 거부한다. 자증자오(自證自悟)만을 강조한다.
    경허의 말은 여기서 갑자기 중단되었다. 무거운 침묵이 엄습했다. 약간 지쳐 있는 것 같았다. 부질없는 말을 많이 했다는 표정이었다.
    "더 계속하시지요."
    만공이 경허를 향해 재촉하자 경허의 눈빛에 푸른 바람이 일었다.
    "죽어 있는 말을 너무 많이 했다. 탁발이나 나가자."
    경허는 느닷없이 탁발을 가자고 자리에서 일어섰다. 만공도 따라 나서지 않을 수 없었다. 오늘 따라 경허의 얼굴이 침울해 보였다. 깊은 수심과 우수가 깊게 배어 있었다. 자신만이 아는 비애를 감추고 있었다. 만공의 안목으로는 넘겨볼 수 없는 깊은 우수였다. 철저하게 불교의 무애와 허무에 길들여진 경허의 인내가 흔들리고 있는 것 같았다. 그렇다고 그 까닭을 물어볼 수도 없었다.

영주사미를 잃고부터 간혹 내보인 경허의 우울이었다. 비록 영주사미를 자신이 살해하지 않았지만 술을 마실 때도 경허는 폭주를 했다. 참을 수 없는 고통을 극복하기 위해 술을 마시는 것을 만공은 간혹 엿볼 수 있었다.

만공은 걸망을 지고 경허를 따라 나섰다. 그 모습이 공허해 보였다. 마치 그가 소유한 모든 것을 탕진해 버린 사람처럼 공허만 가지고 걸어가는 것 같았다. 두 사람은 서산 마을에 들어서자 한 집 한 집 염불을 했다. 탁발이 잘 되지 않았다.

"만공!"

"네."

"단청불사 권선을 해야겠다."

"권선문(勸善文)이 있어야지요."

"내가 쓰겠다."

종이를 사가지고 단청불사 권선문을 쓰고 방명록을 매었다. 갑자기 권선문이 만들어졌다. 만공은 이해가 안 되었지만 경허의 행동을 제지할 수 없었다.

"신심이 돈독한 신도들은 시주를 많이 하겠지."

집집마다 다니며 권선을 시작했다. 사람들은 정성껏 시주를 했다. 돈을 주는 사람도 있었고 쌀·보리를 주는 사람들도 있었다. 경허의 모습은 진지했다. 장난기 같은 것은 발견할 수 없었다. 그러나 만공의 마음은 초조하고 불안했다. 권선을 하고 나서 다음에 무슨 행동이 일어날지 의심스러웠다. 돈은 제법 모아졌다. 전대에 돈이 두둑히 채워지고 있었다. 경허는 모처럼 흥이 나는 모양이었다. 갑자기 경허는 만공을 힐끔 쳐다보고는 싱긋 웃었다.
"이만하면 단청불사하기에 넉넉하겠군."
만공의 손을 잡고 경허는 태연하게 주막으로 들어섰다. 단청불사 시주금으로 술을 마실 작정이었다. 만공은 더 이상 참을 수가 없었다.
마음 속에서 갑자기 분노가 치밀었다. 아무리 무애행을 한다고 하지만 이런 행위만은 이해할 수가 없었다.
"스님! 시주금으로 술을 마시려고요. 부처님을 팔아서 술을 마셔서는 안됩니다."
만공은 큰 죄를 짓는 것 같아 경허의 소맷자락을 붙잡았다. 경허는 만공의 제지를 뿌리치고 오히려 만공의 소맷자락을 끌었다.
"두려워하지 말라."
두려움에 떨고 있는 만공의 목소리를 듣고 경허가 말했다.
"복짓고 죄 짓는 것은 마음에 달렸다."
경허는 술좌석에 앉아 술을 청했다. 그리고 안주도 푸짐하게 시키고나서 마치 술에 중독되어 있는 사람처럼 술을 마셨다. 만공도 따라 마시지 않을 수 없었다.
"스님, 우리는 호법선신(護法善神)에게 천벌을 받을 겁니다."
만공은 죄책감에서 헤어나지 못하고 있었다. 그의 목소리는 아직도 두려움으로 떨리고 있었다. 부처님을 팔고 신도를 속여 술 마시는 일은 아무리 좋은 법문이나 변명으로도 치부되거나 용납될 일이 아니었다.
 "이놈아! 천벌을 받다니 불사가 잘되어 가고 있는데."
 경허는 조금도 부끄러워하거나 죄책감을 가지고 있지 않았다. 오히려 능청스럽게 불사가 잘되어 간다고 큰소리를 쳤다. 그런 경허의 모습이 못마땅했다. 경허의 얼굴은 서서히 붉은 낙조처럼 물들어 가고 있었다. 자신만이 갖고 있는 공허가 술로 메꾸어지고 있는 것 같았다. 우울과 깊은 우수도 발견할 수 없었다. 오히려 경허가 갖고 있는 거친 야성이 눈에서 발산되고 있었다. 그리고 경허의 거친 야성은 많은 사람을 압도하고 당황케 했다.
 "무슨 불사가 잘된단 말입니까?"
 만공은 퉁명스럽게 대답했다. 경허를 못마땅하게 생각하는 마음을 풀지 않았다. 오히려 알 수 없는 적의를 느꼈다.
 "이놈아! 이보다 훌륭한 단청불사가 어디 있느냐. 그래, 너는 나무를 다듬고 깎아 절을 세우고 거기다가 색깔과 문양을 그려 넣어야만 단청불사인 줄 알고 있구나. 내가 일찍이 말했지 않느냐. 양무제가 일생동안 조불조탑(造佛造塔)한 일을 달마는 공덕이 없다고 단호하게 말한 것을 벌써 잊어 버렸느냐. 그것은 유루공덕(有漏功德)이야. 물론 절 짓고 탑 세우고 불상 조성하는 불사도 해야 한다. 그보다는 사람 키우는 불사를 해야 한다.
 스님들이 아침 저녁 무어라고 하느냐. 삼계대도사(三界大導師)가 되겠다고 발원하고 있지 않느냐. 인천(人天)의 스승이 되겠다는 사람들이 부처되는 일에는 관심을 갖지 않고 기복불사(祈福佛

事)에만 매달려 있어서야 되겠느냐. 사방을 돌아보아도 사람이 없구나. 앞으로 백년 이후는 참으로 눈밝은 납자(衲子)가 절 집안에 없을 거야.

반면 나무를 다듬어 깎고 쇠를 녹이고 돌을 깎아 절을 세우고 부처를 조성하는 무리들은 날로 늘어날 것이다. 그래 법당과 불상만 있으면 무엇하겠느냐. 살아있는 부처가 있어야지. 오늘 살아있는 부처가 단청불사를 하고 있지 않느냐. 내 얼굴을 보라. 이만하면 훌륭한 단청불사이지.″

경허의 얼굴은 붉게 타고 있었다. 붉은 홍조가 얼굴 전체에 번져있었다. 만공은 이제야 경허의 마음을 조금 이해할 수 있었다. 처음보다 마음이 가벼웠다. 땅거미가 서서히 짙어지자 경허는 자리에서 일어섰다. 만공도 뒤를 따랐다. 경허의 걸음이 갑자기 빨라졌다. 그는 육신을 끌고 걸어가는 것 같지 않았다. 혼령만 걸어가는 것 같았다. 술에 취한 사람 같지 않았다. 급한 소식을 듣고 길을 재촉하는 사람 같았다. 만공은 재빨리 발자국을 옮기면서 왠지 마음이 불안했다. 예측 못할 사건이 벌어질 것 같은 예감이 들었다. 왜 이렇게 빨리 걷느냐고 물을 수도 없었다. 무거운 침묵이 두 사람 사이를 가로막고 있었고 간혹 바람이 그 사이를 헤집고 지나가고 있었다.

경허는 산허리를 끼고 있는 조그마한 마을로 들어섰다. 몇 집 살지 않는 아주 작은 마을이었다. 저녁 그림자를 밟고 경허는 한 집을 들어섰다. 얼굴에 주름살이 가득한 노인 한 분과 며느리인 듯한 젊은 여자가 디딜방아를 찧고 있었다. 얼굴에 땀이 흥건히 배어 있었다. 땀냄새가 저녁 바람에 묻어왔다. 소금기도 섞여 있었다. 그렇지만 그 냄새는 거북하지 않고 오히려 구수했다. 만공은 갑자기 마음이 불안해졌다. 무슨 일이 벌어질 것 같았다. 항상 예측할 수 없는 행동을 서슴없이 경허가 하기 때문에 초조함을 떨쳐버릴 수가 없었다.

경허는 디딜방아를 찧고 있는 젊은 여인의 등 뒤로 다가서고 있었다. 그리고 살며시 쭈그리고 앉아서 디딜방아를 찧는 모습을 물끄러미 한참동안 쳐다보고 있었다. 방아 찧는 모습에 경허는 인간의 본능적 충동을 일으켰다. 마치 그 모습이 남녀가 서로 엉켜 그 짓을 하고 있는 것 같았다.

경허는 갑자기 손을 벌려 젊은 여인을 안고 젖을 만지기 시작했다. 참으로 자연스런 모습이었다. 뜨거운 애정이 그의 손에서 일고 있었다. 여인은 기겁을 하고 비명을 질렀다. 이 모습을 본 노인은 기가 찼던지 멍청하게 바라만 보고 있었다. 육척 장신에다 주장자까지 들고 있는 경허가 무섭기도 했다. 만공은 갑자기 경허가 미친 것이 아닌가 생각을 했다. 그러나 그 미친 짓을 만공은 끝내 제지를 못하고 바라만 보고 있었다. 마치 짐승같은 행동을 경허는 서슴없이 하고 있었다. 노인의 얼굴에 무서운 노기가 일었다. 그 노기는 서서히 살기로 변해 갔다. 노인의 눈빛에서 살기가 번쩍거렸다. 경허는 노인의 화난 얼굴을 외면해 버리고 젊은 여인의 젖만 만지고 있었다. 그리고 짐승처럼 자신의 행동을 부끄러워하지도 않았다. 오히려 노인을 향해 '노인장, 아랫것이 좀 동하지 않는가?' 하고 물었다. 만공의 눈에 처음으로 경허가 사람으로 보이지 않았다. 그것은 치한만이 할 수 있는 일이요, 인간의 윤리와 도덕을 팽개쳐 버리고 짐승으로 전락될 때나 할 수 있는 행동을 경허는 하고 있었다.

노인은 무서운 분노를 참지 못하고 지게 작대기로 경허의 등을 후려쳤다. 찬 바람이 일었다. 그것은 분노의 바람이었다. 둔탁한 소리가 수없이 들렸다. 노인은 지칠 때까지 경허를 후려쳤다. 그래도 화가 풀리지 않는 모양이었다. 지게 작대기가 부러지자 노인은 다른 막대기로 후려쳤다. 경허의 이마에서 붉은 피가 흘러내렸다.

그래도 경허는 미동도 않고 앉아 있었다. 매맞는 일에 익숙해 있는 사람처럼 보였다. 수없이 매질을 한 노인은 모든 힘을 소모해 버리고 탈진하여 그 자리에 털썩 주저앉아 버렸다. 노인의 이마에 이슬 같은 땀방울이 수없이 맺혀 있었다. 그리고 숨을 몰아 쉬었다. 살벌한 분위기가 침묵으로 바뀌어 버렸다. 경허의 얼굴에는 피가 흐르고 있었다. 닦으려고도 하지 않았다. 노인이 지쳐 자리에 앉자 그때야 경허는 입을 열었다.

"노인장, 이제 화가 좀 풀렸소?"

마치 상대를 놀리는 듯한 말이었다. 지쳐 있는 노인은 어이가 없는듯 아무 대답을 않고 있었다. 그리고 겨우 숨을 몰아쉬며 말했다.

"짐승 같은 놈! 어찌 네 놈을 중이라고 하겠느냐?"

"하하, 오늘 내가 짐승이 되었소. 짐승이 되지 않고 어찌 저 아름다운 여자의 젖을 만져 보겠소. 젖 한번 만진 죄로 헤아릴 수 없는 매를 맞았소. 그러니 빚은 갚은 셈이오."

경허는 자리에서 일어서서 걸음을 재촉했다. 제 정신이 돌아온 모양이었다. 그렇다고 술기운 때문에 그런 짓을 했다고 말할 수도 없었다. 그것은 경허만이 갖고 있는 광기였다. 그러나 광기라고 매도하기에는 이해되지 않는 초탈함이 있었다.

"스님!"

만공은 조용히 경허를 불렀다. 목소리가 떨리고 있었으며 불만도 섞여 있었다.

"왜 그러느냐?"

"왜 그런 위험한 일을 합니까? 다행히 노인만 있어서 그렇지 젊은 청년이 있었다면 큰일날 뻔했습니다."

"그래, 오늘 내가 스스로 축생이 되었네."

"축생이 되다니요."

"짐승이 할 짓을 오늘 내가 했지 않나. 이런 일은 흉내내서는 안 되네."

"왜 그런 일을 해야 합니까?"

"만공!"

"네."

"이래도 꿈이요, 저래도 꿈이요, 좋은 꿈이건 나쁜 꿈이건 산다는 것은 그저 꿈이긴 매 한가지네."

경허의 목소리에 슬픔이 젖어 있었다. 스스로 난폭한 주정을 부린 것도 자신이 알고 있었고 가슴 깊은 곳에 경허만이 갖고 있는 고통이 숨어 있는 것 같았다. 만공이 생각을 해보아도 경허의 행동은 자학적인 데가 있었고 스스로를 타락시키고 있었다. 그 자학과 난폭한 주정은 사문(沙門)의 신분을 타락시키는 행위였고, 스스로 자기를 몰락시키는 결과를 가져오게 했다. 그러나 경허는 난폭한 주정을 꿈이라고 단호하게 말했다. 세상사 모두가 그의 눈에는 하룻밤 꿈으로 밖에 보이지 않았다. 일생을 살아온 것을 냉정하게 따진다면 하루 저녁 이야기거리가 안 될 때도 있다. 그것을 경허는 알고 있었다.

 그래서 때로는 농세(弄世)의 야인(野人)이 되어 스스로 미친 짓을 하기도 했다.

 그러나 여기서 한 가지 밝힐 것은 경허가 동학사 시절 장자(莊子)사상에 경도되어 있었다는 데 주목할 필요가 있다. 장자를 읽고 또 읽어 끝내는 천독(千讀)을 할 만큼 장자사상에 심취해 있었을 뿐 아니라 이때부터 경허의 행동이 거칠어지기 시작했다. 그리고 불교적 허무와 광기, 장자의 무위자연의 사상은 이상하리만큼 조화를 잘이루어 걸림없는 자유를 만들었다.

 경허는 천장암으로 들어서는 길목 한쪽에 앉아 갑자기 노래를 불렀다. 묵소리가 우렁차고 힘이 있었다. 그 목소리에 인간의 번뇌나 애환이 섞여 있지 않았다.

 "홀연히 생각하니 도시몽중(都是夢中)이로다. 천만고(千萬古) 영웅호걸 북망산 무덤이요, 부귀문장(富貴文章) 쓸데없다. 황천객을 면할소냐. 오호라, 나의 몸이 풀 끝에 이슬이요, 바람 속의 등불이라. 삼계 대사 부처님이 정령히 이르기를 마음 깨쳐 성불하여 생사윤회 길이 끊고 불생불멸 저 국토에 상락아정(常樂我淨)

무위도(無爲道)를 사람마다 다 구족하고 팔만장경 전하노니 사람 되어 못 닦으면 다시 공부 어려우니 어서어서 닦아보세.

 닦는 길을 말하려면 허다히 많건마는 대강 추려 말해 보면 앉고 서고 입고 먹으며 사람들과 대화하는 일체처 일체시에 소소영령(昭昭靈靈)한 지각하는 이것이 어떤 것인가.

 몸뚱이는 송장이요, 번뇌망상 본공(本空)하고 천지면목 나의 부처, 보고 듣고 앉고 눕고 잠도 자고 일도 하고 눈 한번 깜짝할 새 천만리 다녀오고 허다한 신통묘용 분명한 나의 마음, 이 마음이 어떻게 생겼는고, 의심하고 의심하되 고양이가 쥐 잡듯이, 주린 사람 밥 구하듯이, 목마른 이 물 찾듯이…… 천지면목 절묘하다. 그대로가 아미타요, 석가여래가 아닌가." (경허의 참선곡 일부)

 경허는 노래를 부르고 나서 아무 말없이 먼 산을 바라보고 있었다. 알 수 없는 비애에 젖어 있는 모습이었다. '스님' 하고 만공이 경허를 쳐다보며 불렀다. 스님의 외로운 마음을 비집고 들어가고 싶은 충동이 일었기 때문이었다. 그리고 경허가 깊은 고독과 우수에 빠져 있는 것도 처음 보았기 때문이다.

 "오늘 따라 외로워 보입니다."

 "그래, 깨치고 나면 누구나 절대 고독을 갖게 돼. 부처님도 참으로 외로웠을 거야. 중생과 더불어 살았지만 세상사를 깨닫고 모두 알아 버리고 나면 할 일이 없거든."

 "고독해서 술을 마시는 것입니까?"

 "술 마시는 일을 계율의 시각으로만 보지 말라. 계율에 얽매이다 보면 너 자신도 잃고 자성도 잃어버리고 만다. 그렇다고 마음의 질서를 잃어버리면 수행인은 속인으로 전락되고 말아. 나는 이치로는 모든 것을 깨달았지만 마음 속 번뇌의 찌꺼기를 아직 불태워 버리지 못했다. 그렇다고 탐하고 구하는 것도 없다. 생각나는 대로 행동할 뿐이다. 환득도래 별무사(還得到來 別無事)야. 깨쳤다고 세상이 갑자기 달라지는 것은 아니다. 그래서 나는 때로 미쳐서 축생도 되고 아귀와 아수라도 되어 본다. 육도(六道)를 다 돌아다녀 보아야 진실한 중생의 고통을 알 수 있어. 육도의 고통에 절망해 보지 않은 사람이 어떻게 중생의 고통을 알 수 있겠나. 그러나 그것도 알고 나면 꿈이란 것을 깨닫게 될 것이다. 중국의 순치황제(順治皇帝)가 스스로 황제 자리를 버리고 출가해서 노래한 것도 꿈이다. 깨닫고 보니 꿈이란 것을 알았지.

이 몸 한때 임금노릇을 할 때는 중원 천하가 내 것이었고
또 나라와 백성 걱정으로 마음 편안할 날이 없었다
그러나 출가해 깨닫고 보니 인간의 한평생이란 것
중노릇 반나절 일에도 못 미친다.
朕乃山河大地主　憂國憂民事轉煩
百年三萬六千日　不及僧家半日閑

그리고 그는 백년세사 삼경몽(百年世事 三更夢) 일생의 세상살이가 하룻밤 꿈이라고 했지. 그 친구 진실로 불교의 무상을 깨달았어, 하하하. 일생동안 살아온 것이 중 노릇 반나절 일만도 못하다. 대단한 친구야."

"모든 것이 꿈이라면 스님 행동에 허물이 없겠네요."

만공이 꿈의 이치를 어렴풋이 알고 한 말이었다. 꿈속에서 일어난 일에 무슨 허물이 있겠는가. 만공은 경허의 마음이 조금 이해가 되었다. 세상을 달관한 상태에서 바라보면 모든 것이 부질없어 보이기 마련이다.

"그래, 만공 자네도 이제야 조금 눈이 열리고 있군."

"깨치고 보니 하루하루가 무료하고 권태스럽습니까?"

경허의 내심을 살피기 위해 던진 질문이었다. 할 일이 없어 술을 마시고 난폭한 주정을 일삼고 있느냐는 추궁이 담겨 있었다.

"꿈이라고 하니까 일체가 허망하고 허무하다는 뜻은 아니야. 그 가운데 신령스런 자아(自我)가 있다는 것을 알아야 해."

만공이 꿈이란 뜻을 올바르게 이해하지 못하고 있는 것 같아 경허는 모두가 허망하고 허무한 것은 아니라고 부정해 버렸다. 만공도 경허의 말뜻을 모르고 질문한 것은 아니었다.

"만공 자네는 앞으로 존재하는 그대로를 볼 줄 아는 지혜를 갖게. 그리고 몸이 덕으로 빛나야 모든 대립으로부터 자유스러워질 수 있어. 시기 질투하는 마음을 버리는 것도 중요하지만 내 자신이 타인으로부터 비난의 대상이 되지 말아야 돼. 부처님은 만덕(萬德)의 몸을 성취했기 때문에 일체중생의 고통을 구제하고 사랑할 수 있었어.

그런데 중국 선사들의 어록을 보면 한결같이 깨달음에 대해서는 지나칠 정도로 강조하고 있으면서 사랑에 대해서는 말 한마디 언급조차 하지 않았어. 중생 한 사람도 사랑해 보지 않은 사람이 어찌 일체중생을 사랑할 수 있겠어."

경허는 자리에서 일어나 서서히 걷기 시작했다. 서서히 걷는 걸음이 마치 구름이 흘러가듯 자연스럽고 가벼워 보였다. 만공도 뒤를 따랐다. 경허를 따라가는데 힘이 들었다. 한참 동안 걷다가 경허는 느닷없이 걸음을 멈추고 뒤따라 오는 만공을 큰소리로 불렀다.

"만공!"

만공은 숨을 몰아쉬며 경허를 힐끔 쳐다보았다.

"자네 사랑을 해 본 일이 있는가?"

"아직 없습니다."

"그러면 솜털같이 부드러운 여자의 살결을 모르겠구나."

"갑자기 여자의 부드러운 살결을 말하십니까?"

"그래, 어느 날 어떤 중이 조주(趙州)에게 맑고 엄숙한 절은 어떤 것입니까 하고 물었다네. 조주는 음, 살결이 솜같이 부드러운 미인(美人)이라고 대답했지. 이 말을 듣던 중은 순간 눈이 휘둥그레지면서 다시 물었지. 그렇다면 깨끗하고 엄숙한 그 절에 사는 사람은 어떤 사람이냐고. 조주는 빙긋이 웃으면서 솜털같이 부드러운 살결을 가진 여자가 어린애를 뱄다네 하고 대답을 했지.

나는 천장암이 솜털같이 부드러운 절이라고 생각해. 그래서 천장암에서 잘때는 여자 품속에서 자는 기분이야. 만공 자네는?"

경허와 만공이 천장암에 도착했을 때는 어둠이 짙게 깔려 있었다. 침묵에 잠겨 있던 찬장암은 경허와 만공이 나타나자 새롭게 깨어났다. 주위에 있는 사물들도 눈을 뜨고 반기는 것 같았다. 그래서 경허는 천장암을 여자의 속살같이 부드러운 곳이라 했는지 모른다.

두 사람이 대문을 들어서자 처사 한 사람과 두 여인이 경허를 맞이했다. 처사는 경허에게 공손히 인사를 했다. 정처사(鄭處士)였다. 경허를 존경해 천장암에 자주 찾아오는 재가신도였다. 그는 재가신도라기보다 경허 불교에 심취하고 매료되어 있는 처사였다. 정처사가 인사를 끝내자 중년 부인과 젊은 여자가 합장을 했다. 정처사의 아내와 딸이었다.

정처사는 경허를 만나고부터 불교를 배웠고 선(禪)에 대해 깊은 관심을 갖기 시작했다. 그리고 경허의 거친 광기와 야성을 맹목적으로 받아들였다. 그것은 경허에 대한 순정이었다. 정처사의 때묻지 않은 존경심은 끝내 맹신이 되었다.

정처사가 처음부터 경허를 존경한 것은 아니었다. 두 사람에게는 서로의 마음을 전할 계기가 있었다. 경허가 보임 정진을 하고 있을 때 정처사는 관직을 그만두고 천장암을 찾아온 일이 있었다. 이때 경허는 따뜻한 가슴으로 정처사를 맞이했고 두 사람은 마치 애정을 나누는 사람들과 같이 급속도로 친해져 버렸다. 마치 전생에 친교를 맺었던 인연이 서로의 만남을 통해 이루어지는 것 같았다. 그러나 경허의 애정은 거칠었다. 경허는 우선 정처사가 눈밝은 선비인가 시험부터 했다. 그것은 상대의 안목을 가늠해 보는 일이었다.

이곳은 바닷가의 구석진 벽지로서
오랫동안 용도 뱀도 보지 못했는데

오늘 온 것은 용인가, 뱀인가.
此處海隅僻地　久不見龍蛇
今日來者是龍耶蛇耶

천장암의 위치는 서해의 구석진 벽지였다. 이때만 해도 그리 많은 사람들이 살지 않는 산골 오지였다. 경허는 이러한 산골 벽지에 정처사 같은 선비가 찾아온 것이 신기했고 또 한편으로는 반가웠다. 그러나 경허는 그 반가움을 가볍게 표현하지 않았다.

오히려 자신을 찾아온 손님을 당황케 만들어 궁지로 몰아넣었다. '반갑소. 어서오시오' 라는 말 대신에 경허는 그대는 용인가 뱀인가 추궁했다. 정처사는 경허의 날카로운 질문에 초조하거나 당황하지 않고 자리에 일어나 절을 하며 대답했다.

석가불에게 절하는 것은 석가불이요
미륵불에게 절하는 것은 미륵불입니다.
釋迦佛拜釋迦佛
彌勒佛拜彌勒佛

정처사의 안목도 뛰어났다. 석가불에게 절하는 사람은 석가불이요, 미륵불에게 절하는 사람은 미륵불이라고 대답한 것이다. 그러니까 경허에게 절을 하는 것은 경허의 면목(面目)을 알고 이해한다는 뜻이었다. 그만큼 정처사의 안목도 뛰어났고 비범한 데가 있었다. 두 사람은 그날 밤 천 년(千年) 지기를 만난 것처럼 친해져 버렸고 경허의 해박한 지식에 정처사는 경탄을 금치 못했다. 경허를 살아있는 부처로 칭찬하고 미화하는 데 들떠 있었다.
　이렇게 두 사람의 만남은 몇 번 이루어졌고 급기야 정처사가 아내와 딸을 데리고 경허를 찾아온 것이었다. 이때 정처사가 경허를 찾아온 데는 정처사 나름의 뜨거운 결심이 있었다. 아내와 딸을 경허에게 맡기고 자신은 운수의 삶을 넓히고자 하는 데 목적이 있었다. 비록 몸은 재가의 신분을 지니고 있었지만 정신만은 운수의 삶에 익숙해 있었다. 여러 곳을 떠돌아다님으로 해서 중생의 각양각색의 삶을 만나서 자신의 개안을 넓히고 싶었다. 그것은 만행(萬行)이었다.
　정처사는 만행을 통해 중생을 차별없이 사랑하는 자비를 체득하고 싶었고 속세의 인연으로부터 자유스러워지고 싶었다. 경허는 정처사를 힐끔 쳐다보며 말문을 열었다.
　"아내와 딸까지 데리고 온 것을 보니 특별한 이유라도 있나?"
　경허의 눈빛은 정처사의 딸아이에게 가 있었다. 싱싱한 복숭아꽃 내음을 경허는 맡고 있었다.
　"큰스님 시중을 들도록 하기 위해서입니다."
　"거친 호랑이의 시중을 아무나 할 수 있나."
　경허는 자신의 심정을 솔직히 드러냈다. 거칠고 난폭한 행동을 서슴없이 한다는 것을 숨기지 않았다.
　"예부터 큰스님이 잡고 간 선방(禪房) 문고리만 잡아도 삼악도(三惡道)를 면한다고 했지 않습니까?"
　"나는 여자에게 시중을 받을 만한 여복을 가지고 있지 않아. 오히려 나를 시중들다가 날벼락을 맞을지도 몰라."
 경허의 시선은 자꾸 정처사의 딸에게로 옮겨가고 있었다. 산중에서 막 피어난 목련꽃같이 청초했다. 경허는 그 꽃을 감상하고 있는 것이 아니라 탐하고 있었다. 그것은 경허의 본능이었다.
 "날벼락이 아니라 큰스님의 자비의 소나기이겠지요."
 정처사는 모든 것을 예감하고 한 말이었다. 경허가 자신의 딸을 보고 욕정을 일으키고 있는 것도 짐작하고 있었다. 그것을 정처사는 경허의 자비의 소나기라고 받아 넘겼다. 꽃다운 딸까지도 경허가 원한다면 허락하겠다는 의미가 담겨 있었다.
 그러나 정처사의 마음 한구석에는 경허에 대한 신뢰가 자리잡고 있었다. 비록 경허가 술이면 술, 여자까지 분별치 않고 수용해 버린다고 할지라도 자기의 아내와 딸까지 범하지는 않으리라는 믿음이 있었다. 그것은 두 사람만이 느낄 수 있는 신뢰였다. 그 신뢰를 경허가 끝까지 지켜 주리라는 기대를 갖고 있었는데 경허가 자신의 딸을 탐할 수 있다는 저의를 서슴없이 드러내자 정처사는 불쾌한 심사를 감춘 채 자비의 은총이라고 받아넘겼다.
 정처사는 말을 해놓고 속으로 후회스러웠다. 그리고 딸아이의 얼굴을 훔쳐 보았다. 고개를 숙이고 있었다.
 "내가 없더라도 큰스님 시중을 잘 들면 삼악도는 면할 수 있을 것이다."
 아내와 딸을 방안에서 내보내고 경허와 마주 앉았다.
 "그래, 자네는 어디로 가려고?"
 "산천이나 구경할까 합니다. 산이 있는 곳에는 절이 있을 것이고 절이 있는 곳에는 하루 저녁씩 쉬어다니다 보면 용도 보고 뱀도 보겠지요?"

"운수행(雲水行)을 하려고……?"

"그렇습니다. 구름처럼 바람부는 대로 떠다니고 싶습니다."

"자네는 구름이 될 수 있지만 아내와 딸은 바람이 되어야만 만날 수 있을 터인데."

"큰스님께서 잘 보살펴 주십시오."

"잘못 생각했어. 내 육신 속에는 내 자신도 감당할 수 없는 바람기와 구름이 너무 많이 저장되어 있어. 나도 떠돌아다녀야 할 팔자야. 더욱이 나비가 꽃을 보고 피해갈 수도 없을 터이고, 집으로 돌아가게. 사랑하는 아내와 딸아이에게 한을 심어 주지 말고. 여자의 한(恨)이 깊어지면 어느 땐가 반드시 그 과보를 받게 되어 있어."

"저는 일찍부터 벼슬길에 올라 인생에서 소유할 수 있는 즐거움을 맛보았습니다. 괴롭기도 했고 상대에게 상처를 주기도 했습니다. 그러나 이제 그것도 지나고 보니 하룻밤 꿈에 불과합니다. 이제 꿈에서 깨어날 때도 되었습니다."

"꿈인 줄 알면 지금부터 공부가 제대로 되겠어. 그러나 부처는 산중에 있는 것도 절에 있는 것도 아닐세. 사랑하는 처자식과 살림살이를 하면서도 부처는 찾을 수 있어."

"큰스님 말씀은 잘 알겠습니다. 그러면 한철만 운수행을 하겠습니다."

"그래 자네의 결심이 그렇다면 내가 막을 수 없지. 그러나 한

가지 분명히 말해 두지만 자네 딸아이가 내 곁에 있다가 불이 날지 몰라."

"불이 나면 물로 꺼야지요."

"중국 태전선사(太顚禪師)같이 나는 목석이 아니야. 태전선사는 여자의 유혹을 물리치는 데 천재적 소질을 갖고 있었어. 십 년 동안 축융봉에 머물고 있을 때였지. 그때 한퇴지(韓退之)가 조주(潮州)의 자사(刺史)로 부임해 왔어. 모든 사람이 한퇴지를 찾아 예를 올렸는데 태전선사만큼은 상관치 않고 암자에 머물러 있었지. 권력에 관심이 없었을 뿐 아니라 한퇴지가 불교를 배척하고 있는 것을 못마땅하게 생각했지.

한퇴지는 어느 날 십 년 동안 하산하지 않고 있는 태전선사를 시험해 보기로 마음을 먹었지. 시험치고는 낭만이 있었다네. 그 고을에서 미색이 가장 뛰어난 홍련(紅蓮)이란 기생을 태전선사에게 보낸거야. 아마 나 같았으면 춤을 추었을 거야. 그런데 태전선사는 홍련의 청을 거절하지 않고 한방을 쓰기로 했지. 왜냐하면 방이 하나뿐이었으니까 말이야. 한방에서 살을 맞대고 저녁마다 잠자리를 같이 했지. 그리고 홍련은 태전을 유혹하려고 온갖 방법을 동원했지만 태전선사는 목석같이 아무 반응이 없었다네.

저녁마다 태전선사가 잠이 들 때면 홍련은 실오라기 하나 걸치지 않은 알몸으로 태전선사의 품에 안기기도 하고 얼굴을 부비기도 해 보았지만 끝내 아무 내색을 하지 않았어. 유혹당하는 쪽보다는 오히려 홍련이라는 기생이 세월이 흘러가자 당황하고 초조해졌지. 그렇다고 태전선사가 불구는 아니었어. 낮과 밤을 가리지 않고 정진을 계속했을 뿐 아니라 눈에서는 광채가 빛나고 있었어. 3개월이 지난 날이었지. 홍련은 무릎을 꿇고 울고 말았어. 홍련의 자존심이 무너진 것도 서러웠지만 3개월 안에 태전선사를 파계시켜 같이 하산하겠다고 한퇴지에게 큰소리치던 약속을 지키지 못한 것이 원망스럽기도 했고, 그 약속을 지키지 못하면 홍련의 목을 내놓겠다고 할 정도로 자신의 미색을 믿었거든.

그런데 3개월이 지나도록 태전을 파계시키지 못했을 뿐 아니라 한퇴지와 약속한 시일이 되어 하산하지 않을 수 없게 되었지. 그래서 서럽게 울어버린 것이지. 울고 있는 홍련을 보고 태전선사는 무엇 때문에 그렇게 서럽게 우느냐고 물었지. 그때 홍련은 솔직하게 고백을 했어. '스님 저는 오늘 죽습니다. 그리고 스님을 파계시키라는 분부도 있었고 만약 파계를 시키지 못하면 내 목숨을 내놓겠다는 약속을 했습니다. 물론 저 자신도 스님을 유혹할 자신이 있었습니다. 제가 큰스님께 큰 죄를 지었습니다. 제 목숨은 스님에게 달려 있습니다.'

홍련의 서럽게 우는 모습이 태전선사의 마음을 움직이게 했어. 누구나 여자의 눈물 앞에는 약해지게 마련이야. 태전선사는 홍련을 가까이 오도록 하고 속치마를 벗으라고 했지. 홍련은 시키는 대로 하지 않을 수 없었지. 자기 몸을 바치겠다는 각오로 축융봉에 오른 홍련이가 속치마를 벗는 데 주저할 필요가 없었지. 속치마를 벗어주자 태전선사는 붓을 들고 시(詩) 한 구절을 써 갈겼어. 마치 하얀 비단에 만장(輓章)을 쓰듯 말이야.

내가 축융봉을 내려가지 않은 지 벌써 십 년
색을 보고 공을 관하니 모든 것이 부질없어라.
어찌 조계의 물 한 방울을
홍련의 저 잎 속에 즐겁게 떨어뜨리겠는가.
十年不下鷲融峰　觀色觀空卽色空
如何曹溪一滴水　肯墮紅蓮一葉中

태전선사의 자부심과 긍지는 대단했어. 자신이 조계(曹溪)의 법맥을 지키고 있다는 생각 때문에 감히 기생의 사타구니에 사정(射精)할 수 없다는 의지를 표현했지. 선사와 기생의 러브스토리치고는 감동적이야. 한퇴지는 홍련의 속치마에 쓰여 있는 태전선사의 시를 읽고 홍련을 벌하지도 않고 오히려 존경했어. 그리고 어느 날 축융봉으로 태전선사를 찾아가 스님의 가풍(家風)은 무척이나 높고 험하다고 말한 후 무릎을 꿇었지. 그런데 나는 조계(曹溪)의 일적수(一滴水)를 인연을 맺는 사람들에게 즐겁게 희사하고 있어."

경허는 자신의 탈속한 자유를 강조하면서 그것이 파계임을 자인하고 있었다. 그리고 스스로 파계를 일삼고 있었기 때문에 정처사의 아내와 딸의 시중을 받아들일 수 없다는 뜻을 분명히 했다.

그러나 정처사의 생각은 경허와 달랐다. 경허의 여성 편력이 무차별하게 이루어지고 있었으나 단순한 성욕 충족에 그치지 않고 있음을 정처사는 알고 있었다. 경허의 무분별한 여성 편력은 단순한 여성 탐닉에 머무르지 않고 견성을 이루고 난 후 정신적 허기를 채우는 일과 상관이 있었다.

그래서 그의 여성 관계는 불교적 도덕관으로는 이해되지 않는 화두(話頭)같은 의문을 남기고 있었다. 그렇다고 경허를 파계자로 전락시킬 수도 없었고 퇴폐적 사문이라고 지탄도 할 수 없는 정신적 견고함을 지니고 있었다.

## 전도(顚倒)의 즐거움

 정처사가 떠나고 난 후 그의 아내와 딸은 경허의 시중을 들었다. 아침 저녁으로 방청소에서부터 술 심부름까지 마다하지 않고 정성을 다했다. 방안 청소와 술상을 들고 방안으로 들어오는 일은 정처사 딸이 맡았다. 정처사 아내는 사대부의 아내로서 법도를 엄격히 지켰고 경허와 거리를 두고 있었다. 그래서 잔심부름은 딸이 도맡아 했다. 경허의 마음도 한결 편했다.
 남편을 둔 사대부의 아낙네가 경허의 방을 들락거리는 것은 남이 보아도 좋지 않은 일이었다. 정처사의 아내는 법당에서 기도하는 시간이 많았다. 남편의 운수적 낭만과 방황이 불만스러웠지만 체념적으로 받아들이지 않을 수 없었다. 그러나 자신에게는 참을 수 없는 고통이었다.
 남편이 정처없이 떠나고부터 마음 한구석에 허전한 공허가 만들어지고 있었다. 때로는 알 수 없는 그리움이 마치 분노처럼 치밀 때도 있었다. 그때마다 부처님 가까이서 기도를 했다. 자기 구원을 얻기 위해 마음을 집중시켰지만 노력하는 것만큼 마음이 안정되지 않았다.
 오히려 자신이 기도를 하고 있는 것은 종교적 깊이를 얻는 데 있는 것이 아니라 고통을 극복하기 위한 몸부림이라는 것을 깨닫기도 했다.

　남편과 생활을 할 때는 남편의 소중함을 깨닫지 못했지만 마치 바람처럼 떠나고부터는 남편에 대한 그리움이 간절했다. 서로 나누어 가져야 할 고통을 혼자 감당하고 있는 것 같아 울음이 왈칵 쏟아질 것 같았다. 그것은 여자만이 느낄 수 있는 고독이었다.

　고독은 마음 속에 빈자리를 만들었다. 밤마다 고독과 그리움은 정처사 아내의 마음을 혼란스럽게 했다. 남편이 떠난 빈자리에 밤마다 절망의 무거운 발자국이 수없이 지나가는 것을 깨달았다. 그렇다고 남편과 별리를 한 것도 아니었다. 비록 그 시간이 길지는 않겠지만 기다린다는 자체가 고통이 되었다.

　경허는 다른 때와 달리 술을 자제했다. 그렇다고 술을 마시지 않은 것은 아니었다. 폭주를 되도록 자제하고 있었다. 그래서 술에 취해 있는 시간보다 깨어 있을 때가 많았다. 한번 가부좌를 틀고 앉으면 시간을 잊어버렸다. 경허의 참선과 깊은 명상에는 시간이 정지되는 것 같았다.

　경허의 참선하는 모습을 본 정처사 딸은 경허가 때로는 조는 것 같기도 했고 때로는 목석같이 앉아 있는 것 같기도 했다. 졸고 있는 것 같아 가까이 가면 경허는 눈을 뜨고 벽을 쳐다보았다. 그 때마다 경허의 눈에서 푸른 광채가 번뜩이는 것 같았다. 그리고 저녁이면 술을 마시고 잠자리에 들었다.

　이때는 만공이 경허 곁을 잠깐 떠나고 없을 때였다. 깨침을 인가 받지 못했기 때문에 경허 곁을 떠나 만공은 치열한 정진을 하고 있었다. 그래서 천장암에는 태허와 경허의 모친, 그리고 정처사 아내와 딸만이 있었다.

　어느 때보다 경허의 생활은 단조롭고 한가로웠다. 수행자이면 누구나 체험할 수 있는 절대고독 가운데 경허는 앉아 있었다. 그렇다고 경허가 처음으로 견딜 수 없는 고독을 체험하고 있는 것은 아니었다.

　인간의 근원적 통찰을 통해 누구나 단독자의 외로움을 갖고 있어야 함을 경허는 잘 알고 있었다.

　오히려 절대고독을 참는 데 경허는 천재적 재능을 갖고 있었다. 그리고 홀로 있을 때 마음이 흩어지지 않음을 깨닫고 있었다. 홀로 있을수록 보다 넉넉하고 풍성한 사유(思惟)의 뜰을 가질 수 있다.

　자신의 내면을 다시 한번 들여다보았다. 내면의 통찰을 통해 자신의 영혼이 헤아릴 수 없이 떠돌아다녔음을 확인할 수 있었다.

　그리고 자신의 영혼이 떠돌아다녔던 것은 운수적 삶 때문이었다. 지나칠 만큼 자신은 모든 얽매임에서 벗어나 자유로워지려고 몸부림쳤다. 그것은 모든 선사들이 한결같이 추구한 삶이기도 했다.

　경허는 자유로워지기 위해 하나도 소유하지 않았다. 그가 소유한 것은 일의일발(一衣一鉢)뿐이었다.

　그리고 거추장스러운 것은 자기 육신이었다. 그래서 경허는 다른 수행자와 달리 인습과 타성에 빠지지 않았다. 오히려 텅 빈 상태에서 존재의 알맹이를 보고 있었다. 그러나 텅 빈 마음 속에는 수천 수만의 상념이 부침하고 있었다.

　문득 어디론가 떠나고 싶은 충동이 가슴 속에 분노처럼 치밀

때도 있었다. 아무것도 얽매이지 않았던 탓에 짜증이 나고 권태스러웠다. 그리고 죽은 영주사미를 상기할 때마다 죄책감에 사로잡혀 가슴을 갈기갈기 찢어버리고 싶었다. 살인누명을 벗지 못한 것이 경허에게는 견딜 수 없는 괴로움이 되었다.

이러한 경허의 번민을 알아차리지 못한 정처사의 딸은 시중을 지극히 들고 있었다.

아침이면 경허의 방을 깨끗이 치웠다. 아무 장식도 없는 방에는 홀아비에게서나 맡을 수 있는 남자 냄새가 깊게 배어 있었다. 처음에는 그 냄새를 맡는 것이 역겨웠다. 그러나 시간이 지나면서 그 냄새를 맡는 데 익숙해졌고 경허가 안주하고 있는 영토에 서서히 발을 옮기고 있었다.

아버지의 이야기처럼 '큰스님 시봉을 3개월만 잘하면 삼악도를 면한다'는 말을 때로는 상기하면서 경허 곁으로 다가섰다. 경허는 여자에게 자상했다. 비록 사랑을 말로 표현하지 않았지만 지극한 애정을 느낄 수 있었다.

그리고 경허가 있는 방안을 들어서면 어쩐지 마음이 편했다. 상대에게 전혀 부담감을 주지 않을 뿐 아니라 마치 어머니 품안처럼 그 체온이 따뜻하고 아늑했다. 정처사 딸의 시중을 받던 어느 날 경허는 시중받는 일을 거부했다.

"오늘부터 내 방에 오지 않아도 된다. 오히려 네 시중을 받고 있으니 마음이 편치 않다."

정처사의 딸을 물끄러미 쳐다보며 한 말이었다.

경허의 눈에 외로움이 가득 담겨 있음을 정처사의 딸은 발견할 수 있었다.

"스님, 제가 보기 싫으세요?"

"아니야, 너무 예뻐서 그렇다. 아름다운 여자를 자주 보면 마음이 혼란스러워져."

경허는 자신의 속마음을 숨기지 않고 솔직히 드러냈다.

"스님께서는 저에게 지금까지 아무 법문도 해주지 않았습니다."

"그래, 그토록 많은 법문을 했는데도 네가 듣지 못했구나."

"법문을 많이 하셨다고요?"

정처사의 딸은 놀란 표정으로 반문을 했다. 이해가 되지 않는다는 모습이었다. 그동안 경허는 정처사 딸에게 특별히 관심을 갖고 한 말이 없었다.

"그래, 사람들은 말을 해야 그 소리를 듣고 그 뜻을 이해하지. 그러나 소리는 귀로 듣지만 마음의 귀가 열리면 마음으로 전하는 말을 듣게 된다. 그토록 내가 마음으로 많은 말을 했건만 너는 한 마디도 듣지 못했구나."

"그래서 저의 시중을 거절하는 것입니까?"

"······."

경허는 아무 대답을 하지 않았다. 대화가 단절되자 침묵이 그 자리를 비집고 들어섰다.

"아직 저는 큰스님의 마음을 헤아릴 수가 없습니다."

"그래, 지금은 이해하지 못하겠지만 곧 이해하게 될 것이다."

경허가 시중을 거부한다고 선언을 하고부터 정처사 딸은 오히려 경허의 방을 들락거리는 횟수가 늘어났다. 정처사의 아내는 딸을 불안한 마음으로 지켜보고 있었다. 그렇다고 방 출입을 막을 수도 없는 일이었다. 본인이 좋아서 적극적으로 행동을 하고 있어 어머니로서도 어찌할 수가 없었다.

그러나 밤에 들락거리는 것은 용납할 수가 없었다. 정처사의 딸은 밤마다 이부자리를 펴준다는 구실을 앞세워 출입을 자유롭게 하고 있었다.

"밤에 큰스님 방에 가는 것은 삼가하도록 해라."

근심스런 표정으로 딸에게 말했다. 어머니 눈빛에는 원망스러운 뜻이 담겨 있었다.

"아직 저는 큰스님 법문을 이해하지 못하고 있습니다."

"큰스님이 너에게 법문을 하시더냐?"

"아무 말도 하지 않았는데 큰스님께서 저에게 법문을 이해하지 못하고 있다고 합니다. 그 도리를 깨달아야 되겠습니다."

"처녀가 지켜야 할 법도가 있다. 그것을 명심해야 한다."

어머니는 근심을 떨쳐버리지 못하고 딸에게 말했다. 그렇다고 어머니의 말뜻을 모르는 것은 아니었다. 경허의 난잡한 여자 탐닉을 미리 알고 있는 정처사 부인으로서 딸아이가 걱정이 되었다.

왜냐하면 처음에는 딸아이가 경허 방에 들어가는 것부터 거부 반응을 보이다가 열흘이 넘고부터 행동이 자연스러워졌을 뿐 아니라 싫어하는 기색을 볼 수가 없었다.

그리고 처음보다 방안 출입의 횟수가 늘어나고 있었다. 그렇다고 딸을 의심하는 것은 아니었으나 남녀의 일은 누구도 장담할 수 없는 일이었다.

경허는 정처사와 인간적 신뢰를 생각하면서 시중을 거부했지만 정처사 딸은 적극적인 행동으로 경허에게 접근했다. 이부자리를 펴놓고 팔다리를 만져 주겠다고 선뜻 제의하기도 했다. 그럴 때마다 경허의 가슴은 잔잔한 파문을 일으키고 있었다.

하루는 경허가 술에 취해 잠자리에 들려고 할 때 안마를 해주겠다고 정처사 딸이 다리를 만졌다. 경허는 지그시 눈을 감고 있었다. 부드러운 손마디가 스쳐갈 때마다 온 전신에 이상한 전율이 일었다. 경허는 실눈을 뜨고 정처사 딸의 얼굴을 훔쳐 보았다. 얼굴이 복숭아꽃처럼 붉게 달아올라 있었다. 손끝이 사타구니 옆을 스쳐 지나갔다. 짜릿한 흥분이 일었다. 부드러운 손길이 몇 번 사타구니 옆을 스치고 지나갔다.

그때마다 경허는 몸 전체에서 일고 있는 경련을 참았다. 그리고 자신도 모르게 그녀의 손목을 잡았다. 땀이 배어 있었다. 그리고 따뜻한 체온이 옮겨오는 것 같았다. 정처사의 딸은 손목을 뿌리치지 않고 그대로 있었다. 두 사람 사이에 교감이 이루어지고 있었다.

두 사람의 결합이 있고부터 경허는 밤마다 정처사의 딸을 기다렸고 그녀도 경허의 불덩어리 같은 품안을 그리워했다. 그러나 경허는 밀애를 계속할 수 없다는 것을 알고 있었다. 어린 가슴에 상처를 입히는 것 같아 한편으로는 죄스러운 마음이 들었다.

경허는 먼저 자신이 천장암을 떠나야겠다는 생각을 했다. 잠깐 맺은 인연에 안주할 수 없었다. 그것은 곧 자신을 속박하는 일임을 경허는 잘 알고 있었다. 그리고 애정이 만든 상처와 한이 얼마나 크다는 것도 익히 알고 있었기 때문에 훌쩍 떠나고 싶었다.

그리고 윤회 역시 애정과 음욕 때문에 생긴다. 음욕이 애정을 일으켜 생사가 되풀이된다. 그러나 그것은 자기 몸을 불태우는 번뇌이다. 모든 것이 꿈이 아니더냐.

아무것도 소유하지 않은 경허가 애정 속에 자기를 몰락시킬 수는 없었다. 애욕은 착한 법을 태워버리는 불꽃과 같아서 모든 공덕을 없애 버린다.

그리고 모든 욕망 가운데 성욕보다 더한 것은 없다. 다행히도 그것이 하나뿐이었기에 망정이지 둘만 되었더라도 그것을 참고 수행할 사람은 없었을 것이다.

경허는 정처사 딸에게 사랑과 애욕의 부질없음을 깨우치고 강조했다. 그것은 그릇을 깨뜨려버리고 난 후 후회하는 것과 다를 바 없었다.

그녀가 눈물을 글썽거리는 것을 보고 경허는 눈을 감고 깊은 명상에 잠겨 버렸다. 그것은 모든 것을 잊어 버리려는 망각이었다.

경허는 처음으로 자신의 몸속에 불타고 있는 애욕의 뿌리가 깊이 박혀 있음을 깨달을 수 있었다.

술을 마시지 않으면 내적 공허는 깊어졌고 자신이 배우고 갈고 닦은 경전의 지식으로는 근원적 해탈을 극복하는데 도움이 되지 않았다.

그가 방황할 때는 그것은 경허의 법신이 아니었고, 다생으로 부터 애욕에 몸담아온 경허의 육신이었다.

그래서 경허는 부질없는 일을 걸림없이 행동하였고 애욕에 속박당하기도 하였다.

그러나 그것은 꿈이었다. 그는 꿈을 헤아릴 수 없이 만들어내기 위해 계율을 서슴없이 파계하였고 스스로 삼악도의 삶을 만들어 지옥에 들어가기도 하였고 짐승이 되고 아귀가 되어 그들의 삶을 체험하였다.

정처사 딸과의 밀애는 경허의 파천황적 삶이라고 할 수 있다.

## 춤추는 석녀


 공형사는 날마다 새로운 사건에 매달려 영주사미 살인사건을 서서히 잊고 있었다. 간혹 경허의 행방이 전해 오기도 했지만 그것은 지나가는 사람이 무책임하게 전해 주는 소문에 불과했다. 그리고 경허가 나타났다고 한 곳에 사람을 보내 보면 경허는 바람처럼 사라지고 없었다. 그래서 공형사도 지쳐 있었다. 일반 속인과 달리 수행자를 추적하는 일은 많은 애로가 따랐다. 겉모양에서부터 특색을 찾을 수가 없었다. 머리를 깎아 얼굴 모습이 비슷비슷했고 승복 또한 먹물빛이었다.
 그러나 경허는 남다른 특징이 있었다. 그것은 경허가 수염을 기르고 있는 점과 다른 사람과 달리 육척 장신이란 데에서 특징이 있었지만 경허의 삶이 비승비속으로 살고 있었기 때문에 인상을 구별하기가 힘들었다. 그동안 서산 천장암을 비롯해서 부석사·개심사·정혜사가 있는 곳에 수소문을 하고 경찰서에 특별히 부탁을 해놓았지만 특별한 혐의나 제보 또한 없었다.
 어느 땐가 경허가 일본 형사에게 붙들려 매를 맞고 고문을 당했다는 제보도 있었지만 그 사실을 확인했을 때는 오히려 경찰서장의 극진한 대접을 받고 훈방되고 난 후였다. 수사는 자연히 미궁으로 빠져들었고 영구 미제(未濟)사건으로 처리되어 버렸다.

공형사 자신도 영주사미의 살인사건에만 매달려 있을 수 없었다. 우선 발등에 떨어진 불을 끄느라고 며칠씩 경허의 일을 까맣게 잊고 지낼 정도였다.

그러다 보니 시간은 흐르고 경허를 추적하는 일은 자연스럽게 멈춰지고 형식적으로 미제사건 보고가 있을 때마다 경허를 상기했다. 그래서 공형사도 그 사건에서 손을 떼다시피 한 채 눈앞에 닥친 일에 쫓기며 시간을 보내고 있었으나 이상하게도 마음은 갈수록 초조해지고 쫓기고 있었다. 그리고 아내가 절에 갔다 왔다는 말을 들을 때마다 잊어 버린 경허가 망령처럼 뇌리에 되살아났다.

도대체 경허란 인물은 어떤 사람인가 하는 의문에서부터 그는 진실로 수행인인가 하는 의문마저 제기되었다. 때로는 전설적 인물 같기도 했고 때로는 광인이 아닌가 하는 의심이 들기도 했다. 그러나 경허는 전설적 인물도 미친 사람도 아니었다. 그는 야성적 개성과 초월적 특기를 가진 인물이었다.

여기서 초월이란 불교의 무애를 말한다. 경허의 무애는 아무것도 집착하지 않은 것에서 이루어지고 있었다. 마음 속에 애착과 집착이 없기 때문에 경허의 삶은 한군데 머무는 주소가 없었다. 거기다가 불교의 허무에 잘 길들여져 있어서 은신을 자재롭게 하고 있었다. 그뿐 아니라 많은 사람들이 경허를 흠모하고 존경했다. 그래서 결정적 제보가 들어오지 않았다.

공형사 자신도 어떤 때는 경허가 살인 누명을 쓰고 있는 것이 아닌가 하고 생각할 때가 많았다. 그동안 사건 추적을 통해 드러난 내용을 가지고 분석해 보아도 경허는 살인누명을 쓰고 있음이 분명했다. 다만 사건 장소가 인적이 드문 곳이고 경허의 동행자가 영주사미란 점에서 용의를 두고 있을 뿐 경허가 살인을 했다는 구체적 증거는 발견되지 않았다.

그동안 탐문 수사를 종합해 보아도 경허를 살인 용의자로 단정할 만한 결정적 단서는 없었다. 오히려 경허는 영주사미가 돌아오지 않아 영주사미를 찾기도 했고 살인자를 꼭 찾아내야 한다고 결의를 내보였다는 것도 공형사는 알고 있었다.

그러나 경허를 살인 용의자로 추적하는 것은 같은 동행자라는 점과 죽은 영주사미가 경허를 시봉했기 때문이었다. 몇 번째 보고를 통해 밝혔지만 경허는 영주사미를 살해할 만한 혐의가 없었을 뿐 아니라 엉뚱한 피해자임이 분명했다. 살인사건을 수사해 보면 대부분 그 뒤에는 원한관계가 아니면 치정관계 등 특별한 이유가 있었다. 그러나 이 사건에는 그러한 이유나 혐의가 발견되지 않았다.

또 하나 공형사의 마음을 혼란스럽게 하고 있는 것은 경허의 무애의 자유였다. 미친 여자와 잠자리를 같이하는가 하면 문둥병에 걸린 여자와 잠자리를 하기도 하고 나아가 술에 취해 비윤리적 행동을 서슴없이 하다가 다시 가부좌를 틀고 정진을 한다는 사실이었다. 그래서 경허의 삶은 철저한 수행인의 삶으로 승화되지 못하고 있었다.

특히 경허의 무애 속에는 인간이 최소한 지켜야 할 윤리와 도덕적 덕목을 한꺼번에 잃고 있는 부분이 많았다.

경허의 거친 무애행은 많은 사람들에게 당혹감과 충격을 주고 있을 뿐 아니라 사문으로서 지켜야 할 품위를 잃고 있었다. 수행인이 파계만 일삼는 것은 인간으로서나 사문으로서 자격을 잃게 된다. 그러나 경허의 파계 속에는 인간적 고뇌와 집착을 버린 자유가 있었다.

그래서 경허의 만행을 잘못 인식하면 그는 어쩔 수 없이 패륜만 일삼는 사람으로 전락되고 만다.

그러나 이러한 패륜적 일면은 경허 자신이 체득한 무애의 자유로 극복되고 있었다. 그의 걸림없는 미친 행동은 첫째 집착에서 벗어나 자유로워지는 일이고 나아가 깨침의 성역에서조차 안주하지 않으려는 해탈의 의미가 있었다. 그것은 마치 종교의 진수를 체험하기 위해서는 먼저 자신이 믿는 종교에서부터 자유로워지는 일과 같은 의미를 갖고 있었다.

공형사는 간밤에 마신 술로 목이 타 눈을 뜨고 물을 마셨다. 갈증이 조금 해소되는 것 같았다.

마침 일요일이었다. 출근을 서두르지 않아도 되었다. 자리에서 일어나 담배 한 대를 물고 책장으로 시선을 옮기려다 벌떡 일어섰다. 짜릿한 전율이 뇌리를 스쳤다. 책장 한 귀퉁이 속에 처박아 놓았던 경허의 수기물(手記物)을 발견했기 때문이었다. 몇 번이고 읽으려고 뒤적이다가 처박아 놓고 있었다. 그런데 오늘따라 그 수기물이 있었다는 것을 뒤늦게 깨달은 것이다.

공형사는 수기물이 들어 있는 보자기를 풀었다. 그리고 노트의 첫장을 넘겼다. 달필로 쓴 한시였다. 첫장부터 읽는 데 어려움이

다가섰다. 짧은 한문 실력으로 한시(漢詩)를 독해한다는 것은 여간 어려운 일이 아니었다.

다행히 어렸을 적에 할아버지에게 익힌 한문 실력이 있었기 때문에 겨우 독해를 할 수 있었다. 그의 시(詩)는 일반 한시와 소재부터 달랐다. 물론 서정과 은유, 그리고 메타포와 관념이 주류를 이루고 있었지만 선시로서 탄탄한 구성을 갖고 있었다. 큰 제목이 〈심우가(尋牛歌)〉였다. 사람이 소를 찾는 과정을 열 가지로 분류하여 오언절구(五言絶句)로 표현하고 있었다.

〈심우가〉의 주제는 소였다. 그러나 여기에 등장된 소는 단순히 동물적 차원을 뛰어넘어 자성(自性)을 상징하고 있음을 공형사는 깨달을 수 있었다. 그리고 소를 찾아나선 나그네는 구도자를 상징하고 있음을 알 수 있었다.

심우가(尋牛歌)

1. 심우(尋牛)
본래 잃지 않았거니 어찌 다시 찾으리요
다만 저 찾는 것이 바로 비로자나의 스승이로다
푸른 산 푸른 물 꾀꼬리 노래와 제비의 지저귐
두두물물(頭頭物物)이 그 소식을 누설하누나, 쯧쯧.

2. 견적(見跡)
밝은 빛 묘함은 백화가 난만한 데만 있지 않도다

매우 누른 유자와 푸른 귤이여, 좋을씨구 좋구나
발자국이 있음은 소가 도리어 있음이로다
무심하면 도에 가까워짐이여, 좋구나 좋다. 좋을씨구나
옛 사당 속의 향로요, 가을 맑은 들물〔野水〕이여!
좋을씨구 좋구나. 노래 부르네.


### 3. 견우(見牛)

할(喝)하고 이르기를
'신령스런 광명이 홀로 빛나서 하늘을 덮고 땅을 덮을지라도
오히려 이것이 뜰 아래 어리석은 놈이니
정혼(精魂)을 희롱하는 다리와 손이라
도깨비 장난을 하지 않음이 좋다
또 일러라
보았다 하는 놈이 무엇인고?'
할 일할(喝 一喝).


### 4. 득우(得牛)

보아 얻은즉 없지는 아니하나 제이두(第二頭)를 어찌하려는가
보아 얻지 못한 자는 얻게 하고 이미 보아 얻은 자는
도리어 문득 미실(迷失)하게 하니
또한 오득자(悟得者)는 영원히 오득하게 하고
미실자는 영원히 미실하게 하니
도리어 정당히 얻은 것이냐?

또한 미한 것이냐?
주장자로 탁자를 한 번 치고 이르기를
'한 아름 버들가지를 거두어 얻지 못함이여,
바람으로 화하여 옥난간에 스쳐 있도다' 했다.


5. 목우(牧牛)
선악이 모두 이 마음이니 가히 닦고 끊지 않음이 옳으냐?
충독지향(蟲毒之鄕)같아서 한 방울도 적시지 않음이 옳으냐?
마음에는 마음이 없으니, 탐심과 음심을 끊지 않음이 옳으냐?
이것이 다 함께 험한 길이라
가히 행할 것이 못 됨이로다
또한 이르노라
어떤 것이 옳은 것이냐?
구구(九九)는 81이니 또 완달구(椀達邱)로다
용천(湧泉)선사는 40년에 오히려 주작(走作)함이 있었고
향엄(香嚴)선사는 40년에 한 덩어리 이루었다 하니
탄식하노니, 얻기는 쉬우나 지키기는 어렵도다
또한 조금 얻은 것을 만족해하지 말라
모름지기 선지식을 참견하고, 많은 단련의 고행이 있어야
비로소 얻으리라.


6. 기우귀가(騎牛歸家)
육도(六道) 사생(四生)을 수없이 지나면서

맵고 쓴 맛 다 보았으니
어찌 일찍이 한 발자국도 고향 땅을 밟지 않았던가? 하하하
젓대 소리가 갈운곡(渴雲曲)이라
이름은 '동정호 마음'이요, '푸른 산 다리' 라 이름하리라
비록 그러하나 노형은 오히려 돌아가지 못했으니
알겠느냐?
계심(桂深:선의 비밀구)이 이르리라.


### 7. 망우존인(忘牛存人)
한잠 자다 가자, 어찌 그리 설치는가
오똑하게 일없이 앉았노라니, 봄이 옴에 풀이 스스로 푸르네
이것은 종기 위에 쑥 뜸질을 더함과 비슷하도다
보지 못했는가? 곧바로 푸른 하늘이로다
모름지기 한 방망이를 먹일 것이다
왜 이러한고?
비가 올 때에 비가 오지 않고 개일 때에 개이지 않도다
비록 이러하나 이것이 무슨 마음의 행인고?
아아 오랫동안 문에 나가지 않으니 이 무슨 경계이며
저 속을 향해 뒤 보러 나가려 하니, 이것은 무슨 경계이며
또 부생(浮生)들이 이러고 저러고 하는 데 상관치 않으니
이 무슨 경계인고?


### 8. 인우구망(人牛俱忘)

'시리 소로 못다야 지다야 사바하'
또 버들꽃을 따고 버들꽃을 따노라
오랫동안 수행했으나 여기에 이르러 문득 미하여
아득히 꺼꾸러짐이로다
한 푼도 치르지 않았으니 알겠는가
변방에는 장군의 명령이요, 나라 가운데 천자의 칙령이로다
할 일할.

## 9. 반본환원(返本還源)
학의 다리가 비록 길지만 자르려 하면 근심이 되고
오리다리가 비록 짧지만 이으려 하면 걱정이 된
발우대는 자루를 붙일 필요없고 조리는 새는 것이 마땅하도다
금주(錦州) 땅에는 부자(附子)요, 병주(幷州) 땅에는 쇠(鐵)로다
만물이 다 저마다 좋은 것이 있으니 양식이 풍족하고
연료 또한 많아서 네(四) 이웃이 풍족하구나
이곳 호남성 아래에 불을 부는 입부리는 뾰족하고
글을 읽는 혀는 날름 댐이니
이것이 대우(大愚)의 가풍이로다
다시 한 구절이 있으니 내일이 부쳐 두노라.

## 10. 수수입전(垂手入鄽)
목녀의 꿈과 석인의 노래여
이것은 육진(六塵) 경계에 그림자로다

상이 없는 부처도 용납하지 못하는데
비로자나의 정수리가 무엇이 그리 귀하리요?
봄풀 언덕에 유희하고 갈대꽃 물가에 잠을 잠이로다
바람을 지고 저자에 놀며 요령을 흔들고 마을에 들어가는 것이
실로 일마친 사람의 경계여라
전날에 풀 속을 헤치고 소를 찾던 시절과 같은가? 다른가?
가죽 밑에 피가 있거든
모름지기 눈을 번쩍 뜨고 보아야 비로소 얻을 것이다.

경허의 심우가(尋牛歌)는 매우 난해한 선시였다. 자신이 직접 체험한 오도와 사유과정을 지극히 압축된 언어와 비유, 그리고 고도의 상징을 동원하여 자성을 탐구해 가는 과정을 형상화하고 있었다.

첫째 나그네가 등장하여 소를 찾는 것을 경허는 심우라고 표현하고 있다. 여기서 소는 자성을 상징한다. 두 번째 견적을 통해서 소가 지나간 자취를 발견하고 세 번째 견우에서 소를 발견한다. 여기서 견우는 선체험(禪體驗)에 있어서 견성에 해당한다.

그러나 경허는 단순한 견우만으로 만족하지 않고 있다. 왜냐하면 소를 발견한 것은 불성의 소재를 인식한 것에 불과하기 때문이다. 그리고 경허는 성품이란 보여지는 대상이 아니고 찾고 있는 그 자체가 부처임을 인식시키고 있었다. 곧 그것은 무엇을 보느냐고 질문했을 때 경허는 그것은 절대적 대상이 아닌 절대적 봄(見)이라고 밝히고 있다. 여기서 경허는 선(禪)의 진수를 드러

내고 있다.

　사실 선의 진수를 체험하려면 인간이 갖고 있는 언어적·형식적·개념적 모든 구조로부터 자유로워질 때만이 가능하다. 그래서 경허는 견성을 성불(成佛)로 파악하면서 우리의 본성이 곧 부처임을 강조하고 있다. 그래서 소를 찾는 데 만족할 것이 아님을 밝히면서 본성이 곧 부처임을 깨닫기 위해서는 소와 사람을 다 잃어 버리고 자성의 근본으로 환원해야 함을 경허는 지적하고 있다. 바로 여기에 경허 사상의 위대함이 있음을 공형사는 깨달을 수 있었다.

　비록 소 찾는 과정을 열 가지로 분류해 놓았지만 심우가의 첫 서두에서 경허는 '본래 잃어버리지 않았는데 다시 어디서 찾으랴' 하고 선언하고 있음을 주목해야 한다.

　공형사는 다시 담배 한 대를 물고 두 번째〈심우송(尋牛頌)〉을 천천히 읽어 내려갔다.

　소를 주제로 한 경허의 심우송은 자기본성을 찾는 과정을 시로 표현하고 있었다.

　여기서 소는 자성을 상징하고 있었다.

　소를 타고 소를 찾는다는 것은 불성(佛性)을 지닌 중생이 다시 부처를 찾고 있다는 어리석음을 깨우치고 있었다.

　번뇌의 풀밭에서 뛰어 놀고 있는 소를 찾기 위해서는 먼저 소 발자취를 따라 가야하고 소를 발견하고 소고삐를 잡게 되면 중생은 법신을 전체발현하게 된다. 그러나 깨침을 얻기 위해서는 화두가 필요하지만 자성을 깨치고나면 소와 사람을 잊어 버려야 한다. 그것은 고기를 잡고나면 전발을 버리는 것과 같다.

경허는 자성을 깨닫고 자신의 근저에 도달하여 번뇌를 버리고 있었다. 그의 오도의식 속에는 사람을 살해할 수 있는 범행동기를 발견할 수 없었다.

경허의 〈심우송(尋牛頌)〉은 철저하게 오언절구의 시적 형태를 지키고 있었다. 앞서 〈심우가〉보다 관념과 난해한 은유가 절제되어 있어 이해하는 데 도움이 되었다. 그러나 주제는 소였다. 소는 항상 자성을 상징하고 있었고 견성을 통해 자기 존재의 핵심에 도달하는 것이 무엇보다 중요함을 강조하고 있었다.

그리고 경허는 단순히 부처가 이루어지는 것이 아니고 부처 같은 사람을 알아보려면 자신이 부처 같아야만 가능함을 깨우쳐 주고 있었다. 또 그뿐 아니라 자성이 곧 부처임을 인식시키고 있었으며 육조 혜능대사가 주장한 부처는 자기 성품 가운데서 창조할지언정 몸 밖에서 찾지 말 것을 경허는 '소를 타고 있는 사람이 다시 소를 찾는다'고 비유하고 있었다.

혜능대사가 우리의 자성이 곧 부처라고 선언한 것과 마조스님이 마음이 곧 부처라고 주장한 것과 다를 바 없었다.

조주선사는 어느 날 자신에게 '부처가 누구인가' 하고 묻자, 조주는 '묻는 그대는 누구인가' 라고 반문한 일이 있다. 소를 탄 자가 다시 소를 찾는다는 의미와 다를 바가 없다. 그러나 '가소심우자 기우갱멱우(可笑尋牛者 騎牛更覓牛)' 는 경허의 원래 육성이 아니다. 서산스님이 전해 준 게송을 소요태능이 말했을 뿐이다.

소요태능은 어느 날 임종을 몇 해 남겨 둔 서산스님을 찾아가 수업을 한 일이 있었다. 서산은 소요태능의 재주를 미리 간파하고 능엄경을 강의했다. 반 년동안 능엄경 강의는 계속되었다. 이 때 소요태능은 능엄경을 이미 배웠기 때문에 서산의 강의를 통해 새로운 것을 깨닫지 못했다. 마음 한구석으로 서산에 대한 실망감이 일어났다. 생사해탈을 직접 체험하도록 가르치지 않고 있는 서산이 원망스러웠다. 그러나 스승 곁을 떠날 수도 없었다. 어느 땐가 나고 죽음에서 벗어날 수 있는 해탈의 길을 가르쳐 줄 것이라는 기대감 때문에 참고 기다렸다.

서산의 능엄경 강의는 계속되었다.

어느 날 소요태능이 잠깐 밖에 나갔다가 방으로 들어섰을 때 서산은 책을 보다가 그 책을 얼른 품안으로 감추어 버렸다. 마치 도둑질 하다가 들킨 표정이었다. 소요태능은 스승의 태도가 의심스러웠지만 물을 수가 없었다.

얼마나 소중한 책이길래 품안에다가 감추고 있을까. 태능의 의심은 깊어갔다. 반면 서산의 수상쩍은 행동 역시 거듭되었다. 책에 대한 호기심은 점점 더해 갔다. 소요태능은 그 책을 훔쳐보기로 결심했다.

어느 날 스승이 잠든 사이를 이용해 품안에 있는 책을 보기 위해 숨을 죽이고 스승 곁으로 다가섰다. 손끝이 서산의 품속에 닿자 잠들었던 서산은 자리에서 벌떡 일어났다. 그리고 품안의 책을 소중히 단속했다.

그럴수록 소요태능의 마음은 안절부절이었다. 책에 대한 의심만 커지고 있었다. 도대체 무슨 책이길래 저토록 소중히 간직하고 있을까. 의심을 풀지 못한 소요태능은 스승에게서 그 책을 볼 수 없음을 깨닫고 문하에서 떠날 것을 결심했다. 그리고 작별인사를 했다. 서산은 태능의 얼굴을 힐끔 쳐다보고는 그 문제의 책을 품안에서 꺼내면서 입을 열었다.

"가려거든 이 책이나 가지고 가지 그래. 아마 내 다비(茶毘)를 할 사람은 그대뿐이리라."

태능이 서산에게 한마디 무어라고 하려고 하자 그 표정을 읽은 서산은 어서 떠나라고 재촉했다. 태능은 책을 받아 스승 곁을 떠나 버렸다. 한참 동안 길을 걷다가 쉬었다. 그리고 그 문제의 책을 꺼내 보았다. 오언절구(五言絶句)의 게송이었다.

첫구절이 가소기우자 기우갱멱우(可笑騎牛者 騎牛更覓牛)'로 시작되었다. '가히 우습도다. 소를 탄 자가 소를 타고 소를 찾고 있구나' 라는 뜻이었다. 태능은 그 자리에서 깨달을 수 있었다. 드디어 깨달음의 미로에서 헤어날 수 있었다. 그렇다. 부처는 절에 있는 것도 산천에 있는 것도 아니다. 그렇지만 부처를 찾아 얼마나 부질없이 헤매고 다녔던가. 부처는 찾아지는 대상이 아니다. 찾고 있는 그 자체이다.

태능은 다음 구절을 읽었다. '장래무영수 소진수중구(將來無影樹 消盡水中漚) 장차 그림자 없는 나무를 베어오면 바닷 속 거품을 다 소진케 하리라.' 그림자 없는 나무, 그것은 불성(佛性)을 의미한다. 불성을 깨닫고 나면 번뇌가 존재할 수 없다. 태능은 그 이치를 깊이 체험하고 개오했다.

공형사는 경허의 〈심우송〉 첫 구절이 어느 문헌에서 인용되었음을 파악할 수 있었고 심우(尋牛)를 주제로 한 게송은 경허가 최초로 지은 것이 아니라 12세기 당시 중국 확암(廓庵) 선사의 십우도(十牛圖)에서 비롯되었음도 뒤늦게 알 수 있었다.

비록 12세기 확암의 십우도에서 경허의 심우가와 심우송이 다시 이루어졌다 할지라도 그 안에 담겨 있는 내용은 경허의 오도적 깊이를 헤아릴 수 있는 좋은 자료였다.

다만 '소'란 주제와 구성을 확암의 십우도에서 원용하고 있었지만 경허의 심우가와 심우송에는 그 자신이 체득한 오도정신이 담겨 있었고 새롭게 표현되어 있었음을 공형사는 알 수 있었다. 인우구망(人牛俱亡), 즉 소와 사람이 없는 경지에서 만물의 일여(一如)와 경허의 무애자유를 발견할 수 있었다.

인우구망의 경지를 통해 경허는 진여(眞如)의 문을 열고 본질과 합일하고 있었다. 그래서 경허는 때로 바람과 구름처럼 떠돌면서 자유를 누렸고 운수(雲水)의 삶은 단순한 떠돌이의 차원을 넘어 날마다 새롭게 자아를 형성하는 도정(道程)으로 이해되었다.

경허의 심우가와 심우송을 겨우 읽은 공형사는 다시 담배 한 대를 피우며 경허가 지금쯤 어느 산천에서 떠돌고 있는가를 생각해 보았다. 벌써 공형사의 뇌리에는 경허가 살인용의자로 자리잡고 있는 것이 아니라 존경하는 인물로 환치되어 있었다. 경허를 추적하면서 자신도 모르게 태도가 바뀌어졌고 경허란 인물에 매료되어 버렸다.

갑자기 가슴이 쿵쿵거리기 시작했다. 그것은 경허를 만나고 싶은 조급한 마음에서 일어난 감정의 울림이었다. 그러나 경허의 소재를 알 수 없었다. 마치 그는 자신의 자취를 스스로 지워 버리고 자기에게 알맞는 공간 속에 자신을 은닉시키고 있는 것 같았다.

## 해탈의 거인

경허는 저녁 무렵이 되어서 개심사에 도착했다. 땅거미를 밟으면서 허탈한 심정으로 오랫동안 걸었기 때문에 약간 지쳐 있었다. 대중들이 몰려와 경허를 반갑게 맞이했다. 그러나 경허의 얼굴에는 아무 반응이 나타나지 않았다. 침울하고 깊은 우수가 짙게 배어 있는 것 같았다. 대중들은 경허의 깊은 내면을 들여다볼 수 없었다. 그것은 경허만이 느낄 수 있는 고독이었다.

술 냄새도 나지 않았다. 눈빛은 푸른 광채가 쏟아질 것 같았다. 그러나 경허는 아무 말도 하지 않았다. 무엇인가 깊이 생각하는 것 같았다. 사실 경허는 개심사까지 걸어오면서 많은 것을 생각했다. 자신이 그동안 살아온 모습을 생각도 해보고 걸림없는 행동으로 많은 사람들을 당황하게 한 기행(奇行)도 떠올려보았다.

자신이 지금까지 살아온 것은 하루 저녁 이야깃거리도 되지 않았다. 그것은 빈자리를 만드는 공허가 되고 있었다. 그래 살아간다는 것 자체가 끝내는 빈자리를 만드는 일이지.

지금은 살아있으니까, 슬퍼하기도 하고 괴로워하기도 하지만 육신이 스러지고 없어지면 빈자리만이 남는다. 슬퍼하는 일도 살아있는 자만이 할 수 있다.

그동안 삶의 부침(浮沈)이 너무 심했다. 때로는 지옥의 삶을 살

기도 하고 축생보다 못한 짓거리를 서슴없이 실천에 옮기기도 했
다. 스스로 삼악도(三惡道)를 왕래했다. 그러나 가슴은 텅 비어
있었다. 누군가 빈 가슴을 밟고 지나갈 것 같은 기대감도 있었지
만 빈 가슴을 스쳐 지나가는 것은 바람뿐이었다. 간혹 물소리도
지나갔다. 그리고 나뭇잎이 바람에 구르는 소리가 마치 인기척처
럼 들려오기도 했다.

 문득 외로움이 엄습했다. 그러나 경허는 외롭다는 생각을 하지
않았다. 철저하게 단독자라는 정신적 훈련을 통해 단련되어 있어
자신의 외로움을 극복했다.

 경허는 인간의 희노애락의 근원을 통찰하여 깨닫고 있었기 때
문에 외로움에 흔들리지 않았다. 슬픔과 괴로움도 자기 내면에서
연소해 버렸기 때문에 슬퍼할 줄도 몰랐다. 그러나 가슴 속에 솟
아 오르는 광적(狂的) 무애만은 참지 못했다. 그것은 사고의 자유
였다.

 경허가 개심사에 머물고 있을 때 주지는 동은(東隱)스님이었
다. 그는 누구보다 백장(百丈) 청규(淸規)를 존중하는 승려였다.
하루 일하지 않으면 하루 먹지 않는다(一日不作 一日不食)는 정신
이 몸에 배어 있었다. 나태와 권태는 그에게서 찾아볼 수 없었다.
작업과 운력(運力)을 매우 중요시 여겼다.

 근면으로 사찰 재산이 날로 늘어났다. 해마다 농사를 지어 쌀
이 풍족했고 그 쌀을 팔아 전답(田畓)을 사들였다. 그러나 수행과
정진에는 별로 관심이 없었다. 노동을 소중히 여겼다. 그래서 땀
흘린 것만큼 소득이 있다는 것을 알고 있었다.

경허는 시자를 불렀다. 이때 경허의 시자는 경환이라는 사미였다.

경환은 무릎을 꿇고 앉아 경허의 분부를 기다렸다. 경허의 무애행을 소문으로만 듣고 있었을 뿐 한번도 눈으로 보지 못해 경환은 몹시 긴장되어 있었다.

"창고에 가서 쌀을 가지고 오너라."

"네."

경환은 경허의 말 속에 담긴 뜻을 헤아리지 못하고 당황하여 '네' 하고 대답만 했다.

"쌀을 가지고 오라 했지 않느냐?"

"사찰 재산은 삼보정재(三寶淨財)인데 제가 어찌 쌀을 가져올 수 있습니까? 그것은 저에게 도둑질을 하라는 명령입니다."

"이놈아! 너무 정직하기만 한 것도 못쓰는 것이니라. 정직한 체 청정한 체하는 것은 자기를 속이는 무서운 도구가 됨을 알라."

이렇게 말하면서 쌀 창고에 있는 쌀을 훔쳐오도록 명령했다.

경허의 얼굴에 노기가 스쳤다. 시자는 당황하여 어쩔 줄을 몰랐다. 몹시 당황한 모습이었다. 도둑질을 강요한 경허가 원망스럽기도 했다. 남의 물건을 훔치지 말라고 분부하던 경허의 태도가 대단히 못마땅했다. 시자는 어쩔 수 없이 쌀 창고를 서성거렸다. 남의 시선을 피하는 일도 어려웠다. 더욱이 쌀을 훔치는 일은 처음이라 가슴이 떨렸다.

시자는 할 수 없이 주지스님을 찾아 경허의 분부를 그대로 말해버렸다. 주지의 얼굴은 담담했다. 아무 표정이 나타나지 않았다. 시자는 의아스럽게 생각했다. 오히려 기다렸다는 듯이 쌀을 빨리 갖다 드리도록 주지가 서둘렀다. 그리고 한마디를 했다.

"큰스님 농세(弄世)는 이제 이런 짓까지 서슴없이 하고 있으니 이해할 수 없구나. 빨리 쌀을 갖다 드려라."

주지는 경허의 기행을 미리 알고 있었을 뿐 아니라 어느 때 사람들을 당황케 할런지 기다리고 있었다. 시자가 쌀을 갖고 오자 경허는 만족한 표정을 지었다. 얼굴에 노기가 사라지고 없었다.

"됐다. 이것을 가지면 술을 마실 수 있다. 너는 이 쌀을 가지고 동네에 내려가 막걸리를 사오도록 해라."

경허의 거친 야성이 서서히 드러나기 시작했다. 그 야성이 낭만과 풍류 쪽으로 기울 때 경허는 술을 마셨다. 시자는 마을로 내려가 술을 사가지고 와 경허에게 바쳤다. 그는 천천히 술을 마시기 시작했다. 체내에 술이 들어가자 이상하게도 그의 눈빛은 바람을 자를 듯한 푸른 열망과 자족으로 변하고 있었다. 오히려 술을 마시지 않을 때는 체내에서 메마른 바람들이 떠도는 인상을 보일 때가 있었다. 그러나 술을 마시면 육체는 마치 수액을 빨아올리는 여름철 나무처럼 싱싱해 보였다.

경허에게 술은 주식같이 생각되었지만 술을 마심으로 인해 가슴 속에 박혀 있는 어둠(無明)을 태웠다. 술은 다른 사람에게 있어 번뇌를 만들고 그것은 파계가 된다. 그러나 경허에게 있어 술은 초월적 지혜를 분출하게 하고 독설과 해학, 거침없는 법어를 만들어낸다. 경허와 같이 다른 사람이 술을 마셨다면 육체는 파피되고 말았을 것이다. 경허는 육체의 유한성을 뛰어넘어 있었고 오히려 남이 넘겨볼 수 없는 자족을 갖고 있었다.

경허가 부산 범어사에서 잠깐 주석하고 있을 때였다. 그때 경산(擎山)스님이 시중을 들다시피했다. 어느 날 경산스님은 경허와 같이 해운대까지 동행한 일이 있었다. 경산도 다른 수행인에 비해 기골이 장대했다. 그의 체구 앞에 모두들 압도당했다. 경산은 해운대에서부터 경허에게 술을 대접했다. 싱싱한 바다회가 있어 안주가 어느 술좌석보다 풍족했다.

"나만 마시면 되겠나. 자네도 한잔 받아. 술 마신 죄로 삼악도에 떨어지면 내가 구제해 줄게."

경산은 경허가 건네는 술잔을 거절할 수 없어 한잔 한잔 받아마셨다. 경허의 술 실력을 시험해 보겠다는 저의를 눈치챈 것이 아닌가 걱정되었으나 경허는 아무 내색도 보이지 않고 술을 마셨다.

해운대에서 시작한 술은 광안리까지 계속되었다. 벌써 열 집도 넘는 술집을 거쳐오고 있었다. 그러나 경허의 얼굴에는 술기운이 나타나지 않았다. 오히려 경산의 혀가 꼬부라져 있었다. 거대한 체구가 균형을 잃고 비틀거렸다. 몸을 경허에게 자주 기대었다.

"허허, 이 사람. 드디어 술이 만들어 낸 삼악도에 빠져가는군."

경허는 태연스럽게 경산을 책망했다. 너무 취해 있었기 때문에 경허의 질책을 들을 수가 없었다. 범어사 가까이 왔을 때는 경산은 인사불성이 되어 있었다. 다리에 힘이 빠져 버려 걸을 수가 없었다.

"드디어 삼악도에 빠져 의식을 잃어버렸군."

힘없이 쓰러져 있는 경산을 경허는 어깨에 메고 땅거미가 찾아들고 있는 금강암까지 달렸다. 그리고 방안에 눕히고 나서 '혼령이 빠져 나간 큰 송장이로다' 하고 곯아 떨어진 경산을 물끄러미 쳐다보았다.

참다운 자아를 체험한 사람은 아무리 환경이 나쁘더라도 그곳에 얽매이거나 집착하지 않는다. 그래서 술은 번뇌를 만든다고 했지 않는가. 그렇지만 경허에게 있어서는 술은 번쩍이는 섬광을 만든다.

밤이 지나고 나서 경산은 깨어났다. 어떻게 자신이 금강암까지 왔는지 기억할 수 없었다. 술에 취해 있을 것이라고 생각한 경허는 가부좌를 틀고 앉아 있었다.

"자네 깨어났군. 삼악도에부터 육도를 윤회하고 왔군. 그래 한 생각이 매(昧)해 버리면 윤회를 면할 수가 없지 않은가."

경산은 자리를 고쳐 앉으면서 지난 밤의 무례를 사과했다. 고개를 떨구었다. 경허를 똑바로 쳐다볼 수 없었다.

"도대체 스님의 가풍(家風)은 무엇입니까?"

"이 사람이 술에서 깨어나더니 갑자기 가풍을 묻고 있구먼. 내 가풍은 안에는 아무것도 없고 밖에서 역시 구하는 것이 없어."

"그것은 조주스님이 말했지 않습니까?"

"그래 조주의 가풍이 오늘에 있어서는 내 가풍이 되었네."

경허는 조주를 상기했다. 갑자기 경산의 입에서 조주의 가풍을 말했기 때문이다.

어느 날 조주는 자신의 초상화를 그려 가지고 온 스님에게 '이

것이 정말 나의 모습이라면 그대는 나를 죽일 수 있을 걸세. 그러나 그렇지 않으니 내다 태워 버리게' 하고 말한 일이 있다. 그뿐 아니라 또 어느 날 운수객이 찾아와 빈 손으로 왔다고 하자 조주는 그러면 내려놓게 하고 말했다.

운수객은 당황하여 '아무것도 가져온 게 없는데 무엇을 내려놓습니까' 하자 조주는 '그럼 계속 들고 있게나' 했다. 그리고 '거지가 오면 무엇을 줄까요?' 라고 묻자, 조주는 서슴없이 '거지에게는 부족함이 없다' 고 말했다.

그리고 어느 날 길을 가다가 장례 행렬에 우연히 참가하고 말했다. '수많은 죽은 사람이 단 하나의 산 사람을 좇아가고 있다' 했다. 산 사람과 죽은 사람의 차이를 명증하게 구별한 의미였다. 숨을 쉰다고 살아 있는 것은 아니다. 본래의 자아를 잃지 않고 날마다 뜨거운 창조를 통해 새롭게 형성되고 있는 사람이 활인(活人)이다.

경허는 경산에게 활인의 삶이 무엇인가 구체적으로 설명했다. 혼이 흩어지지 않았지만 술로 의식을 잃어 버리면 그 사람은 활인이 아니라는 것을 깨닫게 했다.

경허는 인간이 갖고 있는 능력의 한계를 시험할 때가 많았다. 그리고 불교의 전통적 의식과 윤리를 서슴없이 뭉개 버릴 때가 한두 번이 아니었다. 그것은 고정된 관념과 일상의 틀을 파괴해 버리는 저항이었다. 그래서 낡은 전통과 의식 속에 안주하지 않고 저항을 일삼았다.

그에게 슬픔이 없었다면 아마 그는 자신의 거친 무애를 통해 슬픔을 만들어 냈을 것이다. 따지고 보면 선(禪)이란 인습의 저항이다. 또 저항이라는 생각까지 불태워 버리는 불꽃을 선(禪)은 갖고 있다. 저항의 불꽃을 통해 형식을 불태워 버리면 누구나 인간은 자기 내면의 눈을 뜨게 된다.

인간의 삶이 타성과 틀에 못박혀 간다면 그 삶은 죽어 있는 것과 다를 바 없다. 순간 새로운 창조가 이루어져야 한다. 경허는 타성과 인습을 타파하는 데 천재적 재능을 가지고 있었다. 그러나 지나칠 정도로 인습과 타성을 무시하는 바람에 저항을 받기도 했다.

어느 날 경허는 송광사 점안(點眼)불사에 증명법사로 초청을 받았다. 술과 여자에 빠져 있을 뿐 아니라 파계와 타락을 일삼고 있는 경허에게 증명법사가 되어 달라는 초청은 파격적인 일이 아닐 수 없었다. 점안불사란 불상이나 탱화(幀畵)를 조성하여 그 불상의 안정(眼睛)에 점을 찍는 의식이다. 이 안정은 지혜와 덕망을 갖춘 계행(戒行)이 청정한 승려만이 할 수 있다.

송광사 대중들은 증사단(證師壇)을 여법히 꾸며놓고 경허를 기다렸다. 찬반토론을 거쳐 경허를 초청했기 때문에 그만큼 관심이 컸다. 신앙의 대상을 상징하는 불상 점안식에 파계를 일삼는 경허가 증명법사로 참석한다는 것은 불교만이 갖고 있는 존엄함을 훼손하는 일이었다. 그래서 경허를 초청해서 안 된다는 반대 의견도 많았던 것이다.

점안식을 거행하는 날 법당은 스님과 신도들로 가득 메워졌다. 발들여 놓을 틈이 없었다. 대중은 초조와 긴장된 분위기 속에서 경허를 기다리고 있었다. 도대체 어떤 모습으로 법회장에 나타날 것인가 상상하는 스님들도 있었다.

기다리던 경허가 나타났다. 그러나 그는 승려로서 품위를 벌써 잃고 있었다. 가장 근엄하고 권위를 갖추고 있어야 할 그의 모습은 술에 취해 있었다.

법당으로 들어서는 순간 술 냄새가 풍겼다. 대중의 시선이 경허에게 집중되었다. 육척 장신에 가사와 장삼을 입은 그의 모습은 상대에게 위압을 줄 만한 거인(巨人)이었다. 침묵에 싸였던 분위기가 경허가 나타남으로 인해 긴장되었고 그가 법상에 앉자 법당 안이 빈틈이 없는 것 같았다. 그만큼 경허는 자신의 체구보다 훨씬 넓은 공간을 차지해 버리는 신기한 법력을 지니고 있었다.

경허는 법상에 앉아 대중을 한번 살펴 보았다. 눈을 똑바로 뜨자 혁혁한 불빛이 섬광처럼 번쩍 하는 것 같았다. 침묵이 계속되었다. 숨을 죽이고 경허의 법문을 기다리고 있었다. 그러나 경허는 입을 열지 않고 걸망 속에서 무엇인가 끄집어 내었다. 술병과 돼지다리였다. 그리고 공양주를 불렀다. 대중들은 이와 같은 경허의 해괴망측한 행동에 아연실색했다.

공양주가 나타나자 '이거 얼른 삶아가지고 와' 하며 소리를 쳤다. 그 소리가 얼마나 우렁차고 컸던지 마치 굉음처럼 들렸다. 법당 안은 순식간에 울렁거렸다. 경허의 행동에 젊은 승려들은 저런 미친 중은 증사가 될 수 없다고 분개했다.

분노를 참지 못한 승려는 경허를 법상에서 끄집어 내리려고 단상 곁으로 접근하기도 했다. 그러나 경허는 아무 기색도 나타내지 않고 부동의 자세로 바라보고 있었다. 주지는 대중의 흥분을 가라앉히려고 애를 쓰며 설득을 했다. 주지의 설득으로 소란스럽던 법당 분위기가 간신히 수습되었다.

대중들이 다시 제자리에 앉자 경허는 법상에서 내려와 법당 앞에 있는 넓다란 바위 위로 올라가 지그시 눈을 감고 가부좌를 틀고 앉았다. 그때 난데없이 커다란 산짐승이 모여 들었다. 호랑이들이었다. 대중들은 혼비백산하여 자취를 감추었다.

호랑이는 어슬렁어슬렁 경허 곁으로 다가섰다. 마치 사람에게 길들여진 짐승처럼 호랑이들은 경허 앞에 순진해 보였다. 그리고 경허 앞에 무릎을 꿇고 절을 하듯 앉았다. 경허는 눈을 감고 있었다. 이 모습을 대중들은 숨어서 엿보고 있었다. 그리고 경허와 호랑이 사이에 일어날 변화를 지켜 보았다. 경허는 한참 만에 눈을 뜨고 사방을 훑어보고 '이제 다 물러가서 해탈문에 들도록 하여라' 라고 우렁차게 말하자 호랑이들은 모두 일어나 조계산 깊은 산 속으로 사라져 버렸다.

호랑이가 사라지자 경허는 다시 법당으로 들어가 법상에 앉았다. 웅성거리던 신도들은 이색적이고 신기한 경허의 행동에 사로잡혀 마음 속에 흥분을 지워 버리고 오직 존경하는 마음을 갖고 다시 모였다. 불만을 가졌던 스님들도 경허의 기개에 고개를 숙이고 자리를 잡아 앉았다.

대중이 모이자 경허는 입을 열었다. 법문을 시작했다.

"산이 푸르고 물이 맑으니 모두 이것이 다 고불(古佛)의 도량이요, 달이 밝고 바람이 맑으니 어찌 이것이 본분(本分)의 소식이 아니리요. 이러한 순간에 생각을 일으키니 생각마다 석가가 세상에 나오고 걸음마다 미륵불이 천상에 내려와 새롭게 탄생합니다. 이것은 다 불성이 있기 때문입니다. 그리고 모든 법행은 중생의 진원(眞源)에 갖추어 있습니다. 자 똑바로 보고 깨닫기 바랍니다. 두두물물(頭頭物物)이 법신이요, 눈을 뜨고 있습니다."

그의 법문은 우렁차고 마치 폭포물이 시원스럽게 쏟아지는 것 같았다. 막히고 걸리는 데가 없었다. 때로는 이해 못할 농세(弄世)를 일삼고 파격을 서슴없이 행하고 있었지만 경허는 부처의 본분에서 벗어나지 않고 있었다.

더욱이 모였던 대중들은 경허와 동물의 극적인 친화된 모습에 충격을 받아 오랫동안 송광사에 머물도록 간청했지만 경허는 '아니야, 점안불사를 끝냈으면 가야지' 하고 구름처럼 유유히 조계산을 빠져나갔다. 이러한 경허의 모습을 보고 사람들은 비난과 극찬을 동시에 퍼붓고 있음을 다음의 구절에서 읽을 수 있다.

착할 때는 부처보다 더 훌륭하고
악할 때는 호랑이보다 더 사납다.
善時善過於佛
惡時惡過於虎

그렇다고 경허 자신이 파계적 행동을 미화하거나 합리화하지는 않았다. 생각나는 대로 행동할 뿐이었다. 스스로 과장하거나 위선으로 자신의 허물을 감추지 않았다. 많은 사람들이 경허를 두고 농세(弄世)의 달인이라고 찬탄을 하는가 하면 파계를 일삼는 술 주정꾼이라고 비난을 했지만 경허는 개의치 않았다. 그렇다고 자신의 행위를 교리로 합리화하지도 않았다. 술 마시고 고기 먹는 일이 반야에 방해되지 않고 도둑질하고 여자를 탐하는 것이 보리(菩提)에 걸림이 없다고 강변하지도 않았다.

그러나 그 당시 화엄사 진진응(陳震應) 강백은 경허의 무애를 비난한 대표적 인물이었다. 문득 경허는 송광사 일주문(一柱門)을 나서면서 지리산 화엄사 진진응스님을 떠올렸다. 그리고 발길을 자연스럽게 그곳으로 옮겼다. 경허는 급할 것이 없었다. 곤하면 자고 배 고프면 때로는 얻어먹기도 하고 절에서 하루 저녁을 쉬면서 며칠 후에 화엄사에 도착했다. 나무들이 싱싱한 생명력을 발휘하고 있었다. 자연 그대로가 법신이란 말이 실감되었다.

경허가 나타나자 화엄사는 갑자기 술렁거리기 시작했다. 진진응 강백의 슬하에 있던 학인들이 육척 장신에 수염까지 기른 경허를 보기 위해 모여 들었다. 경허는 강사스님 방으로 안내되었다. 진진응 강백은 반갑게 맞이했다. 그리고 술이 아닌 차를 대접했다. 경허는 싫다는 표정을 짓지 않고 부동 자세로 앉아 있었다. 침묵이 깊었다. 누구 한 사람 그 침묵을 비집고 들어갈 사람은 없었다.

진진응 강백은 질문을 계속 던졌다. 해박한 교리와 난해한 질문이 경허의 면전에 떨어지고 있었다. 그러나 경허는 아무 반응을 나타내지 않았다.

"허, 내가 목이 컬컬해서 말이 잘 나오지 않는군."

눈치를 챈 진진응은 술과 안주를 장만해 오도록 했다. 술로 목을 축인 경허는 진진응이 묻는 대로 대답을 했다. 계속 술을 마신 경허의 얼굴이 저녁 노을처럼 붉게 물들었다.

진진응은 다시 질문을 했다.

"스님은 대선지식인데 술과 고기를 걸림없이 드시고 방광까지 하시니 어찌된 일입니까?"

"이 사람아, 자네 옛 조사의 이런 게(偈)를 듣지 못했나.

깨침은 부처와 같이 했건만
오랜세월 번뇌의 습기가 깊네
바람은 멎어도 물결은 아직 일며
이치는 알아도 정념은 오히려 꿈틀거리네.
頓悟須同佛　多生習氣深
風停波尚湧　理現念猶侵

내가 바로 그 경계일세."

진진응의 얼굴은 굳어져 있었다. 쇠뭉치로 정수리를 맞은 것같이 더 이상 할 말이 없었다.

"왜 갑자기 할 말을 잊어 버렸나. 자비스런 눈으로 보면 이 산하(山河) 어느 곳이 부처님 국토 아닌 곳이 있겠는가. 그래서 보살은 겨자씨만한 세계에도 몸을 나투어 중생을 제도했고 중국 청량국사는 화엄경 심요품(心要品)에서 티끌 하나하나가 부처님 국토 아님이 없고 마음마음이 부처님 마음 아님이 없다고 했지 않

나. 내 술 마시는 생각도 그와 같고 그대가 나에게 술 대접하는 생각도 그와 같아야 될 거야."

진진응은 아무 대답도 않고 고개를 떨구고 있었다. 마음 속으로 후회스런 생각이 치밀었다. 과연 살아있는 부처였다. 경허는 술 한잔을 마시고 다음과 같은 시(詩) 한 수를 읊었다.

사람의 마음은 맹호와 같아
독하고 악하기가 하늘을 뚫고 난다
학과 함께 구름 저편을 가며
이 몸은 누구와 더불어 가야 하는가.
人心如猛虎　毒惡徹天飛
伴鶴隨雲外　此身孰與歸


"스님 제가 잘못했습니다. 스님의 무애를 이해하지 못한 것을 용서하십시오."
"아니야. 잘못한 것도 없고 벌써 자네는 나를 이해했고 나의 면목을 봤으니 용서할 것도 없지."

경허는 진진응의 오만함을 이렇게 꺾어 버렸다. 그리고 진진응 자신도 안목이 부족했음을 깊이 뉘우치고 깨달았다. 그러나 경허의 한마디에 가슴이 찢어지는 아픔이 스며들었다. 왜냐하면 사람의 마음이 독할 때는 맹호와 같다고 했기 때문이었다. 아울러 독하고 악함이 하늘에 사무쳐 날고 있다는 경허의 말에 진진응은 몸둘 바를 몰랐다.

"괜찮아, 그렇게 안절부절할 것 없네. 내 허물이 많아."

경허의 독백은 진진응의 마음을 흔들어 버렸다. 깨치기는 부처님같이 했으나 번뇌의 습기가 깊어 만행을 거듭한다는 말에 공감이 갔다.

날이 밝자 경허는 진진응의 등을 토닥토닥 두드리고는 속리산을 향해 정처없이 발길을 옮겼다. 특별히 가야 할 곳이 떠오르지 않았다.

구름에 달 가듯이 발길을 옮겼다. 임운자재가 몸에 배어 있었기 때문에 걸리는 데도 없었다. 바람에 밀려가는 구름처럼 자유로웠다. 그렇다고 마음 속에 구하는 것이 있는 것도 아니었다. 스스로 소유한 것을 버렸기 때문에 애착과 집착이 경허에게 따르지 않았다.

그래서 그는 누구도 가질 수 없는 넉넉한 자족을 갖고 있었다. 반면 그 자족은 경허의 소유욕이기도 했다. 넉넉한 자족이 만들어낸 경허의 소유욕은 너무 광활해서 삼천대천세계를 갖고도 여유가 있었다.

그러나 경허 자신의 진술처럼 돈오는 부처님같이 했으나 다생으로부터 닦고도 없어지지 않은 습기가 남아 경허를 떠돌게 하고 파계를 일삼게 했다. 그는 걸으면서 독백을 했다. 그것은 자기 행동에 대한 질책이고 반성이었다.

"중생은 음욕과 지나친 질투를 참지 못해 자기를 파멸의 길로 몰아갈 때도 있고 음욕은 항상 자비의 탈을 쓸 때가 많지."

자신을 향해 한 말이었다. 술과 여자 때문에 비난받고 있음을 스스로 시인했다. 그렇다고 경허 자신이 여자에 탐닉당해 있는 것도 아니었고 술로 인해 자기 몰락을 재촉하고 있는 것도 아니었다. 또 술 마시고 여자를 탐닉하는 행위를 스스로 무애라고 강조한 일도 없었다.

"하하하, 무애라니 그것은 변명의 논리에 불과하다. 모두가 무애의 탈을 쓴 탐욕행위이다."

자신의 거친 행동을 무애라고 미화시키는 것도 경허는 용납하지 않았다. 다만 자신은 한군데 집착하지 않고 배고프면 먹고 고단하면 잘 뿐이었다. 그리고 푸른 산 맑은 물이 있는 곳에 마음대로 소요하며 어촌과 주막을 자유롭게 오고갈 뿐이었다.

경허의 구름과 같은 발길은 지리산에서 잠깐 멈추었다. 기름진 녹음과 신록이 수해(樹海)를 이루고 있었다. 옷에서는 땀냄새가 풍겼다.

한 벌의 누더기를 너무 오래 입고 있었다. 옷을 자주 빨아 입은 것도 아니었다. 한 번 입으면 빨지 않고 걸레가 되도록 입었다.

원래 사문(沙門)의 옷을 분소의(糞掃衣)라고 한다. 세속 사람이 버린 헌 옷을 주어다 빨아서 지은 가사, 그리고 이 버린 옷은 똥을 닦은 헝겊과 같으므로 분소의라고 했다. 또 헌 옷의 조각조각을 기워 모아서 만든 옷이므로 납의(衲衣)라고 했고 비구가 이 옷을 입는 것은 탐심을 여의기 위해서였다. 그만큼 경허는 입고 먹는 데 관심이 없었다. 철저하게 무소유로 생활이 단련되어 있었다.

경허는 지리산 마천(馬川)이란 마을 입구에서 잠깐 쉬었다. 이곳에서 실상사(實相寺)와 백장암(百丈庵)·상무주암(上無住庵) 등지로 갈 수 있었다. 그리고 여름철 따가운 햇볕이 나뭇잎 위에서 영롱하게 명멸되었다. 눈이 부셨다. 땀을 식히고 냇가에서 몸을 씻었다. 물이 맑지 못했다. 논밭이 군데군데 유실되어 있었다. 홍수가 할퀴고 간 상처가 남아 있었다.

마을로 들어섰을 때 반쯤 무너지고 반만 남은 집들이 보였다. 오십 채가 넘지 않은 작은 마을이었다. 홍수에 할퀴고 패어 나간 논밭, 자취만 남은 촌락들은 차마 눈뜨고 볼 수가 없이 비참했다. 거기다가 흉년이 들어 사람들 얼굴에 생기가 없었다.

경허는 비감한 생각이 들었다. 외면하고 다른 곳으로 발길을 옮기고 싶지 않았다. 쓰러져 가는 한 집으로 들어섰다. 노인이 힘없이 마루에 앉아 경허를 쳐다보고 있었다. 눈에 초점이 흐려 있었다. 끼니를 때우지 못해 탈진한 상태였다. 방안에서 신음 소리도 들렸다. 먹을 것을 달라고 차마 입을 열 수가 없었다. 물 한 그릇을 얻어 마시고 다시 발길을 다른 집으로 옮겼다. 젊은 여인이 경허를 슬픈 눈으로 쳐다보고 있었다. 가난에 길들여진 눈빛이었다. 아무 반응을 나타내지 않았다. 굶주림에 지쳐 있는 표정이었다. 사람을 거부하지도 않았다. 줄 것이 없다는 말도 하지 않았다. 다만 인간의 절망과 절규를 소리없이 외치고 있는 것 같았다.

경허는 속으로 아귀지옥(餓鬼地獄)이 다른 데 있는 것이 아니라 바로 이곳이라고 생각했다. 지옥 중생을 외면하고 떠나가는 것은 보살이 할 일이 아니었다. 경허의 눈앞에는 굶주리고 병든 사람들뿐이었다. 평등한 생명체가 손상되고 신음하고 있었다. 눈앞이 캄캄했다. 자신의 깨침이 무력함을 처음으로 깨달을 수 있었다.

그동안 자신은 깨침만 향해 달려왔을 뿐 소외받은 이웃에 관심을 갖지 않았다. 갑자기 부끄러운 생각이 들었다. 한없는 중생을 제도하겠다는 서원(誓願)을 한번도 실천에 옮기겠다는 생각을 해보지 못한 것이 오늘 따라 가슴을 아프게 했다. 후회스러웠다. 뿐만 아니라 원력도 갖고 있지 않았다.

경허는 사람들이 굶주려 누워 있는 방안으로 들어가 따뜻한 물로 얼굴을 닦아 주고 물을 마시도록 했다. 부엌에는 먹을 것이 없었다. 대소변을 스스로 할 만큼 힘이 없어 옷을 입은 채 똥을 싸버린 사람도 있었다. 심한 악취가 온 전신에 엄습했다. 뱃속에 있는 것을 모두 토할 것 같은 구역질이 일어났지만 참았다. 사람들의 눈은 대부분 들어갔고 살이 빠져 앙상한 뼈대가 살가죽을 뚫고 나올 것 같았다. 피폐한 삶이었다. 살이 썩은 곳에는 모기와 파리들이 윙윙거리고 있었다.

경허는 자리에서 일어나 남원(南原)으로 발길을 재촉했다. 마천(馬川)에서 남원까지는 백 리 길이었다. 한집 한집을 찾아다니면서 탁발을 했다. 사람을 살려야겠다는 일념뿐이었다. 걸망 속에 쌀과 보리가 가득했다. 해가 저물어 가고 있었다.

경허는 하룻밤을 쉬고 싶었지만 죽어가는 사람들을 두고 쉴 수가 없었다. 마치 물건을 훔쳐 도망치듯 백 리 길을 한숨에 달려갔다. 얻어온 쌀과 보리를 고루고루 나누어 주었다. 그리고 방안의 똥오줌을 치웠다. 앓는 사람의 똥오줌을 치우는 일이 처음에는 견딜 수 없는 고통이었지만 그 고통을 받아들이고부터는 오히려 즐거웠다. 모처럼 마음 속에 자비심이 일어나고 있었다.

대비(大悲)란 무엇인가. 앓고 있는 중생의 고통과 같이하는 마음이 아닌가. 보살행이란 자리이타(自利利他)이다. 남을 이롭게 하는 행동이다. 인간다운 행위는 모든 고통을 서로 나누어 가지는 일이다. 타인과 함께 나누어 가져야 이웃이 될 수 있고 한몸을 이룰 수 있다.

동체대비(同體大悲)란 뭇 생명의 고통과 함께 하는 마음이다. 따지고 보면 사람은 독립된 존재가 아니다. 서로의 관계를 통해서 비로소 진정한 사람이 될 수 있다. 나누어 가질 수 있는 것은 물질적 여유가 있을 때만이 가능한 것이 아니다. 가난한 사람도 부드러운 말 한마디 따뜻한 눈길과 체온을 나누어 가질 수 있다.

그래서 동체대비를 몸에 익혀야 한다. 날마다 서로 눈으로 마주치고 만나는 사물과 사람들도 사랑하는 마음으로 대하지 않으면 그들의 세계에 끼어들 수 없다. 진실로 사랑하는 마음이 있을 때 사물이든 사람이든 그 본질에 도달해 일치를 이룰 수 있다.

보시(布施)란 베풀어 주는 일, 즉 나누어 가지는 일이다. 인색한 이기적 악습을 버리고 마음 속에서 죽이고 탐욕을 부리지 않을 때 진정한 나눔은 이루어진다. 그리고 물질로 나누어 가질 것이 없을 때는 자비스럽게 말해야 한다. 바로 그것이 애어(愛語)이다.

거짓을 말하지 않고 남을 모함하지 않으며 오직 자비심에서 우러나오는 말을 해야 상대를 감동시킬 수 있다. 그리고 누구에게나 이익을 주는 일을 해야 한다. 바로 그것이 이행(利行)이다.

참된 이익이란 사람이 그 본연의 참된 모습으로 되돌아가게 하여 이익을 얻게 하는 일이다. 이와 같은 일은 혼자 하는 것보다 남과 더불어 기쁨과 슬픔을 나누며 함께 해야 한다. 이것이 동사(同事)이다.

경허는 처음으로 지옥의 고통을 몸소 체험할 수 있었다. 그리고 자신이 남을 돕는 비원(悲願)을 갖는 것도 처음이었다. 처음보다 똥 오줌 치는 일에 익숙해지고 있었다. 그리고 사람들은 경허의 행동을 달갑게 생각하지 않고 있다가 지극한 마음에 천천히 감동되어 가고 있었다.

백 리 길이 넘는 남원(南原)을 경허는 하루 한번씩 왕래했다. 발가락이 터지고 물집이 생겨 걸음을 걷기도 불편했지만 참고 견디었다. 열흘이 지나고부터 굶주렸던 사람들의 얼굴에 생기가 돌았다. 경허가 아니었으면 그대로 목숨을 잃을 뻔했다. 보살행이란 중생의 똥오줌부터 치워야 한다. 배불리 먹고 안락한 곳에 있는 것은 보살이 아니다. 허기진 배를 채운 사람들이 조금씩 움직이기 시작했다. 스스로 살아있음을 깨닫는 것 같았다.

경허는 집집마다 다니면서 사람들의 몸을 씻어 주었다. 방마다 악취가 가득했다. 심한 구토가 일어날 것 같은 고통도 사라져 버리고 병든 사람을 돕는 일이 오히려 즐거웠다. 사람이 살아있을 때도 아름답고 더러움은 있다.

그러나 죽어가는 사람에게서 아름다움은 발견되지 않는다. 썩어가는 송장을 안고 사랑한다고 말하는 사람은 없을 것이다. 그래서 살아있어도 본질적 눈으로 보면 살아있는 것이 아니다. 육체는 썩고 소멸되기 마련이다. 육체 안에는 죽음이 가득 차 있다. 고통받는 중생과 한몸이 되기 위해서는 먼저 권위를 버리고 쓸데없는 관념을 버려야 한다. 그리고 자기 자신을 낮추어야 한다. 권위를 버릴 때 사람은 평등해지고 진정한 이웃이 될 수 있다. 더럽고 깨끗한 것을 분별하면 지옥의 고통을 구제할 수 없다. 중생의 고통을 구체적으로 파악하여 그 고통이 되었을 때 법신은 이룩된다.

그러나 남을 사랑하는 일은 그리 쉬운 일이 아니다. 사랑하기도 어렵지만 남을 미워하기도 어렵다. 그래서 수행자는 사랑의 덕성을 길러야 한다. 사람이 짐승 하나쯤은 사랑할 수 있다고 가볍게 생각하지만 실제로는 짐승 하나도 사랑하지 못하는 사람들이 우리 주위에는 너무 많이 있다. 그리고 마음 속에 집착이 적고 가난할 때 진실한 삶을 볼 수 있고 타인과 아무런 이해관계 없이 합일할 수 있다. 합일이 이루어질 때 수행자는 법신으로 탄생될 수 있다.

경허는 마을 사람들의 얼굴에 가느다란 웃음이 일 때 아무 말 없이 마천(馬川)이란 마을에서 떠났다. 누구에게도 간다는 말을 하지 않았다. 그동안 정을 나누었기 때문에 헤어진다는 것은 아쉬움을 남기고 슬픔을 만든다는 것을 경허는 알고 있었다. 석별의 아픔을 남기고 싶지 않았다. 마을에서 빠져나왔을 때 햇볕이 따갑게 명멸했다. 눈이 부셨다. 갑자기 현기증이 일었다. 긴장이 풀린 탓이었다. 그리고 옷에서 심한 악취가 풍겼다. 그러고 보니 다 떨어진 누더기로 오줌을 닦고 고름을 닦은 기억이 되살아났다. 술 생각이 났지만 참았다. 아무데나 눕고 싶은 생각 뿐이었다. 그만큼 지쳐 있었다. 피곤이 엄습했다. 걸을 때마다 다리가 휘청거렸다.

 눈앞에 시원한 계곡이 있었다. 경허는 아무 생각없이 물속에 들어갔다. 중생의 고통과 땟국을 씻어 버리고 싶었다. 오랫동안 물속에 잠겨 있었다. 온 전신이 새롭게 태어나는 기분이었다. 이대로 잠들고 싶었다. 죽음보다 깊은 잠을 자고 싶었다.

 경허는 오랫동안 물속에서 나오지 않았다. 알몸 그대로가 좋았다. 몸 속에 누적되어 있던 피로가 서서히 와해되어 몸 밖으로 빠져나가는 것 같았다. 그리고 옛날 똥물에 빠졌던 기억이 떠올랐다. 깨끗함과 더러움은 육체에서 아루어지고 있을 뿐 자성(自性)과는 아무 관계가 없었다. 서산스님의 말이 옳았다. 걸림이 없는 깨끗한 지혜는 모두 선정(禪定)에서 이루어진다. 아울러 참다운 경지는 자연 그대로가 법신이다.

 경허는 백치처럼 물속에 잠겨 있었다. 그리고 갑자기 천장암 마을에 있는 정처사 딸의 모습이 뇌리를 스쳐갔다. 한 걸음에 달려가 그녀를 껴안고 깊은 충동이 일었다. 그때 정처사 딸은 마을에 홀로 남아 있었다. 그것은 경허만이 갖는 그리움이었다. 사랑의 뜨거운 열기가 그의 가슴에서 불씨를 일구고 있었다.

 경허는 지리산을 떠나 개심사(開心寺)에서 며칠 쉬었다. 그동안 너무 지쳐 있었다. 술도 마시지 않았다. 홀로 있을수록 침묵이 깊었다. 방안에 누워 있으니 사유의 뜰이 넓어지고 있었다. 마음 속에 번뇌의 파랑이 일지 않았다. 갑자기 자신과 인연한 모든 것이 사라져 버린 것 같았다. 몹시 홀가분했다. 마치 많은 인연과 별리를 한 기분이었다. 적막의 무게를 느낄 수 있었다. 사람이 혼자 있을 때 자기 존재의 모습이 드러난다. 분주하게 여러 사람들과 어울리면 자기 모습은 흩어지고 만다.

밖에서 인기척이 났다. 바람이 스칠 때마다 낙엽 구르는 소리가 사람 발자국 소리같이 들릴 때도 있었다. 누군가 밖에서 부르는 소리가 들렸다. 혜월의 목소리였다. 혜월은 그동안 정혜사에서 공양주를 하면서 역력고명무형단자(歷歷孤明無形段子)의 화두를 들고 있었다. 화두의 의심이 풀리지 않았다. 그렇다고 정진을 포기할 수 없었다. 밥하는 일을 제외하고는 화두를 참구했다.

어느 날 혜월은 신심이 돈발(頓發)했다. 방으로 들어가 문을 잠그고 용맹정진을 시작했다. 먹고 자는 일을 포기해 버렸다. 일주일을 계속했다. 혜월은 마음과 경계가 일치됨을 깨달을 수 있었다. 스승에게 깨친 바를 말했지만 스승은 올바른 판단을 하지 못하고 경허스님을 찾아가도록 재촉했다. 경허는 마치 혜월이 올 것을 미리 알고 있기나 한듯이 방으로 들도록 했다.

"큰스님!"

"왜."

"관음보살이 북으로 향한 뜻이 무엇을 의미합니까?"

혜월은 큰소리로 말했다.

경허는 방문도 열지 않고 혜월의 심중을 헤아리면서 소리쳤다.

"그것 말고 또……."

혜월은 비호같이 문을 열고 방안으로 들어와 주먹 하나를 높이 쳐들고 서 있었다.

경허는 혜월의 모습을 한참 동안 바라보고 있다가 말했다.

"자리에 앉아라. 그만하면 됐다. 부처를 마음 밖에서 찾는 방황을 하지 않아도 되겠다. 임제스님의 말씀처럼 중생의 몸뚱이 속에 무위진인(無位眞人)이 있다. 항상 그대들의 면전에 출입을 한다. 이것을 깨닫지 못한 사람들은 체험하도록 노력해야 한다. 그리고 삼계(三界) 어느 곳에도 집착하지 말라."

경허는 혜월을 인가하면서도 아직 미진함이 있음을 일러 주었다. 체험하도록 분부했다.

"혜월아!"

"네!"

"너도 임제의 가풍과 격외(格外)의 자유를 익혀 보도록 해라."

"알겠습니다."

"이놈아! 도는 알고[知] 모르는[不知] 그 사이에 있지 않아."

혜월은 갑자기 큰 물체로 뒤통수를 맞은 기분이었다. 그때였다. 혜월은 자리에서 일어나 춤을 추면서 히죽히죽 웃었다. 그리고 경허에게 절을 했다.

"그래 그래, 좋다."

경허도 혜월의 춤추는 모습에 신바람이 났다. 스승과 제자 사이에 영적 교감이 이루어지고 있었다. 그것은 이심전심(以心傳心)의 교감이었다.

중국 임제는 거친 선사였다. 황벽에게 몽둥이로 삼십 대를 맞고 깨침을 이룩한 선사였다. 그래서 황벽은 임제를 극진히 사랑했다. 그러나 법담을 나눌 때는 항상 거칠었다. 거칠다는 것은 그만큼 본질을 분명히 드러내는 일이었다.

어느 날, 임제는 하안거(夏安居) 도중에 스승을 찾아간 일이 있었다.

황벽은 경을 읽고 있었다. 제자인 임제가 온 것을 알면서 반갑게 맞이하지도 않고 아무 내색도 보이지 않았다. 임제는 서운한 생각이 치밀었다. 일종의 분노였다.

"사람을 만나 볼까 하고 왔더니만 눈 먼 늙은 중뿐이군."

스승의 자존심을 상하게 했다. 그러나 이런 무례한 행동은 두 사람만이 나누는 애정이었다. 또 한번은 임제가 달마대사의 기념탑을 참배하러 갔다가 탑을 지키는 승려로부터 질문을 받았다.

"스님께서는 부처님께 예배를 하시겠습니까? 아니면 조사(祖師)에게 먼저 하시렵니까?"

"나는 아무에게도 예배하고 싶지 않네."

임제는 퉁명스럽게 대답을 했다. 임제의 대답이 떨어지자 탑을 지키고 있던 승려는 분개하면서 다시 물었다.

"스님께서는 부처와 조사와 무슨 원수지간이라도 됩니까?"

소리를 치자 임제는 아무 말없이 옷소매를 털고 가버렸다.

"혜월아!"

"네."

"조사마다 개성이 다르고 가풍이 다르다. 특별히 누구를 닮으려고도 하지 말고 흉내를 내지 말도록 해라."

"알겠습니다."

선사들마다 수행과 깨침 나아가 자신의 개성에 따라 독특한 가풍은 형성되었다.

계율에 철저한 수행인이 있었는가 하면 부처와 조사, 그리고 계율에 얽매이지 않는 선사들이 있었다. 경허는 이 세상에서 가장 부드러운 토굴을 떠올렸다. 그의 뇌리에는 정처사의 딸의 환영이 각인되어 있었다.

"혜월아!"

"네."

"나도 솜털같이 부드러운 토굴 속에서 한철 안거(安居)를 해야겠다."

"솜털같이 부드러운 토굴이 어디 있습니까?"

"천장암 밑 정처사 집에 있지."

경허는 정처사 딸을 상기했다. 솜털처럼 부드러운 살결을 경허는 생각하고 있었다. 탐스런 젖무덤과 동백꽃망울처럼 부풀어 있는 가슴을 경허는 그리워하고 있었다.

"그 토굴로 가시려고요?"

"그 토굴에서 한철 지내고 싶다만 마음대로 될른지 모르겠다. 솜털같이 부드러운 토굴도 따지고 보면 하룻밤 꿈이야."

혜월은 경허의 속마음을 헤아릴 것 같았다. 분명히 정처사의 딸을 그리워하고 있었다. 천장암에 있을 때 경허는 밤이 깊으면 마을로 내려간 일이 간혹 눈에 띄었다. 그때마다 주막에 가는 것이라고 생각했는데 횟수가 늘어나자 마을에서 이상한 소문이 들리기 시작했다. 정처사의 딸과 통정을 하고 있다는 해괴한 소문이 천장암까지 들려왔다. 그러나 경허는 그 소문에 마음이 흔들리지 않았다. 아무 반응과 내색도 없었다. 정처사의 딸도 경허를 좋아한다는 소문도 들렸다.
　혜월은 더 이상 질문을 하지 않았다. 왜냐하면 자신도 해미(海尾)에 있는 주모에게 빠진 일이 있었기 때문이었다.
　혜월은 경허의 제자 가운데 가장 천진스러운 덕목을 갖추고 있는 선사이다.
　선과 악에 물들지 않은 천진 그대로 살고 있는 선사였다.
　그에게 소유는 혜월에게 불명예라고 할만큼 욕망의 살점을 찾아볼 수 없었다.
　그는 밤에 절물건을 훔쳐 달아나는 도둑에게 등을 밀면서 빨리 달아 나도록 했는가하면 몸에 지닌 물건이 있으면 귀천과 친소를 가리지 않고 나누어 주고 베풀었다.
　그는 해미 주막에서 한철을 지내고 나서 여자에 대해서 첫날밤 그 맛이라고 여유있는 답변을 하여 경허를 안심시키도록 하였다. 그는 사람에게 상처를 주지 못했고 오히려 만나면 누구나 본성을 드러내게 하였다.
　혜월은 주모와 헤어지면서 떠남의 아쉬움을 남기지 않았고 여자에게도 상처를 주지 않았다.
　누구나 혜월을 만나면 비록 혜월에게 아무것도 받지 않았더라도 넉넉한 자족을 느끼도록 하였다.
　바로 이것이 혜월만이 갖고 있는 대기대용이었다.
　그는 마음 속에 분노가 일지라도 그것을 밖으로 드러내지 않았고 남을 미워하지 않았다. 애증에 얽매이지 않았기 때문에 사람의 마음을 항상 편안하게 해주었다.

혜월이 주막에서 한철을 지내고 돌아오자 경허가 짓궂게 물었다.
"자네는 주막에서 주모와 함께 한철을 지냈다더니 어땠나?"
혜월은 얼굴을 붉히며 대답했다.
"큰스님, 그 맛이란 한철 내내 해보았지만 첫날밤 그 맛이던데요."
혜월의 천진적 체험을 경허도 더 이상 추궁하지 않았다. 서로가 묵계(默契)가 있은 듯 혜월의 주모와의 동거는 허물이 되지 않았다.
경허는 천장암으로 떠날 준비를 하고 있었다. 뇌리에 정처사 딸의 모습이 자주 떠오르고 있었기 때문에 더 이상 머무르고 싶지 않았다. 경허가 막 길을 나서려고 할 때 만공이 나타났다.
"그래 잘 있었나."
"네, 어디로 가시려고요?"
"천장암으로 가야지. 솜털같이 부드러운 토굴 생각이 나."
만공은 경허의 마음을 헤아리고 더 이상 묻지 않았다. 경허의 눈빛만 보아도 속마음을 읽을 수 있었다. 그만큼 만공은 경허에게 매료되어 있었다. 때로는 스승의 거친 행동이 마음에 부담이 되었지만 오히려 만공은 경허의 행동을 익혀가고 있었다. 그것은 일종의 사자전수(師資傳受)였다. 스승의 법만 이어받고 있는 것이 아니라 만공 자신도 모르게 무애를 전수받고 있었다.
두 사람은 서산 시장에서부터 술을 마셨다. 주막마다 들러 술을 마셨다.
"허허, 만공 자네 법당에 단청빛이 찬란하군."

술기운으로 붉어진 만공의 얼굴을 보고 단청빛이 찬란하다고 경허는 말했다.

해가 저물어 두 사람은 객사를 찾았다. 방에 들어온 경허는 아무 말없이 코를 골며 잠 속으로 빠져들어 버렸다. 만공은 잠이 오지 않았다. 몇 푼 가지고 있던 돈을 다 써버렸기 때문에 여관비가 걱정이 되었다. 스승도 돈이 없음을 만공은 잘 알고 있었기 때문에 잠을 이룰 수가 없었다. 그래서 뜬눈으로 밤을 새웠다. 경허의 얼굴은 아무 근심도 걱정도 없어 보였다. 너무 평화스럽게 보였다. 영혼이 편히 쉬고 있음을 경허의 얼굴을 통해 읽을 수 있었다.

날이 밝자 주인은 숙박비와 식대를 달라고 했다. 참으로 난처했다. 만공의 얼굴이 곤혹스런 표정으로 일그러졌다. 그러나 경허는 태연했다. 히죽히죽 웃고 있었다. 여관집 주인은 두 사람에게 돈이 없음을 눈치채고 더욱 재촉했다. 이때 경허가 입을 열었다.

"여보세요 주인! 우리가 법당을 중수(重修)하려고 권선(勸善)을 나왔는데 주인께서도 시주를 하시오. 시주를 하면 큰 복전(福田)을 이룰 것이오."

느닷없이 시주를 하라는 바람에 주인은 약간 당황해했다.

"그러면 화주 책을 한번 봅시다."

주인은 화주 책을 확인하려고 했다. 그러나 화주 책은 없었다. 권선을 나온 것도 아니었다. 만공은 경허가 원망스러웠다. 태연스럽게 거짓말을 하는 것도 불만이었다. 그렇다고 난처한 표정을 지을 수도 없었다. 경허의 임기응변 때문에 궁지에 몰린 기분이었다. 경허는 걸망 속에 손을 집어넣어 화주 책을 찾는 시늉을 했다. 그 표정이 너무 진지했다. 당황한 기색이 조금도 없었다.
"우리가 이 집에 와서 하룻밤 잔 것은 시주를 하기 위해서입니다. 시주를 하게 되면 반드시 일체 재앙은 소멸될 것입니다. 얼마나 하시겠소."

경허는 시주하기를 강요하고 있었다. 여관비 줄 생각은 하지 않고 시주금부터 받으려고 했다. 분위기가 갑자기 반전되었다. 여관집 주인은 난처한 표정을 지었다. 여관비를 받으려다가 큰 시주를 하게 되었다.

"저희들이 오늘 따라 집에 돈 가진 것이 없습니다. 저희에게 줄 여관비가 얼마 안 되지만 그것으로 시주를 하면 안 되겠습니까?"

오히려 주인이 미안하다는 표정으로 경허를 향해 사정을 했다. 여관비를 받으려다가 더 큰 돈을 내놓아야 될 형편이었다. 그래서 여관비를 시주금으로 대체하겠다고 했다.

"좋습니다. 시주금은 금액이 많아야 복이 되는 것은 아닙니다. 그 정성이면 큰 공덕을 이루게 될 것입니다."

주인은 경허를 향해 고맙다고 합장했다. 돈 한 푼 없는 경허는 태연하게 자리에서 일어나면서 '하룻밤 잘 쉬고 시주까지 받아가게 되어 고맙습니다' 라고 인사하고 여관에서 빠져 나왔다. 그때까지 만공의 얼굴은 수심에 싸여 있었다.

"큰스님, 그렇게 거짓말을 태연스럽게 할 수 있습니까?"

만공은 불만스럽다는 듯이 경허를 추궁했다. 망신당하지 않고 여관방을 빠져나온 것은 다행이지만 경허의 거짓말에는 동의할 수 없었다.

"이 사람아! 비구(比丘)가 뭐야. 거지가 비구지. 안으로는 부처님 법을 빌고 밖으로는 재물을 비는 사람이 우리가 아니고 누구야. 그래 여관집 주인에게 시주 좀 하란 것이 무슨 죄가 되나. 법당 중수는 나무로 만든 법당만이 법당이 아니야. 자네 육신이 법당이지."

경허는 유쾌한 듯 한바탕 웃고는 길을 재촉했다. 스스로 자족의 즐거움을 누리는 것 같았다. 아무것도 소유하지 않고 있으면서 그의 마음은 항상 넉넉하고 광활했다. 비록 수행적 덕성이 때로 결여되어 있었지만 타성에 젖어 있지 않고 새로운 것을 추구하고 있었다. 변신을 거듭했다.

그것은 경허의 창조적 삶이었다. 사실 변화가 없는 삶은 침체되고 무기력해지기 마련이다. 그래서 삶은 창조적으로 움직여야 한다. 어떤 형태의 삶이라 할지라도 고정된 틀에 갇혀서는 안 된다.

경허는 스스로 체험하지 못한 진실과 아름다움을 자기 자신 속에 캐내고 있었다. 때로는 그것이 무애의 거친 행동으로 나타나 충격을 줄 때도 있었고 소나기 같은 물줄기로 다가서기도 했다.

경허가 움직이면 섬광이 번쩍거렸다. 침체되어 있지 않기 때문에 항상 초인적 행동이 이루어졌다. 슬픔이 없다면 스스로 슬픔을 만들어 눈물을 흘릴 사람이 경허였다.

해가 저물어 서산을 벗어날 수 있었다. 어둠이 짙게 깔리고 있었다.

불빛이 하나 둘 밝혀지면서 하늘에서 별들이 얼굴을 내밀고 있었다. 경허는 몹시 취해 있었다. 비틀거리면서도 균형을 잃지 않고 걸었다. 조그마한 마을 입구로 들어선 경허는 큰소리를 쳤다. 우뢰와 같은 목소리였다.

"불이야! 불이야!"

마치 미친 사람이 헛소리를 하는 것 같았다. 목소리가 얼마나 컸던지 마을이 흔들리는 것 같았다. 집안에 앉아 있던 사람들이 불이란 소리에 문을 열고 뛰쳐 나오고 있었다. 모두들 놀란 표정이었다. 불이 난 곳을 찾아보고 있었다. 마을 사람들 시야에는 불 난 곳이 보이지 않았다. 만공은 불안했다. 불도 나지 않았는데 경허가 괜히 불이 났다고 소리를 쳐 사람들이 문 밖으로 나와 웅성거렸다.

노인 한 분이 경허 곁으로 다가섰다. 몹시 화가 난 표정이었다. 한 대 후려 갈길 듯한 기세였다. 경허는 태연했다. 조금도 당황하는 빛이 보이지 않았다.

"도대체 어디서 불이 났단 말이오?"

노인은 시비를 하듯 경허에게 추궁했다. 그러나 경허는 물러서지 않고 노인을 쳐다보며 가슴을 쳤다.

"이 속에서 불이 났소. 지금 활활 타고 있단 말이오."

노인은 어이가 없었다. 미친 사람을 만난 것처럼 기가 막힌 표정을 지었다. 허탈하고 맥이 풀린 모양이었다. 끝내 노인은 경허의 말을 이해하지 못하고 발길을 옮겼다. 돌발적 기행(奇行)을 노인이 이해할 리가 없었다.

중국 운문종(雲門宗)의 종주(宗主)인 운문선사가 어느 날 나무로 만든 사자의 입에 자기 손을 집어넣고 "살려줘요. 물려 죽겠어요"하고 비명을 지른 것과 다를 바가 없었다.

　만공은 경허의 돌발적 기행 앞에 항상 속수무책이었고 방관할 수 밖에 없었다. 인내의 한계를 느낄 때가 많았고 자신이 지나칠 만큼 왜소해졌다. 파계와 비범(非凡), 그리고 광적인 요소가 경허의 초월적 삶을 만들었다.

　"스님!"

　만공은 힘없이 경허의 뒤를 따르며 불렀다. 마음 속에서 알 수 없는 비애와 분노가 치밀고 있었다.

　"왜 그러느냐?"

　"어쩌려고 그런 행동을 하십니까?"

　"이놈아! 가슴이 타고 있어 불이라고 소리지른 것이 잘못됐단 말이냐?"

　"봉변을 당하시면 어쩌시려고요?"

　"날마다 나는 봉변을 당하고 매장당하고 있다."

　만공은 더 이상 할 말이 없었다. 스승을 설득시킬 만한 힘이 없었고 항상 한 걸음 앞서가고 있었다. 초인(超人)이란 무엇인가. 남보다 앞서가는 사람이다.

　경허는 평범한 사람들이 체험하지 못한 미래의 삶을 앞당겨 살고 있었다. 그래서 경허를 두고 '훌륭할 때는 부처보다 훌륭하고, 악할 때는 호랑이보다 악하다(善時善過於佛 惡時惡過於虎)'고 했다. 그리고 한암(漢岩)스님은 후학들을 위해 다음과 같이 경허의 무애와 만행을 평가했다.

경허의 마음을 따른다면 옳지만
만일 행동과 자취를 따른다면 옳지 않다.
後人若依鏡虛之心 則可也
若依鏡虛之跡 則不可也

경허가 성취한 깨달음을 따른다면 그것은 부처님 법에 어긋난 일이 아니지만 경허의 무애와 만행을 흉내낸다면 그것은 옳지 않다고 분명히 밝히고 있다. 그렇다. 경허를 파계승으로 비방해 버리면 그는 어쩔 수 없이 수행의 존엄성을 잃고 만다. 그러나 무애의 자유와 초탈을 긍정적으로 받아들일 때 그는 해탈의 달인으로 위상을 확보하여 평가받게 된다.

경허는 이러한 찬반의 평가에 대해 무관심했다. 오히려 무서울 만큼 오만과 자존을 갖고 있었다. 그 당시 승려들에게 특별한 관심을 갖지 않았을 뿐 아니라 무시해 버리는 경향이 심했다. 다만 서산스님에게만은 존경심을 나타낼 때가 많았다.

경허는 천장암으로 들어서는 길목에서 갑자기 노래를 불렀다. 목소리가 우렁차고 슬픈 음색이 섞여 있었다.

만사가 꿈 아님이 없음을 깨달아
주장자 짚고 물병과 발우대 메고
깊은 산 구름 숲속에 들어가니 온갖 새 지저귀고
돌 틈에 흐르는 물, 졸졸졸, 천 길이나 되는 늙은 소나무와
수없이 얽힌 칡넝쿨 속에 두어 칸 대집을 지으니

한 가지 나의 벗으로 때로는 구름과 안개에 읊조리며
때로는 향을 사루고 고요히 앉았으니
진세(塵世)의 티끌이 다시는 침범함이 없음이로다.
마음은 비어 있으니 만 가지 이치가 소상하게 드러난다.
무릇 이것이 세상에 제일등 사람이 할 일이다.
술 가운데 산에 사는 신선의 술만 마시며 때로는 취하고
삼라만상을 인(印)으로 인(印)친 연후에 먼지 낀 머리와
흙빛 같은 얼굴로 풀꽃이 핀 언덕에 노닐면서
한 곡조 젓대소리 라라리 리라라나리

— 경허의 〈토굴가〉 중에서

노래를 마친 경허는 마치 춤을 추듯, 천장암을 향해 걷다가 갑자기 만공을 불렀다.

만공은 엉겁결에 영문도 모르고 '네' 하고 대답을 했다.

"내가 방금 부른 노래가 토굴가(土窟歌)이다. 깨치고 세상을 바라보면 모든 것이 하룻밤 꿈일 뿐이다. 구할 것 버릴 것 없는 마음으로 토굴 속에 앉아 있으면 삼라만상이 전부 내 것이지.

그렇다고 그것을 소유하려는 생각도 할 필요 없고 있는 그대로 보고 있으면 참으로 넉넉하지. 이런 삶을 사는 사람이 해탈한 사람이다.

자연 그대로가 되어 있으면 누가 헐뜯고 비방하겠는가. 부귀영화 그것은 하루 아침 이슬같이 허망한 일이다. 권력을 좋아하는 사람에게 높고 낮음이 있지 구름과 벗하고 사는 사람에게 어찌

높고 낮음이 있고 권력이 필요하겠느냐."
 "스님은 중생의 허물을 스스로 만들어 놓고 그 허물에서 재빨리 자유로워지고 있습니다."
 만공은 경허의 돌발적 기행과 무애를 중생의 허물이라고 말했다. 다만 그 허물을 만들어 놓고 집착을 하지 않고 자유로워지고 있다 했다. 경허의 바람같은 자유, 구름같이 집착 없는 삶을 만공은 깊이 이해하고 있었다.

## 갯마을의 정사(情事)

경허가 천장암으로 돌아왔을 때 연암산은 붉게 타고 있었다. 낙엽이 만장(輓章)처럼 펄럭이고 있었다. 나뭇잎들이 피를 토하고 있는 것 같았다. 지난 가을 입적(入寂)했던 가을 햇볕이 불씨를 일구어 나뭇잎에서 색조를 만들고 있었다. 수많은 나무들이 울음을 참다 못해 아우성을 칠 것 같은 착각이 들었다. 그러나 가을은 연암산 정상에만 머물러 있지 않았다. 천천히 하산을 하는 것 같았다. 마치 가을은 아이들 걸음걸이처럼 남도(南道) 땅을 향해 걸어가는 기분이었다.

경허가 천장암에 도착했을 때 해인사에서 초청장이 와 있었다. 학명스님의 간곡한 청이 담겨 있었다. 인경불사(印經佛事) 증명으로 와 달라는 내용이었다.

며칠 시간이 남아 있었다. 경허는 가야 되겠다는 의사 표시도 하지 않고 침묵만 하고 있었다. 얼굴에 경허만이 알 수 있는 깊은 우수가 배어 있었다.

누구 한 사람 경허의 침묵 속을 비집고 들어갈 사람은 없었다. 우울한 모습이 경허의 얼굴에 나타나 있었다. 분명히 말할 수 없는 고민이 있는 것 같았다.

경허는 밤마다 정처사 딸을 만나 밀회를 즐기고 아침 예불 시간 전에 절로 돌아왔다. 이러한 경허의 행동을 눈치챈 사람은 없었다. 다만 만공만이 어렴풋이 짐작하고 있었다. 왜냐하면 솜털같이 부드러운 토굴을 말한 일이 있고 정처사의 딸을 그리워하고 있음을 경허가 말했기 때문이었다.

그런데 이상한 일이었다. 즐거워해야 할 경허가 깊은 우수에 빠져 있다는 것은 정처사 딸에게 변화가 있는 것이 분명했다. 만공은 물어볼 수가 없었다.

경허는 밤이 늦으면 도둑고양이처럼 정처사 딸을 만나기 위해 약속 장소로 갔다. 두 사람은 서로 그리워하고 사랑했다. 비록 나이 차이는 있었지만 경허는 지극한 사랑으로 모든 것을 극복하고 있었다. 경허의 첫사랑이었다. 그동안 많은 여인을 접촉했지만 정처사 딸에게 바친 만큼 지극한 애정은 없었다. 정처사 딸 역시 자신의 순결을 경허에게 헌신적으로 바치고 있었다. 영과 육의 결합이 이루어져도 그 사이에 추함이 없었다. 아름다움만 있었다.

달빛이 기울고 있었다. 어둠 속에 달빛이 하얀 리본처럼 걸려 있었다. 정처사 딸은 경허의 품에 안겨 울먹이고 있었다. 그 울음소리가 너무 적어 경허가 듣지를 못했다. 머리 숲에서 향긋한 냄새가 났다. 품안에서 서서히 뜨거운 불씨가 일고 있었다. 본능이 만든 불씨였다. 사랑하는 사람에게 순결을 바쳤기 때문에 그녀는 아무 저항없이 경허를 받아들이고 있었다. 육체의 결합이 끝나고도 그녀는 울음을 그치지 않고 있었다. 그때야 경허는 그녀가 울고 있음을 발견했다.

"너 울고 있지 않느냐? 무슨 고민이라도 있느냐?"

그녀의 울음소리는 처음보다 크게 들렸다. 서러움을 참지 못하는 듯했다.
"무슨 고민이 있는지 말을 해 보아라."
그녀는 울음을 참기 위해 노력하고 있었지만 가슴이 메어지는 아픔이 있었다.
"이제 스님을 만날 수가 없어요."
"왜?"
경허의 질문이 비수처럼 그녀의 가슴에 꽂혔다.
"헤어져야 합니다."
"헤어지다니 네가 어디로 간다는 말이냐?"
"결혼 날짜를 받아 놨습니다."
"시집을 간다고……."
경허는 더 이상 묻지 않았다. 눈앞에 처음 느껴보는 절망이 다가서고 있었다. 그렇다고 그녀를 붙들어 놓을 힘이 없었다.
"그래, 시집을 간다면 축하를 해야지. 사랑하는 사람은 언젠가는 헤어지게 되어 있다."
그녀의 얼굴에 눈물이 번졌다.
"울지 말아라. 네가 시집을 가면 내가 그 집에 머슴으로 가서 너의 얼굴을 볼 것이다."
경허는 그녀의 등을 토닥토닥 두드리며 그녀를 사랑스럽게 안았다. 그리고 달이 산 너머로 사라지고 나서 두 사람은 아쉬운 별리를 하고 말았다. 경허로서는 처음 체험하는 사랑의 별리였다. 사랑이 고통이 된다는 것을 알고는 있었지만 마음 속에서 아픔으로 남는다는 것은 처음 깨달았다. 서러움이 가슴에서 일었고 세상이 갑자기 싫어지는 것 같았다. 실의와 좌절이 한꺼번에 엄습했다. 경허의 마음이 잠깐 흔들렸다.

자기 방으로 돌아온 경허는 지그시 눈을 감고 모든 것을 잊기로 결심했다. 눈을 감고 명상에 잠겨 있으니 몸 전체가 빈 골짜기가 되는 것 같았다. 바람떼가 지나가고 몸에서 피가 빠져 나가는 것 같았다. 그녀가 침묵이 되어 마음을 흔드는 것 같았고 바람에 쓸리는 풀잎처럼 발자국 소리를 내며 품안에 안기는 것 같았다.

경허는 혼자 독백을 했다. 그녀를 사랑하는 마음이 끝내 상처가 되어 있음을 깨달을 수 있었다. 그러나 견딜 수 없는 외로움을 참고 기다림으로 고독을 채워 갈 것이다. 그리고 시(詩) 한 편을 읊었다.

평생을 아무 고집과 집착 없이
만사를 인연에 붙였나니,
연암에 머무는 도사
부석에서 여름을 보낸다.
어부들의 노래가 저문 어디에
앞산에 둥근달이 내 앞에 떠오르고
나는 높은 누각에 올라 앉아 있으니
술독에서 파리들이 어지럽게 날고 있네.
平生無固必　萬事付因緣
燕岩留道士　浮石送炎天

漁歌何處晩　山月向人圓
來坐高樓上　醯鷄亂一邊

경허의 인내는 무섭고 잔인한 데가 있었다. 가슴이 찢어질 것 같은 아픔을 참고 견디었다. 그녀의 환영을 지워버렸다. 번뇌가 고통을 만들고 있음을 스스로 체험할 수 있었다. 그러나 경허는 번뇌를 버리려고 하지 않았다. 번뇌가 고통을 만드는 원인도 되지만 찬란한 삶을 만드는 근원임을 깨달았기 때문에 그녀의 그리움에서 벗어날 수 있었다.

이때 수월(水月)과 혜월, 만공이 천장암에서 같이 생활을 하고 있었다. 수월은 스스로 부목을 선택했고 혜월은 공양주, 만공은 채공을 했다.

경허는 문밖으로 나오지 않았다. 정처사의 딸 때문에 고민하고 있음을 알고 있었지만 그 고통을 같이할 수는 없었다. 만공은 경허와 정처사의 딸과 깊은 관계를 알고 있었다. 저녁마다 밀회를 즐기고 있음도 알고 있었지만 제지할 방법이 없었다. 여자 때문에 고통을 드러내 보인 것도 처음이었다. 깨침을 이룩하고 무애의 자유를 누린 사람에게도 사랑은 고통이 되었다.

경허는 밤마다 마을 가던 일을 중지하고 있었다. 솜털같이 부드러운 토굴에서 한철 지내겠다는 생각을 포기해 버린 것 같았다. 그러나 그것은 자의적 포기가 아니었다. 정처사 딸이 서산(瑞山) 갯마을로 시집간다는 소문이 들려왔다. 곧 혼사를 치른다는 확실한 소식을 접했을 때 만공은 스승의 고민을 알 수 있었다. 그녀와 어쩔 수 없는 별리가 이루어지고 있었다.

　정처사 딸이 결혼하는 날 경허는 방안에서 술만 마시고 있었다. 술은 잠시 동안 경허의 고통을 잊게 했다. 순수한 경허의 인간적 고뇌가 제자들의 마음을 아프게 했다. 그러나 혜월은 히죽히죽 웃고 있었다. 마치 스승을 빈정거리는 것 같았다. 만공은 혜월의 태도가 못마땅했다.

　"형님은 무슨 좋은 일이 있어서 웃고만 있습니까?"

　"도인(道人)도 사랑의 열병을 앓고 있지 않느냐. 그러나 첫날 밤 그 맛밖에 없어."

　"첫날 밤 그 맛이라니요?"

　만공은 성난 표정을 감추지 못하고 그만 화를 낼 듯 혜월을 추궁했다.

　"사랑을 해봐야 첫날 밤 그 맛을 알 수 있지. 그것은 말로 설명할 수 없어. 체험을 해야지."

　혜월은 지난 날 해미 주막집 주모와 사랑을 나눈 경험을 갖고 있었다. 그때 여자의 체험을 통해 첫날 밤 그 맛을 알고 있었다. 그래서 사랑을 해봐야 한다고 강조했다. 사랑을 해보지 않은 사람은 헤어지는 아픔을 실감할 수 없다. 인간의 본질을 알기 위해서도 사랑은 필요하다.

　날이 밝자 경허는 밝은 표정으로 문을 열고 나왔다. 번민하고 고뇌한 모습을 찾아볼 수 없었다. 마음 속에서 모든 것을 정리한 모양이었다. 벌써 낙엽이 조락하고 있었다. 바람에 잎이 떨어진 나뭇가지에는 썰렁한 공간이 더 커 보였다.

태허는 재(齋) 준비를 하느라고 분주하게 움직였고 마을 사람들이 많이 몰려와 있었다. 그 가운데에는 낯익은 얼굴도 있었다. 경허는 법당으로 들어갔다. 과일과 과자가 풍성하게 놓여 있었고, 괴임새 높이가 어느 때보다 높아 보였다. 아이들이 부처님 앞에 차려 놓은 과일과 과자를 보고 침을 삼키고 있었다. 재는 시작되지 않고 있었다. 싱싱한 과일과 떡이 먹음직스럽게 보였다.

경허는 법당 안을 한 바퀴 돌아보고 문 밖으로 나오려다가 발길을 멈추고 다시 탁자 앞으로 다가섰다. 그리고 법당 앞에 서 있는 아이들에게 손짓을 했다. 빨리 법당으로 들어오라는 신호였다. 아이들이 영문을 모르고 움직이지 않자 다시 한 번 손짓을 했다. 아이들은 그때야 경허의 뜻을 알아차리고 탁자 앞으로 몰려들었다. 제물(祭物)로 차려진 과일과 과자와 떡을 아이들에게 건네 주었다. 처음에는 받지 않으려다가 재촉을 하자 아이들은 다투어 과일과 떡을 받아들고 즐겁다는 표정을 지었다. 아이들은 맛있게 음식을 먹었다. 경허의 모습도 만족스런 표정이었다.

"이만하면 재를 잘 지냈다. 영가는 분명히 극락에 갔을 것이다. 많은 사람들에게 공덕을 지었으니 말이다."

경허가 법당 문을 나오려고 할 때 친형 태허가 달려와 과일과 떡이 없어진 것을 보고 낙망스런 표정을 짓다가 큰 소리로 경허를 꾸짖었다.

"제사도 지내기 전에 이 무슨 해괴한 짓이냐."

"이만하면 제사를 잘 지냈지 않았소."

태허는 분노를 참고 있었다. 제주(祭主)를 향해 고개를 숙이고 사과를 했다.

"괜찮아요. 훌륭한 제사를 지냈습니다. 다시 돈을 내겠습니다."

신도 역시 기분 나빠하지 않고 경허의 행동을 이해했다. 중생을 이롭게 하는 것이 공덕이 된다는 사실을 깨닫고 있었다.

경허는 방으로 돌아와 걸망을 챙겼다. 해인사 인경불사(印經佛事)에 참석하기 위해 서둘렀다. 두 번째 해인사와 인연을 맺었다. 첫번째도 학명(學明)의 초청 때문이었고 이번에도 마찬가지였다. 학명과는 동학사 시절부터 깊은 우정을 나누고 있었다. 학명은 교리에는 해박한 지식을 갖고 있었으나 선지(禪旨)는 뛰어나지 못했다.

경허의 초청을 놓고 찬반의 양론이 있었으나 학명은 경허를 초청해야 한다고 고집했다. 경허의 파격적 행동을 이해하지 못한 사람들은 초청을 반대했지만 당시 경허만큼 선교(禪敎)를 겸비한 활안종사(活眼宗師)가 없었다. 학명만큼은 경허의 실력을 알고 있었다. 여래의 밀의(密意)를 깨닫고 있는 수행인은 경허뿐이었다. 경허의 높은 지혜를 알기 위해서는 자신의 개안(開眼) 없이는 경허의 무애를 이해할 수 없다. 부처님과 같은 인격을 갖춘 사람이어야 부처를 알 수 있듯이 경허의 행동만을 가지고 그가 체득한 개오의 세계를 평가할 수 없다. 그래서 학명은 경허를 초청했고 대중들도 학명의 주장을 따랐다. 더욱이 인경불사는 해인사 단독으로 이루어진 불사가 아니고 마지막 황제인 고종(高宗)의 분부로 이루어진 불사였기 때문에 법주(法主)로서는 경허가 제격이었다. 거기다가 불조(佛祖)의 혜맥을 전승하고 선종을 중흥시키기 위해 수선사(修禪社) 창건불사까지 겹쳐서 이루어지고 있었다.
 경허는 걸망을 챙겨놓고 자리에서 일어나지 않고 그대로 앉아 있었다. 길을 나설 마음이 없었다. 걷잡을 수 없는 공허가 엄습하고 있었고 마음이 몹시 허탈했다. 근원적인 고독이 마음을 흔들고 있었다. 그는 국운(國運)이 기울고 있음을 예감하고 있었고 곧 한일(韓日)합방의 비극이 일어날 것을 예견하고 있었다. 그러나 학명의 초청을 거절할 수 없었다. 오랫동안 나누어 온 우정을 외면하기가 어려웠다.
 경허가 해인사에 도착할 때에는 눈이 내리는 겨울이었다. 하얀 눈이 가야산을 덮고 있었다. 간혹 바람에 눈보라가 앞을 어지럽게 했다. 설해목(雪害木) 넘어지는 소리가 들렸다. 그때마다 팽팽히 긴장되었던 침묵이 깨어졌다. 학명은 홍제암에 머무르면서 경허를 기다리고 있었다. 두 사람은 오랜만의 해후를 했다.
 "스님, 뵙고 싶었습니다."
 어린애처럼 좋아하는 표정이 학명의 얼굴에서 역력히 나타나 있었다. 두 사람은 손을 붙잡고 놓을 줄 몰랐다. 그만큼 우정이 두터웠다.
 "학명스님의 덕망이 법계(法界)에 가득합니다."
 "큰스님께서 저에게 분부했던 것을 이제야 실천에 옮길 뿐입니다."
 경허는 학명을 만날 때마다 선(禪)을 해야 한다고 강조했고 해인사에 선원(禪院)이 있어야 함을 일깨워 준 일이 있었다.
 "큰스님께서 이번 불사를 증명(證明)하셨으니 눈밝은 납자들이 많이 배출될 것입니다."
 "아니야, 학명스님의 원력이야."
 경허는 학명의 깊은 원력을 칭찬해 주었고 그의 잔잔한 성격과 해박한 지식을 항상 높이 평가하고 있었다.
 경허는 수선사(修禪社) 창건기를 쓰면서 갑자기 자신이 살아온 모습이 떠올라 시 한 편을 읊었다.

 아는 것은 없으며 이름만 높고 시절은 어지럽거니
 가히 몸 감출 만한 곳을 알 수 없다
 갯마을이고 주막거리이고 갈 곳이야 없지 않으랴만
 이름을 숨길수록 더욱 이름만 드러남을 두려워하나니.
 識淺名高世危亂  不知何處可藏身
 漁村酒肆豈無處  但恐名匿名益新

 자신이 처해 있는 심상 풍경을 그대로 묘사했다. 경허 자신만큼 이름을 떨친 사람도 그 당시 없었다. 그러나 경허는 스스로 아는 것이 없다고 겸손해하고 있으며 세상이 매우 혼란함을 걱정했다. 그리고 경허 자신이 영주사미의 살해 용의자로 항상 의심받고 있음을 암시하면서 은둔할 곳이 마땅치 않음을 고백하고 있다. 비록 영주사미의 살해사건은 미제(未濟)로 덮어두고 있었지만 경허의 행적을 간간이 물어올 때가 있었다. 그래서 경허의 마음 한구석에는 불안한 그늘이 숨어 있었다.
 범인이 잡히지 않았기 때문에 경허는 항상 용의자로 남아 있었고 마음의 부담이 되었다. 그래서 경허는 주막과 갯마을을 떠올렸다. 갯마을을 상기한 것은 정처사 딸이 시집간 곳이 서산 갯마을이었기 때문이었다. 그녀의 환영은 경허의 마음 속에서 사라졌다가 마음이 울적하고 외로울 때면 비애처럼 찾아들었다.

경허는 수선사(修禪社) 창건기를 써 내려갔다. 오도적 정서가 뇌리를 스쳐갔고 영혼 속에서 이상한 굉음이 들리는 것 같았다.


이름을 써 놓는다는 것은 뒷사람들에게 보이기 위한 것이다.
그러면 뒷사람에게 무엇을 보여 주어야 할 것인가.
몸은 물거품과 같고 생명은 바람 앞에 등불 같다는 것을 알며
채찍질을 하면서 정진하는 사람은 누구인가.
법성(法性)은 본래 공하고 뚜렷한 햇빛은 길이 밝은데
능히 깨달음을 얻는 것은 또 누구인가.
나중에 지금을 봄은 지금에 옛날을 봄과 같다.
또 훗날에 훗날을 보는 것도 역시 나중에 지금을 보는 것과 같다.
틀림없이 가리키는 바가 분명하니
아아, 이곳에 있는 사람들은 비추어 가르침을 삼을지어다.
書芳啣所以然者 示後人也
示後人也者何意也
身隣泡漚命危風燈知策勤者是誰也
法性空慧日長明能悟入者又是誰也
後之視今猶今之視昔也
後之視後又猶後之視今也

指點得分明矣
嗚呼 居此社者可以鑑戒也哉

경허는 해인사에서 한 철 머무르지 않을 수 없었다. 학명의 청이 너무 간절했기 때문에 거절할 수 없었다. 그는 오랫동안 가부좌를 틀고 앉아 있었다. 남들처럼 졸지 않았다. 자신의 내면을 통해 그동안 살아온 모습을 살펴보기도 했고 거친 행동으로 남에게 충격을 준 무애의 삶도 다시 한 번 통찰해 보았다. 깨침은 부처님과 같이 했으나 아직도 마음 속에는 팔만사천 고통이 숨어 있었다. 다만 아쉬운 것이 있다면 자신의 오도적 삶이 현실 깊숙이 진리로 확산되지 않고 있는 점이었다. 진정한 깨침은 세간과 출세간을 구분하지 않고 떠나 있지 않다.

경허는 세속의 고통을 알고 있었고 신음소리도 듣고 있었다. 그러나 자신은 구제보살로서 그 기능을 다하지 못하고 있었다. 그래서 마음이 아팠다. 다만 자신은 떠도는 구름이었고 바람이었다. 운수의 삶에만 집착해 있었다. 따뜻한 자비를 고통 속에 불어넣지 못하고 있었다. 대비(大悲)의 힘이 없었다.

"스님!"

학명이 방문을 열고 들어오면서 경허를 불렀다. 그 목소리가 참으로 차분하여 따뜻한 정감을 느끼게 했다. 학명의 성격은 온화했고 부드러운 말과 행동으로 상대를 항상 감동시켰고 압도했다.

"또 심부름시킬 것이 있나?"

"아닙니다. 스님께서 외로워 보여서요. 그리고 술도 며칠 잡숫지 않고 정진에만 몰두하고 있어 무슨 고민이라도 있으신가 물은 것입니다."
 "화두를 들고 있는 사람에게 무슨 고민이 있을 수 있나?"
 "세상이 어지럽습니다."
 "그래, 나도 알고 있어. 그런데 왜 내가 이처럼 무기력해졌는지 모르겠어. 고통에 신음하고 있는 중생을 보고도 산중에 앉아만 있으니 말야."
 "큰스님께서는 꺼져가는 선등(禪燈)을 밝혔고 다시 법맥의 씨를 뿌렸습니다."
 "과찬이야."
 "아닙니다. 스님이 수선사(修禪社) 창건기에서도 밝혔듯이 나중에 지금을 봄은 지금에 옛날을 봄과 같다고 예견하지 않았습니까. 큰스님께서는 지금 훗날을 보고 계시며 현재를 통해 미래를 통찰하고 계십니다."
 "갑자기 술 생각이 나는군."
 학명의 칭찬에 감동되어 경허는 마을로 내려가 술을 마시고 날이 저물 무렵 절에 도착하여 방으로 들지 않고 대적광전(大寂光殿)으로 들어가 비로자나 불상 앞에 마주 섰다. 그리고 허리에서 칼을 꺼내어 바로 턱 밑에 세웠다. 움직이면 칼에 목이 찔릴 판이었다. 칼도 사람도 장승처럼 서서 움직이지 않았다. 밤이 지나고 날이 밝았을 때 경허는 칼을 다시 주머니에 넣고 방으로 돌아왔다. 학명이 기다리고 있었다.
 "비로자나 법신과 원수라도 지었습니까?"

학명이 넌지시 물었다. 경허의 행동에 충격을 받은 모양이었다.

"아니야, 해인사에서 한 행동을 참회했네."

경허는 용맹정진을 했다고 말하지 않고 참회를 했다고 말했다. 새로 태어나고자 하는 의지를 엿볼 수 있었다.

"학명."

"네."

"가야산 너머에 수도암이 있지."

"있습니다."

"그곳에 한암(漢岩)이라는 젊은 수좌가 있다는 소식을 들었나?"

"지금도 젊은 수좌들과 열심히 정진을 하고 있다는 이야기를 들었습니다."

"내 오늘 수도암에 갈 작정일세."

"지금요?"

"지금 떠날거야."

경허는 말이 채 끝나기 전에 자리에서 일어나 가야산을 향해 걸었다. 그의 걸음은 마치 구름 위를 걷고 있는 것처럼 가벼워 보였다. 한 걸음마다 한량없는 세계가 지나가고 있는 것 같았다. 울창한 숲에 머물러 있던 바람이 경허의 땀을 씻고 지나갔고 새소리가 발 밑에 밟혔다. 나무가 너무 울창했다. 몸을 비집고 빠져나갈 틈이 없었다.

정상이 가까워지자 경허는 숨이 가빴다. 짐승처럼 헐떡거리며 걸었다. 옷이 찢겨지기도 하고 가시가 손등에 상처를 만들었다. 참으로 험난한 길이었다. 우거진 숲에서 사나운 짐승들이 달려들 것 같은 두려움도 있었고 차가운 기운이 갑자기 엄습하기도 했다. 경허는 자신이 밀림 속에 갇혀 미로를 헤매고 있는 것이 아닌가 착각을 일으키기도 했다. 정상에 도달했을 때 구름이 산 밑에서 유유히 흐르고 있었다. 천천히 수도암을 향해 걸었다. 절은 깊은 적막 속에 가라앉아 있었다.

여느 걸음으로는 너무 험난해 오르는 길이 퍽도 더디며
오싹함을 왕성한 기운으로도 오래 버티기 어렵다.
옛날 신선의 바다로 구슬을 찾으러 가던 길이
뜻 같지 않아 명산으로 약초나 캐러 다니거니
깊은 골짜기에 눈은 날리고 구름은 돌을 굴리며
해묵은 등나무 달밝은 가지에 바람소리가 크다.
절간은 그림자처럼 조용하고 중은 말이 없으며
풍경소리 울리며 지나가는 그림자.

경허는 수도암 법당 뜰에서 잠깐 쉬었다. 산봉우리가 눈앞에 다가섰고 깊은 골짜기에서 서기(瑞氣)가 일고 있었다. 산의 신령스런 빛이 골짜기마다 완연했고 산뼈가 구름 가운데 우뚝 서 있었다.
"지나가는 과객입니다."
선방(禪房)에 이르러 경허는 큰 소리로 지나가는 객임을 밝혔

다. 문이 열리고 젊은 납자들이 문밖에 서 있는 경허를 알아보고
'큰스님 어찌된 일입니까' 하며 신발도 신지 않고 절을 했다. 뜻
이 통한 젊은 납자들이 모여 참선을 하고 있음을 짐작할 수 있었
다. 그 가운데 눈빛이 유달리 빛나는 납자가 있었다. 한암이었다.
"제가 한암입니다. 일찍이 찾아뵙지 못해 죄송합니다."
한암은 공손히 예를 갖추고 자신을 밝혔다.
저녁 공양이 끝나고부터는 경허와 젊은 납자들은 너무 빨리 친
해져 버렸다. 특히 경허와 한암은 다생(多生)부터 친교를 나눈 사
람처럼 뜻이 통했고 이심전심(以心傳心)의 교감이 이루어졌다. 비
록 나이 차이는 있었지만 한암의 안목은 상당한 수준에 도달해
있었다. 본질의 문을 열고 자기 내면의 세계를 확실하게 들여다
보고 있었다.
경허가 마루에서 쉬자 젊은 수좌들도 같이 따라서 앉았다. 차
를 한 모금 마신 경허는 산허리를 감고 지나가는 구름을 문득 바
라모았다. 산은 어둠을 삼키고 있는 것 같았고 점점 깊은 물 속으
로 침전되는 것 같았다. 산이 갑자기 작아 보였다.
경허는 차 한 모금을 마시고 중국 운문(雲門)선사의 이야기를
꺼냈다.
운문선사는 매우 격렬하고 야성적 기질을 지닌 선사이다. 잔인
하고 거친 면도 있었다. 누구나 그 앞에 서면 난도질당하고 매도
당해 버린다. 그는 어느 날 대중이 모인 자리에서 충격적 발언을
하여 많은 사람들을 당황하게 만들었다.
"내 앞에 다시 석가세존이 천상천하 유아독존을 외친다면 한

몽둥이로 때려잡아 육신을 개먹이로 주어 천하를 태평하게 할 것이다."

 악담치고는 상대에게 혐오감을 불러일으키는 내용이 담겨 있는가 하면 자기 교조를 부정하는 독설치고는 너무나 비윤리적이다. 정상적 사고를 가진 사람은 할 수 없는 말을 운문은 서슴없이 해 버리는 잔인함을 갖고 있었다. 그에게 정신적 우상은 인정되지 않았다. 그래서 운문은 부처와 조사를 부정하고 절대적 진아(眞我)만 인정했다.

 경허는 간략하게 운문에 대한 설명을 하고 그의 법어 한 마디를 인용했다.

 어느 날 한 제자가 운문에게 물었다.

 "어떤 것이 참으로 구하고 참으로 깨닫는 소식입니까?"

 운문은 태연스럽게 평소의 격렬함도 내보이지 않고 대답했다.

 "남산에 구름이 이니 북산에 비가 온다."

 경허는 한암을 비롯해 마주 앉아 있는 수좌들을 향해 다시 물었다.

 "이 뜻이 무엇이냐?"

 경허의 질문이 끝나기를 기다렸다는 듯이 한암이 입을 열었다.

 "창문을 열고 앉으니 기와를 입은 담(瓦墻)이 앞에 있습니다."

 경허는 한암의 대답을 듣고 그의 얼굴을 힐끔 쳐다보았다. 푸른 광채가 이글이글 타고 있는 듯이 눈빛이 빛나 보였다. 서로의 영적 교감이 이루어지고 있었다. 그것은 여래의 밀의를 서로 전수하는 순간이었다. 비록 경허와 한암의 나이 차이는 있었지만 한암은 누구보다 높은 개오의 경지를 확보하고 있었다. 오랜만에 정신적 외로움과 허탈을 교환할 수 있는 지기(知己)를 만난 것 같았다. 두 사람은 짧은 시간 속에서 깊은 정을 나눌 수 있었다. 노유(老幼)를 초월하는 뜨거운 우정이 깊어갔다. 서로 헤어지고 싶은 마음이 없었다.

한암은 경허를 따라 해인사에서 한철을 지냈다. 비록 많은 말을 하지 않았지만 말하고 싶을 때는 눈으로 얼굴 표정으로 뜻을 전했고 그 깊은 뜻을 한암은 항상 전달받았다.

해인사 선원에서 한 철을 지낸 경허는 한암과 헤어짐을 서러워하며 석별의 아쉬움을 몇 자 적어 한암에게 전했다.

북쪽 땅 넓은 바다 위에 하늘의 날개를 드리우고도
보잘것 없는 곳에 머물기를 얼마나 했던가
헤어진다는 일은 항상 있는 일이라 별스런 일은 아니지만
덧없는 인생에 다시 만날 길이 아득함을 생각하노니.

경허는 이번에 헤어지면 다시 만나기 어려움을 고백했다. 그리고 사람이 한 번 만나 헤어진다는 것은 별스런 일이 아니지만 다시 만나지 못할 것 같아 아쉬움을 끝내 떨쳐버릴 수 없다고 자신의 심정을 솔직히 고백했다. 이것은 이별을 뜻하는 석별의 시였다.

한암은 경허의 뜨거운 마음을 전해 받고 가슴이 뭉클했다. 금새 울음이 쏟아질 것 같았다. 처음 느껴보는 석별의 아쉬움이었다. 경허의 뜨거운 가슴에 오랫동안 안기고 싶었다. 그러나 참았

다. 참을수록 눈물이 쏟아져 내렸다. 그리고 자신의 마음을 담은 시 한 편을 지어 화답했다.

    서리 국화에 이어 눈 속에 매화철이 지났는데
    어찌하여 더 오래 모실 수가 없습니까
    만고에 빛나는 마음달이 있으매
    다시 덧없는 세상의 기약을 남겨 두겠습니다.
    霜菊雪梅纔過了　如何承侍不多時
    萬古光明心月在　更何浮世謾留期

    해인사 일주문을 나서는 경허의 발걸음은 어느 때보다 무거웠다. 뛰어난 안목을 갖춘 한암을 남겨두고 헤어진다는 것이 끝내 마음을 아프게 했고 이번에 헤어지면 다시 만날 수 없을 것 같았다. 만나고 헤어지는 일이 세상 속에서 되풀이되는 일이지만 경허와의 만남은 짧은 시간이었지만 한암의 마음을 사로잡았다. 그리고 이번에 떠나면 다시 해인사에 오지 못할 것 같은 예감이 들었다. 갑자기 울창한 나무와 숲들이 서럽게 나부끼는 것 같았다. 계곡의 물소리도 흐느끼는 것 같았다. 산자락이 허탈하게 걷는 경허의 뒤를 따르고 있었고 계곡물도 경허가 걸어가는 길을 열고 있었다. 그동안 경허와 인연했던 모든 것들이 되살아나 가슴을 밟고 지나가고 있는 것 같았다. 그리고 지나간 것은 다시 돌아오지 않고 사라져 버려 가슴이 허전했다. 빈 자리가 넓어지고 있었다. 산다는 것, 끝내 빈 자리 하나 만드는 것을, 그리고 이 몸이 썩고 없어지면 한 줌 흙이 되어 버릴 것을 가지고 이렇게 허둥대고 산단 말인가.

경허는 자신이 한 줌 흙이 될 것을 예견하고 있었다. 서서히 몸 속에 피가 메마르고 빠져 나가는 것을 느끼고 있었다. 죽어서 남는 것은 무엇일가. 그것은 한암이 이야기한 것처럼 마음달(心月)이다. 실체가 없이 신령스런 빛만 남아 산천을 떠돌 것이다.

경허는 갑자기 술 생각이 나고 정처사의 딸이 그리워졌다. 비록 결혼을 해 버렸지만 그녀의 환영은 경허의 마음 속에서 지워지지 않고 남아 있었다. 자연스럽게 발걸음이 서산 안흥 갯마을로 향했다. 그녀를 꼭 한번만 보고 싶었다. 첫사랑의 순정을 바친 그녀의 모습을 보지 않고는 견딜 수가 없을 것 같았다. 지나가는 바람소리에도 그녀의 숨결이 묻어오는 것 같았고 아무 이유 없이 들가에 피어 있는 꽃 속에도 그녀의 모습이 담겨 있는 것 같았다. 비록 자신이 깨침은 부처님과 같이 했으나 다생(多生)으로부터 익힌 번뇌는 남아 있었다.

번뇌가 경허를 괴롭혔다. 사랑을 모르는 사람이 어찌 뜨거운 번뇌의 숨결을 느낄 수 있으랴. 사랑의 열병을 앓아본 사람만이 번뇌의 깊이를 알 수 있고 그 번뇌로부터 자유스러워질 수 있다. 그러나 경허는 번뇌가 좋았다. 번뇌가 있어 그녀를 그리워할 수 있는 것이 다행스러웠다. 비록 많은 중생들이 음욕과 지나친 질투를 참지 못해 자기를 파멸의 길로 몰아가지만 구태여 경허는 번뇌를 피하고 싶지 않았다. 경허는 모든 음욕이 자비의 탈을 쓰고 있음을 알고 있었지만 자신만은 뜨거운 번뇌가 있는 곳에 오래도록 남고 싶었다. 경허는 자신이 번뇌를 가지고 괴로워하고 있음을 스스로 부인하지 않았다. 번뇌가 그리움을 만든다. 자신은 그 그리움을 찾아가는 나그네였다. 잊어버리고 떨쳐버려야 할 번뇌를 버리지 못하고 있었다.

 절에서 나온 지 한 달이 지나 서산에서 조금 떨어진 안흥 갯마을에 도착할 수 있었다. 해가 기울고 있었다. 바다가 푸른 들녘처럼 눈앞에 다가서고 있었다. 저녁 햇빛으로 인해 바다는 더욱 반짝거렸다.

 마을은 그렇게 크지 않았다. 집집마다 저녁 연기가 일고 있었다. 매우 한가롭고 평화스럽게 보였다. 경허는 길가는 중년 부인을 만나 새로 시집온 새색시 집이 어딘지 물었다. 중년 부인은 경허의 얼굴을 힐끔 쳐다보고는 자세하게 가르쳐 주었다. 가슴이 설레었다. 그토록 사랑하고 그리워하던 사람을 만나보게 되었다는 사실이 마치 꿈만 같았다.

 여인이 지나가고 나자 자신의 모습을 살폈다. 승려의 행색이 아니었다. 머리는 조금 길었고, 수염도 그동안 손질을 하지 않아 더욱 자라 있었다. 옷은 다 떨어진 누더기를 입고 있어 중이라고 금방 알아차릴 수 없었다. 마치 거지와 같았다. 그렇다고 변장을 한 것은 아니었다. 오랫동안 경허의 옷차림은 비승비속에 가까웠다. 다 떨어진 누더기 입기를 즐겼고 항상 수염을 기르고 있었다. 머리를 깎지 않았으면 그를 승려라고 부를 만한 곳이 없었다. 더욱이 살인 용의자로 누명을 쓰고부터 경허의 겉모습은 속인에 가까운 옷차림이었다.

경허는 그녀 집을 미리 알아냈기 때문에 서두를 필요가 없었다. 아주 가까운 거리에 그녀가 있다는 것을 느끼고부터는 가슴이 설레었다.

해가 저물어지자 서해 바다는 붉은 낙조로 불타고 있었고 마치 붉은 비단자락을 깔아놓은 듯 은빛 햇살이 보석처럼 반짝였다. 간간이 옷깃을 스치고 지나가는 바람에 소금기의 비릿한 내음이 묻어왔다. 바다는 서서히 어둠에 묻혀 가면서 커다란 짐승처럼 움직였다. 어둠과 함께하는 침묵이 엄습했다.

경허는 그녀의 집 앞에 섰다. 방안에서 인기척이 났다. 마당으로 들어서는 순간 그녀가 부엌문을 열고 나오다 경허를 발견하고 비명을 지를 듯 놀라면서 스스로 반가움을 억제하고 있었다. 경허는 미소로 그녀의 마음을 안정시켰고 달려가 껴안고 싶은 충동을 억제했다. 방안에서는 계속 사람 소리가 들렸다. 경허는 그녀의 귓속에다 서로 모르는 체해야 한다고 말했다. 그녀도 알았다는 듯이 고개를 끄덕거렸다.

경허는 태연하게 주인을 찾았다. 그때야 방문이 열리고 낯선 얼굴이 나타났다. 그녀의 남편이었다. 나이보다 훨씬 늙어 보였다.

"누굴 찾아오셨습니까?"

사십이 훨씬 넘어 보이는 그녀의 남편은 경허를 보고 의심스런 눈초리로 경계를 늦추지 않고 물었다.

"누구를 찾아온 것이 아니라 이 집에서 일꾼을 필요로 한다고 해서 찾아왔습니다."

경허는 그럴듯한 거짓말을 했지만 서툴러 보이지 않았다. 오히려 익숙해 보였다. 그녀의 남편은 경허의 모습을 유심히 살폈고 건장한 체격에 압도당하는 눈치였다. 그녀의 남편은 의심쩍은 마음을 떨쳐버리지 못하고 경허를 머슴으로 채용하고 말았다. 아슬아슬한 순간을 넘기고 경허는 숨을 깊이 몰아쉬었다. 목이 마르고 가슴이 탔다. 그러나 서두를 일이 아니었다. 머슴으로 그녀와 함께 있게 된 것만 해도 다행이었다.

 식구는 그렇게 많지 않았다. 그녀의 남편과 시어머니뿐이었다. 그녀와 단둘이 만날 수 있는 시간이 멀지 않았음을 직감할 수 있었다. 경허의 뇌리에는 온통 그녀뿐이었다. 마치 어린애 같은 순정을 지니고 있는 사람 같았다. 사랑은 나이를 초월하고 신분의 구애를 받지 않는다. 잠시동안 자신의 신분을 감추어 버렸다. 감춘 것이 아니고 잊어버리고 있었다. 그녀와 만날 시간은 그렇게 어렵지 않게 이루어져 가고 있었다. 보통 한낮의 농촌은 깊은 적막에 빠지게 마련이다. 사람들이 들로 빠져 나가면 농가는 텅 비게 된다. 그녀의 집도 마찬가지였다. 그녀의 남편은 날마다 외출을 했고 시어머니는 들녘으로 나가는 때가 많았다.

 경허는 머슴으로 충실해야 했다. 주인에게 신임을 받는 일이 급했다. 땔나무 농사일은 힘들었지만 하지 않을 수 없었다. 머슴으로 들어간 지 삼 일이 지난 날이었다. 모두들 밖으로 나가고 집안이 비어 있을 때 경허는 나뭇짐을 지고 집안으로 들어섰다. 인기척이 없었다. 옷에서 땀냄새가 진하게 났다. 따가운 햇볕이 소낙비처럼 쏟아지고 있었다.

 그때였다. 그녀가 외출을 하고 들어오다가 처마 밑에서 쉬고 있는 경허를 발견했다. 두 사람의 가슴은 동시에 설레었다. 그녀는 경허를 쳐다보고는 방안으로 들어가 옷을 갈아입고 손짓을 했다. 경허가 방안에 자리를 잡고 앉자 그녀는 마치 쓰러지듯 품안으로 파고들었다.

"무서워요. 보고 싶었어요."

숨소리가 거칠어지면서 겁에 질린 사람처럼 두려워하고 있었다. 뜨거운 입김이 코끝에 닿았다. 그녀도 경허를 그리워하고 있었다. 뜨거운 사랑의 열정으로 인해 불륜관계를 맺고 있는 것을 잊고 있었다. 그녀의 탐스런 젖무덤 위에 경허의 뜨거운 입김이 닿자 유두는 동백꽃망울처럼 부풀어 올랐고 이상한 신음소리가 그녀의 입에서 쏟아져 내렸다. 두 사람이 결합을 이루고 있을 때 방안에는 괴성들이 기어다니고 있었다. 몇 번의 정사는 두 사람의 뜻대로 잘 이루어지고 있었다.

그러나 어느 날이었다. 해질 무렵 두 사람은 서로의 욕정을 이기지 못해 알몸이 되어 있었고 황홀감에 빠져 밖에서 들리는 인기척도 못 듣고 있었다. 바로 그때 시어머니가 방문을 열어제쳤다. 알몸으로 엉켜 있던 나신이 시어머니 시야에 들어왔다. 처음에는 눈을 의심했다. 자기 아들이 아닌가 의심쩍어 자세히 살폈다. 그러나 며칠 전에 들어온 머슴이 새댁인 며느리를 안고 있음을 깨달았다. 그 순간 시어머니는 발악을 하듯 소리를 쳤다. 그 소리는 비명에 가까웠다. 시어머니는 또 한번 눈을 닦고 보았지만 나신이 되어 있는 남자는 분명히 자기 아들이 아니었다. 동네 사람들이 모여들었다. 경허는 짐승처럼 끌려 나와 마당 한가운데

거꾸러졌다. 이때 이 새끼를 죽여야 한다고 소리를 쳤다. 그 소리에 따라 많은 사람들이 경허를 밟고 때렸다. 얼굴은 이그러지고 상처 투성이였다. 몽둥이가 한꺼번에 쏟아졌다. 온 전신이 핏자국이었고 푸른 멍이 들었다. 그러나 사람들의 흥분은 가라앉지 않았다. 발길질하는 사람, 매를 때리는 사람을 분간할 수 없었다. 매를 맞을 때마다 경허의 입에서 신음소리가 새어 나왔다. 경허는 고통을 참다가 눈을 감아버렸다. 그리고 실신했다. 누구 한 사람 매질을 제지하는 사람이 없었다. 푸른 장독(杖毒)이 전신에 문신처럼 박혀 있었다. 아무 저항 없이 의식을 잃어버린 경허는 깨어나지를 못했다.

사람들은 서둘러 경허를 거적에 싸서 생선창고 속에 던져 버렸다. 생선창고는 그녀의 남편이 경영하던 창고였다.

이튿날 날이 밝자 천안에서 어상(魚商)들이 물고기를 사기 위해 몰려들었다. 창고에 고기를 싣던 사람들이 거적에 싸인 물체를 발견했다. 큰 고기인 줄 알고 거적을 벗겼다. 으악! 소리를 지르며 뒷걸음질하고 물러섰다. 고기가 아닌 사람이었다. 사람들이 모여들어 경허를 살폈다. 숨이 남아 있었고 맥박이 뛰고 있었다.

"아니, 사람을 때려죽여 여기다 처박아 놓다니. 곧 관가에 알려야 되겠어."

어상들은 경허를 업고 서산 읍내로 와서 치료를 했다. 그때야 경허는 의식을 회복하고 눈을 떴다. 그리고 자신이 병원에 누워 있다는 것을 깨달았다. 한 생(生)을 지나온 것 같았다. 잠깐 삼악도(三惡道)에 들렸다가 다시 태어난 기분이었다. 자신이 죽었다가 다시 살아난 것으로 생각하지 않았다. 몇 겹의 윤회를 거쳐 다시 태어난 것 같았다. 그동안 한량없는 세월이 흐르고 수많은 번뇌가 되풀이된 것 같았다.

이튿날 날이 밝자 경허는 부석사에 들러 잠깐 쉬었다. 심신이 피로했다. 마침 만공과 혜월이 반갑게 맞았다. 그런데 경허의 얼굴이 몹시 상해 있음을 발견하고 만공이 물었다.

"스님, 어디를 가셨다가 변을 당해 얼굴을 상했습니까?"

"저기 포변(浦邊) 갯마을에 갔더니 바람도 심하고 파도가 거칠어 그렇게 되었네."

"누가 스님을 때렸습니까?"

이번에는 혜월이 추궁하듯 물었다.

"이 사람아! 남의 계집 한번 안아본 죄가 이 정도의 고통도 없어서 되나. 삼악도의 태풍이 거친 것뿐이야!"

혜월과 만공은 경허가 갯마을에 갔다는 이야기를 듣고 정처사 딸을 만나 두 사람의 정사 때문에 뭇매를 맞은 것을 알아차렸다. 그러나 경허는 스스로 자책하기보다는 뭇매 맞은 일을 두고 갯마을에 바람이 심하고 파도가 거칠었다고 낭만적 여유를 갖고 말했다.

천안 어상(魚商)들은 약간 흥분되어 있었다. 생선을 싣다가 거적에 싸인 시체를 발견하고 놀랐을 뿐만 아니라 사람을 때려 의식을 잃게 한 것이 납득이 되지 않았다.

경허를 병원에 입원시키고 어상들은 드디어 관가에 신고를 하고 말았다. 그러나 경허는 이튿날 병원에서 퇴원해 버렸기 때문에 신원을 파악할 길이 없었다. 다만 정처사의 딸의 진술을 듣고 경허란 신분을 밝혀냈다. 그리고 뒤늦게 경허가 살인 용의자로 수배받고 있음을 알고 급히 K서(署)로 연락을 했다.

  공형사는 퇴근 무렵이 되어서 경허의 정사사건을 보고받을 수 있었고 급히 출장 준비를 하다가 경허가 어디론가 사라졌다는 말에 맥이 빠져 자리에 앉고 말았다. 그동안 영주사미의 살인사건은 영구미제(永久未濟)로 처리되어 있었다. 간혹 제보가 들어왔지만 그때마다 확인해 보면 경허가 그곳을 지나간 후였고 사건과 관련이 없는 내용이 대부분이었다. 이번처럼 경허의 신분이 확인되기는 처음이었다. 그러나 경허는 그토록 많은 매를 맞고 실신했다가 병원에서 의식을 회복하고 사라져 버렸다. 스스로 신분이 노출되는 것을 꺼려하고 있음이 분명했다. 병원에서도 아무 말없이 사라졌다고 했다. 스스로 신분을 위장하지는 않았지만 경허의 옷차림은 비승비속으로 얼핏 보기에는 중이라기보다는 속인에 가까웠다. 다 떨어진 누더기와 수염, 때로는 머리를 깎지 않아 그 인상을 확인하는 데 어려움이 많았다. 그리고 그동안 경허는 천장암 · 서산 부석사 · 개심사 · 범어사 · 통도사 · 해인사 등지를 돌아다녔지만 오래 머무르지는 않았고 자기 신분을 확실하게 보장받지 않은 곳은 가지를 않았다. 그동안 공형사는 전국 큰 사찰이 있는 곳에 수소문을 해놓고 제보를 기다렸지만 절에서 신고는 한 건도 없었다. 그만큼 경허는 불교 내부에서 절대적으로 존경받고 있었다.

  때로는 무애란 이름 아래 비윤리적이고 비승가적 행위가 돌출

되고 있었지만 그 행동을 탄핵하기보다는 경허의 사사무애(事事無碍)의 근성(根性)에 찬사와 경이감을 일으키는 쪽이 많았다. 그는 분명히 불교의 초탈과 무애를 적당히 생활 속에 섞고 있었다.

특히 경허는 구름과 바람 같은 삶에 철저하게 길들여져 있었다. 그래서 그가 잠깐 머문 곳에는 집착이 없었고 무애만 남아 화제가 되어 많은 사람들의 입에서 회자되고 있었다. 그리고 천부적 농세(弄世)의 야인(野人) 기질로 많은 사람들에게 신선한 충격을 주었고, 거친 행동이 미화되고 있는 배경에는 경허의 뛰어난 오도적 체험과 시정신(詩精神)이 있었다. 선시에는 잘 정제된 감성과 초월적 우주의식, 그리고 자연을 해체하고 재조직하는 뛰어난 분석력이 있는가 하면 한국적 정서로 애환까지 담고 있었다. 그래서 공형사는 경허를 살인 용의자로 그동안 추적하고 있었지만 경허가 살인을 했다고 단정하기에는 너무 많은 의문이 제기되었다.

경허만큼 치열한 견성실험을 한 수행인도 없었을 뿐 아니라 영주사미를 살해할 만한 구체적 용의점이 드러나지를 않았다. 더욱이 영주사미는 경허를 시봉하는 위치에 있었기 때문에 서로 감정적 충돌이나 이해관계가 있을 수 없었다. 다만 등운암에 같이 동행했다는 사실과, 하산길에 변을 당했고 시자를 놔두고 경허만이 동학사로 돌아온 사실을 갖고 살인혐의를 뒤집어 씌울 수가 없었다. 그러나 살인 용의만큼은 벗을 수 없었고 경허의 진술을 그대로 믿을 수도 없었다. 경허가 동학사로 돌아와 영주사미가 끝내 절로 돌아오지 않자 사람을 시켜 영주사미의 행방을 찾았다는 사실은 자신의 행위를 은폐하기 위한 수단이라고 단정할 수도 있었지만 그와 반대로 경허의 행위에 아무런 저의가 숨어 있지 않았다는 증후가 있었다. 그러나 몇 가지 사실만으로 경허의 살인혐의가 벗겨지는 것은 아니었다.

경허가 자신의 살인누명을 벗는 데 있어 일차적으로 해야할 일은 자신이 자진 출두하여 사건 경위를 설명하고 결백함을 입증하는 일이었다. 그렇다고 자진 출두가 그렇게 어려운 일이 아니었다. 그런데도 경허는 자진 출두는커녕 도피행각만 계속하는 것 같았다. 살인 용의자로 쫓기고 있다는 사실을 눈치채고 피해 다니는 인상만 남기고 있었다. 대범하면서도 영주사미의 살인사건에 대해서는 너무 소극적인 행동을 보였다.

사실 경허 자신도 항상 불안한 마음을 떨쳐버리지 못하고 있었다. 문득 영주사미의 얼굴이 뇌리를 스쳐갔고 그때마다 마음이 아팠다. 그러나 경허는 끝내 자진 출두하여 자신의 결백을 밝히고 싶지 않았다. 진실은 어느 땐가 밝혀질 것이라는 막연한 기대 때문이었다.

공형사는 다른 사건에 매달려 서서히 경허를 잊고 있었다. 어쩐 일인지 자신의 판단에 의해서도 경허가 살인하지 않았다는 확신이 있었다. 그러나 경허를 마음 속에 잊어버리려고 마음을 먹으면 경허의 얼굴은 환영처럼 뇌리에 떠올랐다. 그때마다 신경이 날카로워졌다.

공형사는 경허를 처음으로 만날 수 있는 기회를 놓치고 말았다. 병원에서 사라져 버렸을 뿐 아니라 그의 행방을 알 수 없었다. 서산경찰서에서도 경허의 행방을 샅샅이 조사해 봤지만 경허는 어느 곳에도 없었다. 며칠이 지나 서산 부석사에 머물고 갔다는 소식이 전해 왔다. 공형사는 이상한 예감이 들었다. 끝내 경허를 만날 수 없을 것 같았다. 경허는 경찰의 수사망을 신출귀몰하게 피해 다녔다.

공형사는 갑자기 허탈해졌다. 다 잡은 범인을 놓친 기분이었다. 그리고 경허는 서서히 공형사의 뇌리에서 잊혀가고 있었다.

이때 경허는 천장암에서 만공을 오랜만에 해후했다. 만공을 만난 것이 무척 다행이라는 생각이 들었다. 왜냐하면 자신은 멀리 여행을 하겠다는 계획을 갖고 있었기 때문이었다. 이번에 헤어지면 다시 못 만날 것 같았다. 그렇다고 별리의 슬픔을 만공에게 만들어 주고 싶지 않았다. 그러나 만공은 스승의 얼굴이 깊은 우수에 싸여 있음을 발견할 수 있었다. 전에 볼 수 없었던 깊은 고뇌가 역력히 얼굴에 나타나 있었다.

경허는 만공을 시험했다. 그를 인가(印可)해 주고 싶었다. 만공 자신도 통도사 백운암에서 철야정진을 하여 깨침을 확보하고 있었다. 그래서 스승에게 인가를 받고 싶은 기대를 갖고 있었다. 경허는 이러한 만공의 마음을 잘 읽고 있었다. 그리고 견성을 체험하여 여래밀의(如來密意)를 깨닫고 있음을 알 수 있었다.

경허는 만공을 인가해 주었다. 전법게(傳法偈)도 그에게 내리고 싶었다. 무인문(無印文)의 교감이 두 사람 사이에서 이루어지자 경허는 마음이 흡족했다. 그리고 한마디 읊었다.

한 가닥 웃음 속에 가는 곳을 모르나니

고요한 봄물이 쪽빛처럼 푸르다
一笑不知何處去
安眠春水碧如藍


"스님, 어디로 가시렵니까?"
"나도 어디로 갈지 그곳을 알 수 없다."
"그래도 저희들을 위해 곁에 있어 주십시오."
"네 공부도 이만하면 됐다. 이 전법게를 소중히 간직하고 지혜의 불빛이 꺼지지 않도록 각별히 조심해라."
"알겠습니다."


구름과 달, 산과 내는 곳곳이 같거니
바로 이것이 수산선사의 큰 가풍이다
은근히 무문인을 전하노니
한 조각 기권이 눈 속에 살아있네.
雲月溪山處處同　叟山禪子大家風
慇懃分付無文印　一段機權活眼中


경허는 전법게를 만공에게 건네 주면서 법호를 만공 월면(滿空月面)이라 지어 주었다. 스승의 각별한 애정이 담겨 있었다.

처음으로 경허에게 느껴보는 뜨거운 애정이었다.

"스님! 어디로 가시려고 합니까?"

전법게를 받아 쥔 만공은 목이 메인 목소리로 물었다. 만공의 예감으로도 이번에 스승과 헤어지면 다시 못 볼 것 같았다.

"나도 내가 가는 곳을 모른다고 하지 않았느냐?"

경허는 끝내 자신이 갈 곳을 말하지 않았다. 만공에게 속마음을 드러내고 싶지 않았다. 슬픔과 고뇌 하나쯤을 비밀스럽게 간직하고 싶었다.

"스님! 큰스님의 법맥을 누구에게 두어야 하겠습니까?"

만공의 질문을 받고 보니 한번도 자신의 법맥을 말해 본 일이 없었다. 다만 계허스님의 문하에 있다가 동학사로 간 것뿐이었다.

"모두 다 부처님 제자이지."

"그렇지만 저희들을 위해 말해 주십시오."

"그래, 청허휴정(淸虛休靜), 편양언기(鞭羊彦機), 풍담의심(楓潭義諶), 월담설제(月潭雪霽), 환성지안(喚醒志安), 호암체정(虎巖體淨), 청봉거안(靑峰巨岸), 율봉청고(栗峰靑杲), 금허법점(錦虛法霑), 용암혜언(龍巖慧彦), 경허성우(鏡虛惺牛). 이렇게 법맥을 정리하면 되겠다. 왜냐하면 용암(龍巖)스님의 제자에 영월봉율(永越奉律)과 만화(萬化)스님이 있으나 두 분 다 선(禪)을 하지 않았어. 그래서 내가 이대(二代)를 거슬러 올라가게 된다. 그러나 이것 역시 부질없는 짓이다. 법맥이란 개오를 중심해서 이루어져야 하는데 잘못하면 파벌을 조성하게 된다. 훗날에는 문중(門中)끼리 이해 다툼도 치열해질 것이다."

만공은 더 이상 질문을 하지 않았다. 무엇인가 괴로워하고 있는 표정이었다.

만공이 물러간 후 경허는 방문을 닫고 헌 누더기와 장삼 한 벌,

그리고 갓까지 챙겼다. 그리고 일찍이 잠자리에 들었다가 날이 밝기 전에 천장암을 떠나버렸다. 그의 발길은 구름이었고 바람이었다. 소요자재한 삶이었다. 구태여 해탈이라고 강조하지 않아도 경허는 얽매인 데가 없었다. 경허의 발길은 북쪽으로 향하고 있었다. 잠깐 안변 석왕사에 들러 오백 나한(羅漢) 개분불사에 증명법사로 동참하고는 삼수갑산(三水甲山) 강계로 방향을 잡았다.

강계 등지에 이르러 경허는 자신의 이름을 버렸다. 머리를 오랫동안 깎지 않아 속인처럼 머리가 길었다. 절로 가고 싶지 않았다. 비승비속으로 살고 싶었다. 득의망언(得意忘言)의 삶이었다. 그에게는 형식이 필요없었다. 있는 그대로 살고 싶었다. 스스로 이름을 난주(蘭州)라고 지었다. 밥이 있으면 밥을 먹고 얻어먹지 못하면 물 한 그릇으로 주린 창자를 채웠다. 구할 것도 없고 버릴 것도 없었다. 특별히 남을 미워하고 사랑할 필요가 없었다.

경허는 삼수갑산에서 다시 장진(長津) 일대를 떠돌아다녔다. 이름을 물으면 주저없이 박난주(朴蘭州)라고 했다. 자기 성(姓)까지 버리고 말았다. 송씨가 하루 아침에 박씨가 된 것이다. 박씨는 어머니의 성이었다. 문득 시 한 구절이 떠올랐다.

이수마을 앞에 강 물살이 급하여
검푸른 물소리가 가벼이 흐른다
일찍이 최고운의 시가 가야산에 있음을 보았는데
이제 영영 시비가 끊어짐이 귓가에 들린다.

경허의 거친 행동은 강계의 삼수갑산에 오고부터 더욱 심해졌다. 술을 먹지 않은 날은 잠을 이루지 못했다. 불면으로 밤을 새우는 날이 한두 번이 아니었다. 잠을 이루지 못한 날은 가부좌를 틀고 화두를 들었다. 사색(思索)의 깊은 골을 따라 존재의 깊이까지 도달했다가 날이 밝으면 술을 마셨다. 자신을 알아보는 사람이 없어 좋았다. 나무와 숲이 있어 자연이 생소하지도 않았다. 깨달았다고 해서 자기 존재의 고독이 없어지지 않는다는 것도 경허는 알고 있었다. 철저하게 홀로임을 깨달으면서 술과 광기로 자기 내면의 공허를 메꾸어 갔다. 그러나 허전함은 그러한 행위로 메워지지 않았다.

경허는 어느 날 문득 거울을 보았다. 참으로 오랜만에 보는 거울이었다. 동학사에서 콧구멍 없는 소를 노래하고 본 후로 이번이 두 번째였다. 거울을 본 경허는 깜짝 놀랐다. 수염이 하얗게 되었고 머리도 백발이 되어 있었다. 하룻밤 사이에 육십 늙은 노인이 된 자기 모습을 발견한 것이었다. 덧없는 세월이었다. 세월을 역행하고 살아온 자신이 결국 세월에 밀려왔음을 처음으로 자각했다.

경허의 눈에 눈물이 맺혔다. 서러움이 왈칵 쏟아질 것 같았다. 세월을 잊어버리고 산 자신이 거울을 통해 늙고 병들었다는 생각이 갑자기 들었기 때문이었다. 나이를 생각해 보니 올해로 육십이었다.

"하하하…… 벌써 환갑이 다 되었군."

미친 사람처럼 한바탕 웃고 혼자 독백했다. 자기가 올해로서 육십이 되었다는 사실도, 머리와 수염이 눈처럼 하얗게 되었다는 것도 처음 깨달았다. 노유(老幼)가 없는 삶을 살다가 갑자기 자신이 늙었다는 생각이 들자 가슴에서 견딜 수 없는 비애가 솟아올랐다. 술을 마시지 않고는 고통을 참을 수 없었다. 그 고통은 일반적 고뇌와 달랐다. 경허의 고통은 덧없는 세월에서 오는 고통이 아니었고, 불교적 초탈이 만들어 낸 고통과 슬픔이었다. 노유가 없는 삶에도 가슴을 메이게 하는 아픔이 있었다. 그러나 경허가 체득한 신령스런 의식과 자성에는 육체의 쇠약은 커다란 영향을 주지 못했다. 오히려 경허는 강계에 오고부터 마치 강물을 퍼마시듯 날마다 술잔을 비웠지만 경허의 갈증은 해소되지 않았다.

날이 밝자 경허는 강계 일대의 주막을 순례했다. 아무리 마셔도 그의 육체는 쓰러지지 않았다. 그에게는 소동파와 같은 낭만이 있었다. 그가 취해 있을 때는 모든 강물이 술로 보였다. 그래서 자유자재로 술을 마실 수 있었다. 술을 마셔도 제치하는 사람이 없었고 술은 바닥이 나지 않았다. 우주 법계가 한량없는 술을 저장하고 있었다. 그러나 술을 마실수록 가슴은 허전했다. 공허의 부피가 빈 들처럼 넓어지고 있었다. 해가 서서히 기울자 주막을 나섰다. 가을 바람이 여자의 손길처럼 부드럽게 옷깃을 스치고 지나갔다. 낙엽이 지고 앙상한 나뭇가지가 외롭게 서 있었다.

경허가 비틀거리며 걷고 있을 때 한 여인이 길가에 앉아 눈을 부비면서 눈물을 흘리고 있었다. 동행한 사람들도 다섯 명이 넘었다. 여인을 둘러싸고 여인이 눈물을 흘리고 있는 모습을 괴롭게 쳐다보고 있었다.

경허는 사람들이 모여 있는 곳으로 다가섰다.
"무슨 일이오?"
태연스럽게 물었다. 말 속에는 장난기가 섞여 있었다. 시선이 경허에게 집중되었다. 옷차림이 이상한 모양이었다. 중 같기도 하고 시골 할아버지 같기도 했다. 그러나 중이라고 부르기에는 머리가 너무 길었고 수염이 있었다.
"눈에 티가 들어가 앞을 보지 못하고 있습니다."
"그래, 나에게 좋은 약이 있으니 모두들 저리 비키시오."
경허는 사람들이 비켜서자 여자 곁으로 가서 한참 동안 눈을 까뒤집어 입으로 불다가 갑자기 여자의 양귀를 붙잡고 키스를 해 버렸다. 여자는 꼼짝없이 경허의 기습적 행동에 입술을 허락하고 말았고 비명소리를 냈다. 그때 모였던 사람들은 경허의 뜻밖의 행동에 놀라 멱살을 잡고 주먹을 날렸다. 여러 사람들의 구타에 못 이긴 경허는 그 자리에 쓰러져 버렸다. 사람들은 분노를 참지 못하고 발길질을 했다. 이때 길가던 나이가 지긋한 중년신사가 그 광경을 구경하다가 매질을 하던 사람들을 제지하고 싸움을 말렸다. 간신히 설득을 하고 경허를 일으켜 동행을 권했다. 바로 그가 김탁(金鐸)이었다.
"비록 노인께서 실수를 했지만 젊은 사람들이 참으세요."
비승비속의 옷차림인 경허를 일으켜 세우자 경허는 아무 일도 없었다는 듯이 먼지를 털고 길을 걸으면서 김탁에게 한마디 던졌다.
"미친놈이 할 일이 없으면 그대로 길이나 갈 것이지, 남의 삯싸

움(대리싸움)이나 하러 다니나…….”

 김탁은 약간 실망했으나 범상치 않은 경허의 풍신과 언행에 오히려 흥미를 느껴 동행을 간청했다. 김탁의 집에 들어선 경허는 술김에 자신의 신분을 밝혀 버렸고 김탁이란 인물이 누구인지 알 수 있었다.

 김탁은 상해 임시정부 250명의 대표 가운데 한 사람이었다. 뜻밖의 귀인을 만난 것이다. 그렇다고 경허는 즐거워하지도 않았고 다만 뜻이 통해 벗을 할 수 있어 좋았다.

 김탁의 자(字)는 담여(淡如)였다. 그는 평소 불교에 관심이 많았고 유가의 선비들보다 탈속한 생활을 하고 있는 수행자를 좋아했다. 경허는 김탁과 더불어 자주 술잔을 나눌 수 있었다. 그 이상의 즐거움이 없었다.

 "무슨 일로 삼수갑산까지 오셨습니까?"

 김탁은 경허가 낯선 삼수갑산까지 온 것이 궁금했다.

 "원래 중이 고향이 있나? 죽어도 무덤이 없고 살아서도 처자식이 있나, 이제 부처도 버리고 조사도 버리고 절도 버리고 중도 버렸으니 갈 곳이 없었어. 나를 알아보지 못한 곳에서 다시 나를 볼 수 있어 이곳에 왔지."

 "외롭지 않습니까?"

 "외롭다는 것을 이곳에서 처음 뼈저리게 느끼고 있어. 외로운 마음 속에 슬픔이 있어 좋고 자네와 더불어 술잔을 비울 수 있어 좋아."

 경허는 자족의 경지를 넘어서 있었다. 비록 낯선 곳이었지만 타향의 외로움도 즐겁게 수용했고, 제행무상의 슬픔을 거부하지 않고 받아들이고 있었다.
"김탁!"
"네."
"나라 꼴이 말이 아니야. 이 산천이 고통에 빠져 있음이 보이나?"
경허는 한일합방의 망국적 비극을 예감하고 있었다.
"아무리 일본이 발버둥을 친다해도 이 산천에 피고 지는 자연의 섭리까지 앗아갈 수는 없지. 봄이 오면 꽃이 피고 가을이면 붉게 단풍이 들고 낙엽이 지는 그 우주의 섭리까지 빼앗아 갈 수 없지."
경허의 눈은 산천이 슬픔에 싸여 있음을 보고 있었다. 비록 일찍이 삼천대천(三千大千) 세계가 자기 집임을 깨닫고 눈앞에 서 있는 나무와 풀잎들이 커다란 법신체임을 깨닫고 있었기 때문에 슬퍼할 일도 그다지 없었지만 앞으로 중생들이 당할 고통을 걱정하고 있었다.
경허는 김탁의 도움으로 갑산군 웅이면 도하동에 낡은 초가 한 칸을 장만했다. 자기에게 알맞는 공간을 준비한 것이다. 동네 아이들을 모아서 글을 가르치기도 하고 선비들과 어울려 술을 마시기도 했다. 몇 번인가 김탁이 천장암에 같이 갈 것을 권했지만 경허는 그때마다 고개를 저었다. 그는 삶과 죽음의 근원을 깨닫고 있으면서 그 가운데 죽음이 있다는 것도 알고 있었다. 다만 삶과 죽음의 테두리 안에서 고통받고 앓고 있는 자를 부처와 동일시하는 평등적 사랑을 갖고 있었기 때문에 비록 삼수갑산이 낯선 곳이었지만 외롭지 않았다.

경허는 아이들을 가르치고 난 후 오랫동안 앉아 있었다. 눈앞에 푸른 산이 시야를 가로막았다. 문득 시(詩) 한 구절이 떠올랐다.

청산이 눈앞에 가득하여 한 구절을 읊게 하네
머리는 하얗게 세었고 한가로운 마음이 술잔을 권하게 하니
유량한 노랫가락이 멀어지고
무하향을 생각하면서 오고 감을 잊는다.
靑山滿目堪爲句　白髮閑心更進杯
悠亮歌謠多緬邈　無何鄕忘去忘來

공형사는 경허가 삼수갑산으로 떠나버린 것을 한참 후에 알 수 있었다. 지나가던 운수객(雲水客)이 귀띔을 해 주었다. 신분을 밝히라고 요구했지만 고개를 저으며 구름처럼 사라져 버렸다.

바로 운수객이 지나간 그날 오후였다. 특수절도로 잡혀온 사람이 공형사를 보고 얼굴을 돌렸다. 이상한 예감이 들었다. 언젠가 한번 본 듯한 인상이었다. 공형사는 기억을 더듬어 보았다. 분명히 한번 본 얼굴이었다. 담배 한 대를 피우면서 곰곰이 생각해 보았다.

"공형사!"
"네."
수사과장이 신경질적으로 불렀다. 목소리에 쇳소리가 섞여 있

었다. 신경이 몹시 날카로워져 있었다.

"이 녀석을 조사해 봐."

"알겠습니다."

수사과장은 귀찮다는 표정이었다. 날마다 사건에 휘말려 쉴 시간이 없어 심신이 피로해 있었다.

"맞아, 이 자식……."

공형사가 기억이 난 듯 말했다. 기억이 되살아났다. 경허를 추적하면서 절도죄로 잡혀 왔다가 스님들의 간곡한 부탁에 의해 풀려난 놈이었다.

"공형사가 아는 놈이야?"

"동학사에서 머슴으로 있던 놈 아닙니까?"

"그래, 잘 조사해 봐! 뜻밖에 큰 수확을 얻을는지 모르니까."

처음보다 수사과장 얼굴은 신경질이 풀려 있었다. 그리고 공형사에게 모든 것을 맡겨 버린 태도였다.

"너가 김도행이지?"

공형사의 추궁은 날카로웠다. 거짓말을 할 틈을 주지 않았다. 김도행은 얼굴을 숙였다. 공형사가 자기를 알아본 것이 마음에 걸리는 모양이었다.

"임마! 얼굴을 쳐들어 봐."

공형사는 자신도 모르게 큰 소리로 김도행을 위협했다. 김도행 일당은 갑사(甲寺) 근처 외딴 마을에서 강도짓을 하다가 잡혀왔다. 얼굴을 자세히 살펴보았다. 틀림없이 김도행이었다.

"너 본명이 김도행이 아니지. 바른 대로 말하지 않으면 이번에는 살아 나갈 생각 말아!"
 공형사는 계속 김도행을 궁지로 몰아붙였다. 그의 예감으로는 김도행을 통해 영주사미의 살해사건이 해결될 것 같았다.
 "김도행, 네가 가명을 쓰고 범행하고 있는 것 다 알고 있다. 네놈의 범행 수법은 잔인했어. 특히 범행장소를 인적이 없는 곳만 택하고 있다는 것도 알고 있다. 그뿐 아니라 네놈들이 산적(山賊)이라는 것도 뒤늦게 알았다. 그동안 수차례 제보가 들어왔지만 용케도 수사망을 피해 나갔어."
 공형사는 고개를 숙이고 있는 김씨를 향해 고함을 질렀다. 결의가 대단했다. 조금도 물러설 기미가 보이지 않았다. 김도행은 입을 열지 않았다. 오히려 능글능글하게 여유를 갖고 있었다. 그때 공형사의 주먹이 김도행의 턱을 강타했다. 김도행이 의자에서 거꾸러져 버렸다. 다시 일으켰다. 그리고 급소를 강타했다. 으악! 하고 비명을 지르며 거친 숨을 몰아쉬었다. 그러나 김도행은 범행 일체를 자백하지 않았다.
 "네놈이 생각보다 끈질긴 데가 있구나. 그래, 얼마만큼 참는가 시험해 볼 테다."
 공형사는 일차 신문을 끝내고 하루 동안 물 한 방울도 주지 않았다. 철저한 고문이 시작되었다. 공형사 자신도 조금 잔인한 것 같은 느낌이 들었다. 그러나 김도행이 분명히 영주사미의 살해범이란 예감이 들었다. 아니 예감이 아니라 확신이 섰다. 그렇다고 뚜렷한 범행의 구체적 증거를 확보하고 있는 것도 아니었다.
 다음날 김도행의 눈빛은 충혈되어 있었다. 하루 동안 굶으면서 많은 생각을 한 모양이었다. 그리고 잠을 재우지 않았기 때문에 눈이 충혈되어 있었다.
"김도행이 네 본명이 아니지? 바른대로 말하면 목숨만은 살려줄 수 있다."
협박과 설득을 병행했지만 이렇다 할 효과가 나타나지 않았다.
이튿날도 잠을 재우지 않고 물 한 방울 주지 않았다. 공형사는 신문방법을 바꾸었다. 일주일 동안 잠을 재우지 않았다. 인권 침해였고 고문이란 것을 알고 있었지만 영주사미의 살해 진범이란 확신 때문에 수사과장의 만류도 뿌리쳤다.
일주일이 지나 김도행의 태도에 조금씩 변화가 보이기 시작했다. 비웃던 표정도 사라지고 체념한 빛이 역력했다. 심한 고통의 빛이 김도행의 얼굴에 문신처럼 박혀 있었다. 이를 악물고 자신과 싸우고 있는 모습을 공형사는 읽을 수 있었다. 인간은 누구나 진실을 깨달았을 때 새로운 고통을 갖게 된다. 그것은 자신에 대한 고해성사이기도 하다.
김도행은 일주일을 지나고부터 옛날 자신의 모습을 회복하고 있었다. 젊은 날 동학사에 들어갔던 추억이 되살아나고 경허와 영주사미의 모습도 환영처럼 뇌리에서 떠오르고 있었다.
비록 도벽에 의해 동학사에서 쫓겨났지만 경허와 영주사미를 원망할 만한 일은 없었다. 다만 참으로 우연하게 등운암 길에서 경허와 영주사미를 만난 것이 자기 운명을 결정짓는 순간이었다. 그리고 경허를 시봉하던 영주사미의 걸망 속에 돈이 있으리라는 추측을 하고 있었던 것도 잘못이었다. 단순히 돈만 뺏고 달아나

버렸으면 오늘 같은 일이 없으리라 자책했지만 이미 때가 늦어버
렸다. 아무리 후회해도 죽은 영주사미는 살아나지 않는다. 그렇
게 살려 달라고 애원하던 영주사미의 모습을 김도행은 한번도 잊
어본 일이 없었다. 그 악몽에 시달려 불면으로 날을 새운 것이 한
두 번이 아니었다. 살려 주어야 했는데 하고 자기의 머리를 쥐어
박았지만 그날은 이상하게 살의를 자제하지 못했던 것이다. 오히
려 영주사미를 죽여 버리면 경허스님이 살인누명을 뒤집어쓸 것
이라는 예상은 빗나가고 말았다. 참으로 경허가 살인누명을 쓰기
를 기대했지만 악의적 기대는 김도행 뜻대로 이루어지지 않았다.

"제가 양화리 김도영입니다. 그리고 영주사미를 죽인 것도 접니
다. 경허스님이 살인누명을 쓰고 옥살이를 하리라고 믿었습니다."

김도행은 범행 일체를 자백하고 눈을 감고 더 이상 말이 없었
다. 뜨거운 눈물이 그의 얼굴을 타고 흘러내렸다.

"네놈 때문에 경허스님만 살인 용의자로 누명을 썼지 않아."

"큰스님에게도 참회를 합니다."

김도행의 목소리는 떨리고 있었다. 가슴이 메어지는 아픔 때문
에 눈물이 그치지 않고 있었다.

"왜 죽였어!"

공형사는 자백한 김도영을 추궁했다.

"처음에는 죽일 생각이 없었습니다. 걸망 속에 돈이 있을 거라
는 추측 때문에 큰일을 저지르고 말았습니다. 그리고 그날 따라
영주사미가 저에게 '너는 도둑놈이야' 하고 모욕적 발언을 했고
힘으로 저항하려고 했습니다. 나는 그 걸망을 빼앗으려 했고 영

주사미는 완강히 버티었습니다. 순간 나는 이성을 잃고 말았습니다. 그리고 마음 속에서 살의가 일어났습니다. 그리고 아무도 본 사람이 없어 완전범죄가 되리라고 믿었습니다. 그를 목졸라 죽이고 나무에 매달았지요. 자살로 위장하기 위해 말입니다."

"너 보기보다 잔인하고 영특한 데가 있군. 사람을 죽여놓고 자살로 위장시키려고 했어. 그리고 경허스님에게 살인누명을 뒤집어 씌우려고 계획적 살인을 했군."

김도영의 얼굴은 일그러져 있었다. 참기 어려운 고통을 견디고 있는 모습이었다.

"계획적 살인은 아니었습니다."

김도영은 자백을 해놓고 모든 것을 체념하고 있었다. 숨길 것이 없다는 표정이었다.

"해인사에서 행자생활을 한 것도 사실이지."

"그렇습니다."

"해인사에서도 도둑질을 하다가 쫓겨났지?"

"쫓겨난 것이 아니라 중노릇이 싫어서 절을 떠난 것뿐입니다."

"네놈 때문에 경허스님만 의심을 했지 않아! 진실은 밝혀지기 마련이야."

공형사는 김도영의 여죄를 추궁했다. 김도영은 때로는 산적이 되었고, 소매치기도 했다고 자백했다.

그의 눈에는 살기가 숨어 있었다. 잔인하고 비정한 얼굴빛이었다.

공형사는 수사과장에게 김도영이 자백을 했다고 보고했다. 그리고 나머지 범행 일체도 말했다.
"공형사 고문에 못 이겨 자백한 것 아니야?"
"고문이라니요? 진실을 자백받기 위해 잠깐 잠을 재우지 않았을 뿐입니다."
"그것도 고문이야. 불교신자에게도 잔인한 구석이 있군."
수사과장은 빈정거리는 말투로 말을 했지만 미제 사건을 해결했다는 쾌감을 느끼고 있었다.
"공형사 판단이 옳았어. 그동안 경허스님을 의심한 우리도 죄를 지었군. 경허스님은 지금 어디 있나?"
"삼수갑산으로 갔다는 소문만 들었습니다."
공형사는 끝내 경허를 뵙지 못한 것이 후회스러웠지만 살인누명을 벗겨준 것만 해도 다행이었다. 창틈으로 저녁 석양빛이 스며들고 있었다. 갑자기 몸에서 힘이 빠져나가 버린 것 같아 현기증이 일었다.

경허는 옹이방 초가에서 아이들을 가르치다가 술을 마셨고 술이 없는 날에는 깊은 명상에 잠겼다. 며칠 동안 밥을 먹지 못했다. 오히려 머리는 어느 때보다도 맑았다. 신령스런 빛이 몸 전체에서 일고 있는 것 같았다. '그래, 인생을 살아온 것이 하룻밤 이야깃거리도 안 되는군' 독백을 했다. 그 독백 속에는 허탈이 숨어 있었다. 살아있는 자는 홀로 슬픔과 괴로움을 느끼지만 이 몸 버리고 나면 육체에서 오는 고통은 소멸되고 말 것이다.
육신의 일부가 자연과 계합을 이루고 있었다. 몸에서 피가 빠져나가고 살점이 흙과 교배를 하고 있었다. 무상(無常) 뒤에는 생성과 소멸의 아픔이 따른다. 그동안 습기로 인해 욕망을 충족하기에 숱한 허물을 만들었던 생각이 들었다. 쓸데없는 오만으로 많은 사람들을 무시하기도 했고 몸 속에서 떠돌아다니는 광기를 참지 못해 많은 사람들에게 피해를 입힌 것 같았다. 그러나 지금은 버릴 것도 구할 것도 없었다. 실제 가진 것이 없었다. 구태여 무소유라고 말할 필요도 없었다. 만공과 혜월, 수월, 한암의 얼굴이 스쳐 지나갔다. 그동안 인연했던 일들이 뇌리에서 되살아났다. 열반과 해탈은 초탈이 아니었다. 그것은 걸림없는 자유에 불과했다. 집착없는 삶이 해탈이었다.

　그러고 보니 자신이 갖고 있는 물건은 헌 누더기 한 벌과 가사 장삼뿐이었다. 붓 한 자루, 벼루 하나를 재산이라고 할 수 없었다. 욕망의 살점이 없었다. 권좌를 유지하기 위해 권모술수를 써본 일도 없고 주지 한번 해보지 않아 모아놓은 재산도 없었다.

　갑자기 살아온 생애를 뒤돌아보니 많은 허물만 남긴 것 같았다. 그리고 너무나 많은 술을 마신 것 같았다. 술을 마신다고 해서 인간의 근원적 고독과 공허가 해결되지 않는다는 것도 깨달을 수 있었다. 참으로 거친 삶을 산 것을 부인할 수 없었다. 윤리와 도덕을 버리고 미쳐서 산천을 배회한 기분이 들었다. 모두 육체가 만든 허물이었다. 경허는 문득 육신을 버려야겠다는 생각을 했다. 육신을 버려야 허물이 소멸될 것 같았다.

　마음을 비우고 보니 눈앞에 산천이 거대한 비로자나 법신으로 보였다. 이 산하가 부처라면 성인과 범부가 따로 있지 않았고 귀천이 분별되지 않았다. 노유(老幼)가 다 부처로 보였다. 다만 마음에 정처사 딸의 환영이 지워지지 않았다. 그렇지만 후회는 하지 않았다. 정처사 딸로 인해 인간의 원초적 사랑을 체험했고 그리움을 배웠다. 애증이 없는 사랑이 대비(大悲)이다. 이제야 그 거룩한 대비의 비원을 알 것 같았다.

그러나 중들은 너무나 인간적 사랑을 모르고 살고 있는 것 같았다. 경허는 인간적 사랑이 만물을 길러내는 섭리라는 것을 깨달을 수 있었다. 이제 내가 이 몸을 버리면 나의 허물은 역사 속에 부스럼 딱지로 남을 것이다. 마음이 허공처럼 넓어지는 것 같았다. 참으로 마음이 편했다.

경허는 자리에서 일어나 먼저 그동안 눈에 익혔던 나무와 풀과 돌멩이 그리고 자연을 향해 작별 인사를 했다. 자연이 손짓을 하는 것 같았다. 그리고 자신을 부르고 있는 소리가 들렸다. 가르치던 제자들을 만나 석별의 정을 나누었다. 제자들이 어디로 가느냐고 물었지만 떠날 곳은 말하지 않았다. 가슴 속에 간직했던 팔만사천 번뇌를 모두 토해 버리고 울음으로 연소시킨 다음, 문을 잠갔다. 그리고 눈을 감았다. 깊은 적막이 엄습했고 바람이 문풍지를 핥고 있었다.

1912년 4월 25일 아침, 경허는 물 한 그릇을 마시고 가부좌를 틀고 앉았다.

이튿날 경허가 떠나버린 줄 알고 제자들이 문을 열었지만 문이 열리지 않았다. 겨우 문을 부수고 열었을 때 경허는 석불처럼 가부좌를 틀고 앉아 있었다. 육체에는 싸늘한 침묵이 흐르고 신령스런 빛과 향기가 방안에 가득했다. 그리고 입을 열지 않았다.

함경북도 갑산군 웅이면 난득산 아래 성장동(成章洞)에 있는 다 쓰러져가는 초가에서 눈을 감아 버렸다. 바람은 경허의 생애의 절반을 차지하고 있었다. 그는 육신을 남겨두고 다시 산천을 향해 길을 나서는 것 같았다. 그래서 무언(無言)의 침묵이 깊었다.

경허의 입적 앞에 울음소리 하나 들리지 않았다. 그리고 그의 임종을 지켜보는 제자도 없었다. 참으로 생멸을 완성시킨 입적이었다. 떠들썩한 죽음의 잔치도 벌어지지 않았다. 꽃상여를 만드는 사람도 없었고 그의 경력을 슬픈 목소리로 말하는 이도 없었다. 스스로 열반이 슬픔의 대상이 아님을 알고 있는 것 같았다. 다만 바람만이 초가 주위를 떠돌고 있었고 별빛의 잔광(殘光)이 창문가에 만장처럼 걸려 있었다. 깊은 침묵과 고요만이 쌓이고 있었다.

뜰앞에 새 잎이 돋고 목련이 달빛처럼 피어 있었다.

# 글을 쓰고 나서

 경허(鏡虛)만큼 근대불교사에 화려한 삶을 살고간 선사(禪師)도 없을 것이다. 그의 삶이 화려했다는 것은 사치스러웠다는 의미가 아니고 전인적(全人的) 삶과 아울러 자신을 축생의 세계까지 끌어 내리는 자유의 삶을 살았다는 의미이다.
 그는 14세에 청계사에서 출가하여 32세까지 가장 치열하고 전통적 수행인의 삶을 살았다. 그리고 수행인이 성취할 개오(開悟)를 위해 자신을 백척간두까지 몰고 갔고, 일체경전을 배우고 나서 그 경전의 지식이 죽음 앞에 참으로 허망함을 체험했다. 그뿐만 아니라 콜레라라는 무서운 병에 걸려 스스로 삶과 죽음을 분리하고 해체하는 견성(見性) 실험을 통해 불멸의 법신으로 다시 태어난 분이 경허이다.
 그의 오도송(悟道頌)에서 밝혔듯이 경허는 삼천대천세계를 자기집, 자신의 삶의 무대로 인식하고 서서히 무애자유(無碍自由)를 만들어 갔다. 이러한 경허의 무애는 파계적 혐오감을 불러일으켰고 비난과 탄핵이 뒤따랐다. 그러나 그의 운수적(雲水的) 근성(根性)은 비난을 불살라버렸고 오히려 해탈적 자유로 인식되고 미화(美化)되는 계기가 되었다.

특히 그가 남긴 일화(逸話)와 만나게 되면 누구나 참기 어려운 혼란과 현기증을 일으키게 된다. 그가 남긴 일화는 치열한 구도정신의 표출이었고 초월적 삶이었다.

그에게 평범한 일상은 권태가 되었다. 항상 경허는 남보다 앞서가는 해탈적 정서로 걸림없는 자유를 만들었다. 그래서 누구나 경허 곁에 있으면 야성적(野性的) 광기가 만든 폭력적 세례를 받았고 영혼이 찢기는 충격이 있었다. 그만큼 경허는 난폭했고, 그 난폭함은 무애의 자유로 승화되어 우리에게 신선한 충격과 경이를 일으키게 하는 마력을 갖고 있었다.

경허는 술과 여자를 소유하면서 집착하지 않았고 구름과 바람의 신(神)이 되어 파계의 허물을 남기지 않았다. 그는 미친 여자와 잠자리를 같이 하면서 뜨거운 자비를 나누었고 문둥병 걸린 여자와 침식을 할 만큼 미추(美醜)를 초월해 있었다. 갯마을 처녀를 사랑하고 정을 나눈 후 짐승처럼 뭇매를 맞고 실신한 후 삼일만에 깨어나서는 "파도소리가 높고 바람이 거칠더라"며 여유를 보였다.

또 스스로 오물 속에 빠져 삼악도(三惡道)의 고통을 체험했을 뿐 아니라 때로는 지옥의 삶을 살기도 하였고 축생과 아귀의 세계로 자기를 몰락시키는 천재적 재능을 갖고 있었다. 그리고 운수적(雲水的) 고독을 참지 못해 초동들을 불러 돈을 주면서 자기를 때리도록 했고, 물동이를 이고 가는 처녀에게 키스를 했는가 하면 경허의 배위에서 뱀들이 또아리를 틀고 있기도 하였다.

경허는 단순한 기인(奇人)이나 농세(弄世)의 달인(達人)도 아니었다. 그는 몇 세대를 앞당겨 산 슬픈 초인(超人)이었고 근대 선종의 가장 뛰어난 선사(禪師)였고 중흥조였다.

나는 오랫동안 경허의 삶을 소설로 재구성해보고 싶은 욕망에서 헤어나지 못했다. 그 이유는 나의 체내에 경허와 같은 무애의 광기가 떠돌아다니고 있었기 때문이었다. 그래서 그의 삶을 소설과 전기(傳記) 형식으로 새롭게 형상화해보기로 마음먹었다. 그러나 결과는 한마디로 실패였다. 경허는 부처도 절도 버린 비승비속으로 삼수갑산으로 잠적해 버렸고 내 영혼은 경허라는 기인(奇人)에 의해 갈기갈기 찢겨져 있었다.

경허는 당시의 선종(禪宗)을 중흥시켰고 유불선에 통달한 광활한 지식으로 불교지성을 대표한 인물이다. 그가 남긴 심우송(尋

牛頌), 심우가와 선시(禪詩)는 뛰어난 문학작품으로 남아 있다. 그리고 경허는 수월(水月)·혜월(慧月)·만공(滿空)·한암(漢岩) 등의 제자들을 두어 오늘의 한국 선종(禪宗)의 법맥을 전승하도록 한 근대 선종의 거인(巨人)이다. 그리고 내가 이 작품을 끝냈을 때 소쩍새가 가까이서 울고 있었다. 경허가 소쩍새로 환생하여 울고 있는 것 같았다.

　한 가지 밝혀둘 것은 경허가 살았던 시대적 배경과 연대기(年代記)는 스스로 배제하고 상상력으로 빈 공간을 메웠음을 고백한다. 아울러 경허가 깨닫고 나서 '사방을 둘러봐도 사람이 없다'는 말이 실감나는 요즈음 다시금 그를 그리워하는 마음으로 이번 전집을 출간하게 됐음을 밝힌다.

설악산에서<br>
著者 識

슬플때마다 우리곁에 오는 초인

초판 인쇄 • 2000년 6월 13일
초판 발행 • 2000년 6월 19일

지은이 • 정휴스님
펴낸이 • 김동금
펴낸곳 • 우리출판사

등록 • 제9-139호
서울특별시 서대문구 충정로3가 1-38호
TEL. (02) 313-5047 • 5056
FAX. (02) 393-9696

ISBN 89-7561-130-2  03810
89-7561-117-5 (세트)

정가 10,000원

* 잘못 제작된 책은 교환해 드립니다.